光明社科文库
GUANGMING DAILY PRESS:
A SOCIAL SCIENCE SERIES

·法律与社会书系·

警团之争

艰难曲折的近代警政发展之路

李丹阳 | 著

光明日报出版社

图书在版编目（CIP）数据

警团之争：艰难曲折的近代警政发展之路 / 李丹阳
著 . -- 北京：光明日报出版社，2024.2
ISBN 978 - 7 - 5194 - 7816 - 2

Ⅰ.①警… Ⅱ.①李… Ⅲ.①警政—史料—中国—民
国 Ⅳ.①D693.65

中国国家版本馆 CIP 数据核字（2024）第 048712 号

警团之争：艰难曲折的近代警政发展之路
JINGTUAN ZHI ZHENG：JIANNAN QUZHE DE JINDAI JINGZHENG
FAZHAN ZHI LU

著　　者：李丹阳				
责任编辑：杨　茹		责任校对：杨　娜　董小花		
封面设计：中联华文		责任印制：曹　净		

出版发行：光明日报出版社

地　　址：北京市西城区永安路 106 号，100050

电　　话：010-63169890（咨询），010-63131930（邮购）

传　　真：010-63131930

网　　址：http：// book. gmw. cn

E - mail：gmrbcbs@ gmw. cn

法律顾问：北京市兰台律师事务所龚柳方律师

印　　刷：三河市华东印刷有限公司

装　　订：三河市华东印刷有限公司

本书如有破损、缺页、装订错误，请与本社联系调换，电话：010-63131930

开　　本：170mm×240mm			
字　　数：305 千字		印　　张：17	
版　　次：2024 年 2 月第 1 版		印　　次：2024 年 2 月第 1 次印刷	
书　　号：ISBN 978 - 7 - 5194 - 7816 - 2			
定　　价：95.00 元			

摘　要

　　"裁团改警"是近代中国警察制度现代化道路上的重要探索。为加强社会管控,推动国家权力下沉地方,1936年南京国民政府提出实施"裁团改警",即裁撤作为地方自卫武力的保安团队,统一由代表国家权力的警察行使治安权。"裁团改警"政策的实施过程曲折多变,至1949年完全结束。该政策牵涉国民政府政治、军事、财政等多方利益,且是中国近代警察职业化和现代化发展的重要步骤,对其研究具有重要意义。由此,本书在广泛收集各种原始文献的基础上,对"裁团改警"提出的背景、源流、演进及影响等内容进行了分析研讨,意图还原史实与背后逻辑。

　　在中国传统城乡社会,地方治安的维护多依靠民间自卫武力。清末建警后,警察权多局限于县以上城镇,在乡村地区难以深入。南京国民政府建立后,因内外形势复杂和政权纷争,重新审视并实际调整警团关系成为一项重要的内政议题。经过1936年十省地方高级行政人员会议论争和戴笠、李士珍等军统势力的争取,"裁团改警"取代"寓警于团",成为国民政府重要决策。因政策自身设计缺陷与战争形势变化,"裁团改警"的实施举步维艰、不断变异。直至全面抗战爆发,该举措仅在苏、浙、沪、皖、赣等国民党统治核心区域得到部分实践。全面抗战期间,因具武装性质,保安团队再次被启用,警、团并存。但作为一项国策,"裁团改警"依然在理论和决策层面屡被提及,频频出现于国民政府各项内政和建警改革方案中。抗战胜利后,该举措演变为"警保合一"。随着国共内战爆发,"警保合一"宣告失败,各省警察部门随警保处的成立划归国防部指挥,警、团实际由军方掌控,"裁团改警"的原义已发生实质偏移。随着国民党政权终结,"裁团改警"最终走向失败。

　　虽然"裁团改警"并不是一个成功实践且取得重要实效的决策,但不可否认的是,它确实在一定程度上推动了中国近代警察体制的建立,增强了当局意图加强对地方控制的目的,并在某种意义上实现了对传统治安模式的重构,是国家基层治理改革的一项重要尝试。

　　"裁团改警"的演变历程侧面展现了中国近代社会转型期警政发展的路径。首先,警、团之间的关系反映了中国近代社会控制方式的传统与现代之争。警察制度的引入,打破了固有的治安管理格局,警、团的"共同在场"重塑了当时的社会控制结构,推动了警察现代化的实践。其次,"裁团改警"反映了国民政府意图通过警察实现国家权力在社会中的渗入,以压缩地方势力的社会控制空间。再次,"裁团改警"削弱了社会力量等非正式控制力的作用,统一、规范、制度化的国家正式控制机制逐步在治安场域中占据主位。最后,该举措的失败也凸显了国民政府时期中国现代化历程的畸形发展和失败。

目　录
CONTENTS

第一章　绪　论

一项制度的创立,必有其不可回避的社会背景和历史因素。就成形于南京国民政府时期的保安团队制度①而论,作为地方(民间)自卫武力的"变身",保安团队制度由来已久,其历史可以追溯到春秋战国之前。这种由地方势力组成的自卫武力在绥靖地方、管理民众、维持治安等方面发挥了重要作用,又常为地方豪绅和不良势力把控,历朝统治者都给予高度关注。可以说,在警察制度尚未出现之前,地方自卫武力一直是政权统治者着力掌握、用以控制基层社会的重要手段。

近代以降,西学东渐,中国在列强坚船利炮下被迫逐渐开放,新思潮和新事物不断涌现,新旧社会体制碰撞产生的社会问题和矛盾层出不穷。在国家政权遭遇内忧外患的现实背景下,地方自卫武力应运而生,成为控制地方的重要力量。依靠何种治安力量来维持乡村社会秩序成为一项重要命题。清廷在变法维新后,选择"效仿西法"创办警察制度,同时保存地方治安武力。辛亥革命后,北洋政府基本沿袭旧有治安体系,对警政和保安体制进行有限的规范。北伐后,南京国民政府面对社会和政治秩序的崩坏,试图运用铁腕手段建立严密的以军警为主体的治安管理体系。此时,保安团队这种有别于正规警察体系,又游离于国家军队之外的准军事武装组织,一是不需要国库支付费用,一切均由地方政府及民众承担;二是能帮助国民党进行所谓的"剿匪"和"清共",镇压不同政见的政治团体,管控县以下广大地区的治安;三是能网罗地方士绅阶层配合国民党政权的统治,因此得到执政者的青睐。为严加对此种武力的管控,国民政府屡出政策,将各级保安组织控制权由地方集中到省及中央。由此,军队、警察与保安团队被设计成为国民

---

①　保安制度建立于南京国民政府时期,其历史沿革于古代自卫制度,如秦代什伍法、汉代县亭法、宋代保甲法、清代团练等。北洋政府时期,地方自卫武力改为保卫团,至南京国民政府时期,又由保卫团中分离出保安团队。各朝各代名称和组织虽然各异,但任务却有延续性,同以维持地方治安为首务。

政府统治时期用以维护国民党反动统治、国民政府内政以及社会治安秩序的"三驾马车",同时还具有政治、军事方面的相互制约和平衡作用。

恩格斯在《家庭、私有制和国家的起源》一书中,对国家和警察的关系有如下论述:"国家的本质特征,是和大众分离的公共权力。……对于公民,这种公共权力起初只不过当作警察来使用,警察是和国家一样古老的,雅典人在创立他们国家的同时,也创立了警察。"①可见,虽然警察制度是西方现代化的产物,但警察行为和国家同时产生,作为公共权力的一种,分隶军队、行政等不同部门,这也从根源上带来治安管理事权不一的问题。同样,"如果放宽历史的视界"②,不难发现,南京国民政府是在摆脱封建皇权,又经历了袁世凯复辟、北洋军阀混战之后建立的。这一时期,封建残余势力尚未消除殆尽,旧有的社会秩序仍未改变,各地军阀势力割据,社会经济的主导力量仍是自给自足的小农经济。与此同时,日、俄等国对中国虎视眈眈,企图蚕食中国的东北、华北地区。面对国内外的各种情况,国民党政治统治和国家建设面临着巨大挑战。如何有效地整合各种资源进行国家建设,取得社会支持以及政权的合法性和稳定性是国民政府面临的重大难题。随着国家现代化建设对于"警察为安内的唯一工具"③的需要,警察和保安团队二者在基层政权建设上的机构重叠和职能交叉引发争议,谁去谁留作为国家内政改革的重大问题被提出,"裁团改警"与"寓警于团"两种政治建言应运而生。"警""团"去留问题贯穿南京国民政府统治时期的始终,成为国民党在大陆执政时期十分重要、不断修正且最终无果的论题。

在南京国民政府警政建设问题的探讨上,选题本身极为丰富,可切入的角度也具有多样性。本书选择"警""团"关系为切入点,源于这一角度能更加直观地呈现国民党独裁统治下的南京国民政府对警政的考量与设计及警政建设发展变化的过程。此外,"裁团改警"政策是近代中国警政向现代化转变的肇始,对近代警政建设有着相当的影响,而目前对于"裁团改警"问题的专门研究几乎空白。因此,对这一政策进行全面研究具有重要的历史意义,本书姑且为日后的继续研究做一基础。

---

① 中共中央马克思恩格斯列宁斯大林著作编译局. 马克思恩格斯选集:第四卷[M].北京:人民出版社,1975:114.
② 黄仁宇. 放宽历史的视界[M].北京:生活·读书·新知三联书店,2007:2.
③ 李士珍. 警政改革之我见[J].现代警察,1935(3):101.

一、研究价值与意义

警察是源于西方的具有现代化色彩的国家统治机器之一,与中国传统的地方自卫武力之间的关系具象为"警""团"关系演变过程中的博弈和分合,反映出蒋介石统治集团对国家和地方、安内与攘外、治安机关、情报机关以及军队之间关系的思考。由此,对"裁团改警"政策涉及的建警理论及观点、真正面相及其政治、社会影响展开研究,具有重要的历史意义与学术价值。

一是达成对"裁团改警"政策的整体考察。近几十年来国内学术界对保安体系及警团之间关系的研究尚不多见,对于"裁团改警"政策的专门研究更是空白。笔者在唯物史观①的指导下对这一问题进行研究,时间从 1936 年"裁团改警"政策的提出至 1949 年国民党军溃败台湾,从宏观角度审视和把握"裁团改警"政策相关的要素。将"裁团改警"政策置于特定的历史背景中进行有序和连贯的考察,通过对模糊不清的历史事件和资料的梳理,厘清重要历史现象之间的因果关系。在该政策的顿挫与曲折、前进与倒退中探寻政策背后警政发展的宏观方向。同时,以近代警政与旧有地方自卫武力之间的互动关系为切入点,考察二者在国家治理现代化过程中地位的变化,不仅有助于研究现代化视野下地方自卫武力的被动应变,还可还原近代警政发展过程中的重重阻力,彰显近代社会"新陈代谢"的复杂性、真实性。

二是加深对近代中国警政各时期发展和南京国民政府时期警政建设的研究。"裁团改警"政策是南京国民政府调整和完善治安管理体制的具体举措。对"裁团改警"政策进行研究,实际上不仅仅是研究此政策本身,而是对近代建警路径的全面探索,能够丰富现有的警政研究成果。"裁团改警"政策从设计到实施、修正、发展的整个过程,不仅折射当时的社会、经济背景和政治环境,背后还隐藏着多方政治力量的博弈和角逐。"裁团改警"研究可以丰富地呈现蒋介石在当时政治背景和国际形势下对警察与社会管理、军事、财政以及抵御外来侵略诸方面的平衡与选择。

三是拓展乡村秩序研究领域。"裁团改警"政策是国家治理现代化的必然结果。国民政府在"裁团改警"政策推行中所作的努力,实际上是近代以来我国对西方现代警察制度的一次"本土化"实践。本书围绕"裁团改警"政策,对这一时期

---

① 卡尔. 历史是什么[M].陈恒,译. 北京:商务印书馆,2011:37. 历史唯物主义认为,社会和历史存在着必然的继承和发展关系,正如历史是一个过程,你不能一点点分裂这个过程,单独地研究每个部分。

乡村社会治安治理格局及警政制度变迁过程做了整体性分析,探究国家行政嵌入和乡村社会自生秩序的互动关系,一定程度上可以丰富乡村秩序这一领域的研究成果。

四是深化国家与社会关系理论研究。本书试图借用国家与社会关系理论,勾画出现代民族国家建立过程中乡村秩序格局演变的轨迹。一方面,乡村社会存在维持秩序的内生力量;另一方面,国家在政权现代化的名义下,不断向乡村社会渗透其行政权力。"裁团改警"政策的提出、实施和演变过程能够反映出乡村社会内生秩序与国家行政力量之间的博弈,以此深化国家与社会关系理论的研究。

五是丰富现代民族国家构建理论研究。近代中国在现代化历史潮流的冲击下,被外部现代化力量强行拉入了现代化发展轨道。此时,社会总体性危机[①]下引发的统治危机成为构建现代化国家的最大阻力,统治者推行的所谓"现代化"改革均遭受来自社会不同阶层和不同原因的挑战。"裁团改警"政策发生于近代中国社会转型与警察制度变革的双重历史节点。一方面,近代中国的社会结构在现代化进程中发生历史性重构,社会转型始终处于曲折和艰难之中;另一方面,警察作为国家权力深入社会基层的标志,其建设和发展是南京国民政府扭转统治颓势的重要抓手。鉴于此,对"裁团改警"进行研究,一定程度上可以丰富现代民族国家构建理论研究成果。

二、核心概念界定及研究重点

"真正的思想和科学的洞见,只有通过概念所做的劳动才能获得。"[②]对一个问题展开深入研究应当建立在对其核心概念的基本认知之上。本书关涉的核心概念主要有两个,即保安团队与警察。

(一)"团"

"裁团改警"中的"团"专指保安团队。近年来,对保安团队单独研究的成果鲜见,保安团队的概念界定更是少之又少。有学者认为保安团队是警察补助组织,隶属于警察体系;而有些学者认为保安团队拥有警察部分事权,是警察组织之外的补充力量。笔者现将已有对保安团队概念的解释陈列如下(见表1-1)。

---

① 孙立平. "自由流动资源"与"自由活动空间"——论改革过程中中国社会结构的变迁[J].
探索,1993(01):64.
② 黑格尔. 精神现象学:上卷[M].北京:商务印书馆,1962:48.

表1-1 学者对于"保安团"的概念界定①

学者	概念界定
董纯朴	保安团为地方自治武装的一种重要形式,具有警察的部分职权,同时也是警察的后备力量
许方智	保安团是清末以来地方武装的渊薮,是保甲制度的衍生品,是为保护地方秩序而成立的地方武装,它的前身确切说是北洋政府所组织的保卫团(承继清末的团练、民团而来)
崔毅军	保安团是地方武装,是国民党发动反人民内战武装资本的重要组成部分
夏思	保安团是民国时期的一种地方自卫武装,根据政府下达的指令,执行维护地方治安的任务
王铁成	保安团是民国时期的地方武装,是保甲制度的衍生品,是作为警察力量的重要补充而设立的
叶军春	保安团队含有宪兵的性质,在战争或戒严期间,以兵力警戒全国或某一地方,从事的是军事警察职能,指挥权由司令官掌握
李小龙	保安武装组织是民国时期地方保卫工作的主要承担者,主要目的是剿匪,按照军事编组的军事性质武装
张瑞	保安团队是民国时期形成的一种独特的地方武装,其前身为1914年5月北洋政府组织的保卫团
李旭	地方保安武装是指南京国民政府成立后由县政府控制的县级及县级以下的武装组织

以上学者对于保安团队的认知多存在边界模糊的问题。我们通常会有以下疑问:保安团队的属性到底是"军队"还是"警察"? 保安团队到底是警察补助组织,还是警察系统的一部分? 保安团队源自保甲,还是民团,抑或保卫团? 经本书研究,对保安团队下如下定义,试图将其属性做明确界定。保安团队是基层民众根据法律规定,在地方自治的框架下,为达到保卫自身生命财产安全和维护地方秩序的目的,自集人力、自筹经费、自备武器,用以自我防范、消弭灾患、绥靖乡梓

---

① 董纯朴. 中国警察史[M].长春:吉林出版社,2005:132;许方智. 民国时期浙江"警保合一"政策研究[D].杭州:杭州师范大学,2014;崔毅军. 1946—1949年河北省国民党政府保安团(队)研究[D].保定:河北大学,2006:1;夏思. 1927—1937年浙江省县治安体系初探[D].杭州:浙江大学,2013:27;王铁成.1927—1937年河南保安研究[D].开封:河南大学,2008:6;叶军春. 1927—1939年江西警政研究[D].南昌:江西师范大学,2011:7;李小龙. 安徽省保安武装建设研究(1927—1945)[D].合肥:安徽大学,2016:71;张瑞. 国民党在浙江省"党化教育"研究(1927—1949)[D].杭州:杭州师范大学,2019:37;李旭. 抗战时期苏北地方保安武装研究[D].上海:华东师范大学,2019:3.

间阎的自卫武装力量。保安团队是南京国民政府时期,由省(区、市)保安司令部指挥,隶属省保安处、行政专业督察区、县级及县级以下政府,以维护地方治安为宗旨,介于军队和警察之间的地方武装,是国家控制体系的组成部分,是警力、兵力不足时的有效补充,也是国家权力下延的工具。

以往诸多研究通常将保卫团和保安团队混为一谈,交错论述,不甚准确。二者虽总体都属于保安制度统辖的范畴,但二者在性质、组织、指挥、经费、服装、活动区域等方面均有不同,在保安制度中所处的位置和职责也不尽相同。1933年,南京国民政府因"围剿"苏区需要,颁布《剿匪区内各省民团整理条例》,对"剿共"省份的这两类组织进行了细分:"各县应特编之武装民团,一律改编为各县保安队。武装不健全之民团,及无武装之壮丁,在未被'共匪'侵扰之各县,一律改编为壮丁队。在曾受'共匪'侵扰之各县,一律改编为铲共义勇队,俟各该县之'共匪'铲除净尽后,仍改称为壮丁队,以昭画一"①。据此,保安团队和保卫团、民团、壮丁队等民间自卫武力有所区分。

总体来说,国民政府时期的保安体系大致由两类组织构成:一类是省、县供养的保安团及保安队,性质是省、县财政供养的"准军人";另一类是保安武装,包括保卫团、民团、自卫团队等,是由地方民众供养②的民间武力。从隶属关系来看,地方保卫团仅仅是县乡一级的民众自卫组织,活动区域在本县范围内,受县政府指派,协助维护地方秩序,性质相当于民团。保安团队一般分为保安团与保安队,此处的"保安团"直属省保安处,兼受"剿匪"所在地专员公署指挥,即为地方部队性质的省防军。"保安队"分为直属保安队和县保安队两种,直属保安队隶属于省政府保安处指挥,军事上受军政部节制,而县保安队主要驻扎所在县和交通要隘,隶属于县长,接受所在地保甲组织的指挥。省保安处与保安团和直属保安队关系是垂直领导,不受各地行政左右,与县保安队为间接关系,通过县长进行指挥。本书主要研究第一类支撑保安制度的保安团队,对第二类保卫团、民团等民间自卫武力,仅在保安制度的建立过程中略做探讨。

值得注意的是,"裁团改警"政策在抗战后以"警保合一"的形式存在。抗战胜利后,南京国民政府对于警察和保安团队关系进行调整,在省设立警保处,掌管各省警察和保安事务,并将各省保安团队逐批裁汰改编为保安警察队,直隶警保处并受驻在地行政长官指挥监督。这里的"保"和"团"的含义相同,也指保安团

---

① 中央法规:剿匪区内各省民团整理条例[J].江西省政府公报,1933(41):7.

② 此类保安武装原则上是无偿的,以自筹经费为主,多由保甲向民众派捐,或在工商业中筹募,或设卡强行收费供养,成员多为土豪劣绅雇用的打手和游手好闲者。

队,区别于南京国民政府时期"警保联系"中的保甲制度。

（二）"警"

综观历史的不同时期,社会均有承担警察职能的角色。直至清末,警察制度从国家政治制度中分离出来。本书集中探究民国时期"警察"概念的界定和职能定位。

追溯警察的含义,自古以来"警""察"二字多分开使用,在古籍中屡有提及。古代亦有"警察"这一词语的出现,但多为戒备、警备、警卫等动词含义。"警察"作为专有名词的出现则是嫁接西方"警察"的概念。清末新政,警察制度建立,"警察"一词的使用开始频繁。在《清史稿》中常常出现"设警察""兴警察""警察学堂""警察官""警察队"等词语,可见承担警察职能的专业警察以及专门机构开始出现。

民国时期,"警察"常被称为"公安"和"警卫"。"公安"指维护社会整体安宁,包括维护公共安全和公共治安的社会活动和国家内政职能。中国近现代意义的"公安"源自日本,清末新政时开始使用。"公安"的概念引入中国后,一般被用来指国家、社会的安宁和公众生活幸福,辛亥革命前后,中国曾出现"公安会",属民间性质的地方社会治安组织。① 随着近代中国城市的快速发展,都市中人口过度集中,社会疲弱者众多,城区卫生不良、交通堵塞、消防等社会问题激增,政府动用警察参与这些"都市公安"类问题,致使警察职责在实践中远超传统意义上的警察范畴,"警察"一词被学者认为是"狭义宽用",认为"公安"一词包含了警察与公共安全维护的范畴。② 1921 年,广州市政府尝试在市政厅下设公安局③,随后在北伐战争中,起义军所到之处,各省为表政治革新之意,改警察局为公安局。此时"公安制度"的设立被认为是促进社会进化的表现。1927 年,南京国民政府成立后,南京、重庆等地将警察机构更名为公安局。④ 为统一全国警政,内政部于 1928 年颁布《各级公安局编制大纲》(以下简称《大纲》),至 1936 年,各地普遍依照《大纲》规定,"在首都设首都警察厅,在省会设省会公安局,在市设市公安局,在县设县公安局,并在地势重要工商繁盛之地方,设特种公安局"⑤。"公安"一词从冠名民间治安组织到正式冠名警政机构,是近代中国"公安"官治与民治相融合的象征,表

---

① 陈涌清. 中国近现代"公安"一词的起源及含义考[J].公安学研究,2018(2):1-24,122.
② 金国珍. 市公安[M].上海:商务印书馆,1931:1.
③ 张苹. 近代广州警政人物传略[M].广州:花城出版社,2015:26-27;郭凡. 近代广州警察城市管理史话[M].广州:花城出版社,2015:7.
④ 康大民. 理性公安论(公安机关内部使用)[M].北京:群众出版社,2009:47.
⑤ 内政部警察总署. 中国警政概况[M].南京:人文印书馆,1947:1.

明中国的"公安"与西方国家不同，有着典型的本土化特征。

而"警卫"一词源于孙中山的《国民政府建国大纲》（以下简称《建国大纲》），孙中山认为"警卫"为地方自治最重要的工作，在地方警卫工作中，保甲是本，警察是标。中国保甲和传统士绅管理的地方教化是用中国传统的儒家思想来教育、感化民众，为治本良策；而作为西方舶来品的警察则是消极的打击犯罪，因此为治标之策。孙中山先生对治安管理的价值取向则是传统士绅管理和西方自治理念的结合，其在《建国大纲》中所提的"办理警卫"既包括警察，又包括具有地方保卫职能的保甲、保安团队、地方联防组织等。

民国时期学者对于"警察"的理解多借鉴国外。这一时期，国外对于"警察"概念的研究，在达成"预防公共安全，维持社会安宁"为警察任务的共识外，有的学者认为警察是动词含义，属于国家行政行为；有的学者认为警察是名词含义，将警察和军队作为立国的两大实力；有的学者只说明警察的目的，或者只是提及警察的手段（见表1-2）。

表1-2　民国时期国外学者对于"警察"的概念界定①

学者	概念界定
保保隆矣	警察者为公共之利益，限制人民自然之自由者也，又即强制的国家之权力的作用也
苏顿	警察是用以增进公共利益及预防接近所发生的危害为目的的政务
伯伦智理	国家为保护公益，以强制力限制人身自由，以行使其行政行为，就是警察，如果没有强制之必要，就不是警察
许典格	因对于身体财产的限制，以防止对于国家及人民的安全幸福之危害为目的之行为，就是警察
苏亚拉	必要时的设备，用以维持公共安宁和秩序，或用以防止一般人民和个人迫近所发生之危害，就是警察的职务
查特恩	警察是维持公共安宁秩序而防止公共危害之国家行为
义培尔	警察为国家基于保护公益之必要，以强制力限制个人自由之行政行为
墨质克	警察为国家行为之一部，其主要目的，在于公共治安之维持与犯罪行为之侦察及预防，并执行国家之一切政令

南京国民政府成立后，随着国家对于警察的重视，国内涌现出一批警学研究者，多集中在内政部或中央警官学校。抗战结束后"内政部"警察总署成立，组织大批警

---

① 张毅忱．我对现代警察的定义观[J]．河南警政月刊，1946（2）：14-15；保保隆矣．警察新定义说[J]．补三，译．警务丛报，1913（31）：9．

界学者对"现代警察"和"国家警察"进行研究,对警察概念的切入角度也多从国家与社会两个角度出发,确定警察行政为国家行政的重要组成部分(见表1-3)。

表1-3　民国时期国内学者对于"警察"的概念界定①

学者	极念界定
徐淘	警察是因为防止公共安宁幸福方面的危害,而直接限制个人自由的作用
曹无逸	警察是国家权力的作用,在内务行政的范围之内,直接限制个人的自由,而防止天然与人为的危害,并以维持公共安宁秩序为目的的行政行为
陈允文	警察是要来维持国家社会的秩序与安宁,并且预防公共的一般危害
马鸿儒	警察目的之学说,有积极与消极之别。消极说者,谓警察仅为排除防止社会安宁秩序上危害之作用。积极说者,谓警察作用,即排除防止危害,且增进人民福利
张恩书	警察为治权作用,属于内务行政之系统,其目的在保持社会公共安宁秩序,预防一切危害;而以直接限制人身自由为达到目的之手段
胡存忠	警察以限制他人之自由的必要手段,以达防止公共危害、维护公共安宁秩序之目的
李士珍	警察以直接防止公共危害(卫),维持社会安宁(管),指导人民生活(教),促进一般福利(养)为目的,基于国家统治权,执行法令并协助诸般行政之行政行为也
柳维垣	警察是基于国家统治权,执行国家法律命令,维持社会安宁秩序,增进人民福利之官治的下级干部
白鹏飞	警察为直接维持社会生活之秩序,根据国家之一般统治权,以命令人民强制人民而约束其自然自由之作用
张毅忱	警察是代表国家执行法律、推行政令,根据国家的一般统治权,命令人民强制人民不作为或作为,直接的经常的维护公安、保持公益,以增进人类全体之幸福

由上,专家对于警察概念的理解主要分为"目的说""手段说"以及"性质说"。"目的说"认为警察的目的有积极和消极之分,包括维持公共安宁秩序的积极目的和执行警察行政的消极目的。"手段说"多强调警察以命令、限制、强制等手段来

---

① 徐淘. 警察学纲要[M].上海:广益书局,1928:4;曹无逸. 警察学问答[M].上海:大东书局,1931:7;陈允文. 中国的警察[M].上海:商务印书馆,1934:5;马鸿儒.警察权之研究[M].汉口:大公报汉口分馆,1935:11;张恩书. 警察实物纲要[M].上海:中华书局,1936:3;胡存忠. 警察法总论[M].南京:中央警官学校,1937:4;李士珍. 警察定义之解释[J].台湾警察,1947(2):15;张毅忱. 我对现代警察的定义观[J].河南警政月刊,1946(2):14.

执行国家法令。"性质说"则确定警察是国家行政行为之一。随着学者对警察概念理解的逐渐深入,对于警察概念的解释也更加全面,将警察的立场、任务、依据、方式和目的都试图包含在内,比较有代表性的是张毅忱对于警察概念的解释。在他看来,就警察的立场来说,警察介于国家和民众之间,代表国家执行法律和政令,向民众传达国家精神;就警察的任务而言,警察作为维持国家安全和行使国家权力的代表,主要承担执行法律和推行政令的任务。警察存在的依据则从警察与国家治理角度出发,凡是警察权力能达到的地方,也就是国家统治权所及的地方。① 这也能解释南京国民政府利用警政的初心。张毅忱对于当时社会以及部分学者对于警察"限制人民自由"手段的非议以及"以告诫取代强制"的建议,提出警察本身就带有权力服从和强制的含义,警察无论使用柔性手段抑或强制手段均含有强制权力色彩。警察的目的是维护公安、保持公益、增进人类全体幸福,这也是区别其他一般行政的特色之处。综上,民国时期学者对警察较为成熟地理解为:警察是代表国家执行法律和推行政令,命令或强制民众作为或不作为的维护公共安全、维持社会秩序、增进民众福祉的行政行为。

本书研究的是南京国民政府时期的警察,当时警察的职能与现今有很大区别。根据历史情况,结合民国时期学者对警察概念的认知以及警政实践,将本书中的警察概念定义为:警察是国家授权可以运用强制措施和手段来防止国家公共危害、维持地方秩序、保护社会安宁的执法机关和行政服务机构。这一时期,对于"警察"这一概念的认知偏重于认为警察为军队与民众间一个"环",警察既要被动地应对社会秩序的不安,更要承担主动教化民众的责任,从而达到积极地增进人民秩序安宁和消极排除社会危害的目的。

本书中"寓警于团""裁团改警""警保合一"均涉及"警"的概念,三者有所不同,且区别于我们惯常对于"警察"概念的理解。其中,"寓警于团"中的"警"专指县以下的基层地方警察;"裁团改警"中的"警"指保安警察;而"警保合一"中的"警"则指的是全国各级警察机关。"寓警于团"是自民国以来,一些学者和行政官员对于警察和保安团队二者存废问题的一项主张,建议将县以下基层地方警察机构裁撤,改编为保安团队武力,以实现民众自治需要,类似说法还有"废警改团""裁警改团""改警为团"等。"裁团改警"是1936年全国十省地方高级行政人员会议后出台的一项政策,要求各省保安团队裁撤,所有经费移作办理保甲与改良充实警察之用。而"警保合一"则是"裁团改警"政策在战后建警中的调整性应用,该政策要求各省设立警保处,掌管全省警察和保安事务,并将各省保安团队裁

---

① 张毅忱. 我对现代警察的定义观[J].河南警政月刊,1946(2):13.

现代警察

代表国家

推行政令　　　执行法令

根据国家统治权

（积极的）　　　　（消极的）

作为　　命令或强制人民　　不作为

保持公益　　　维护公安

增进人类全体幸福

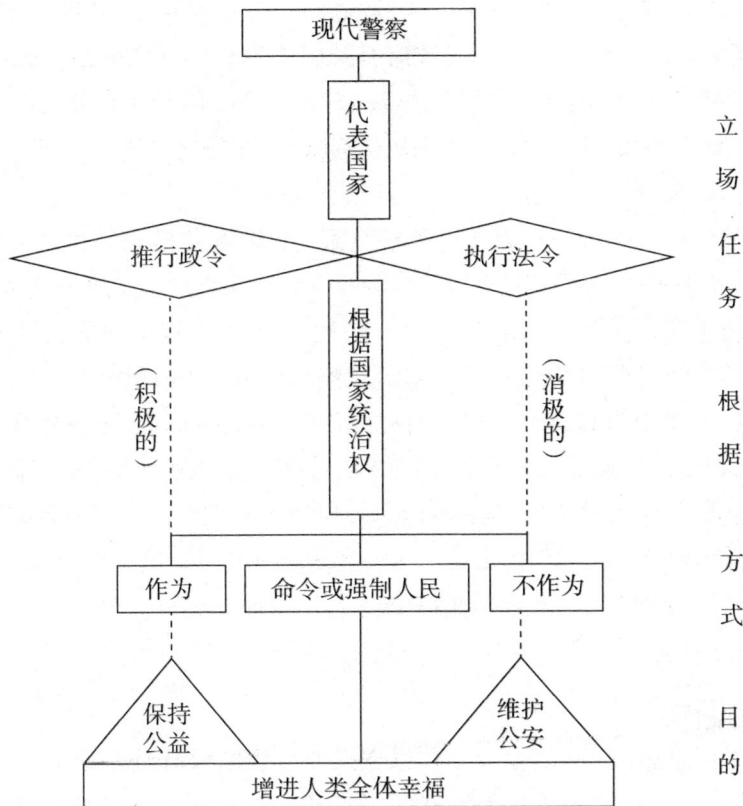

图1-1 民国时期"警察"概念图示

立场　任务　根据　方式　目的

汰改编为保安警察队,隶属省警保处管辖。

（三）研究时间范围

南京国民政府作为中华民国的一个政治实体,在中国存在了22年,即从1927年4月18日至1949年4月23日。其间,曾有武汉国民政府①、北平国民政府②、

---

① 武汉国民政府(1926年12月5日—1927年8月25日),是由以汪精卫为核心的中国国民党建立的,是国民革命军北伐战争中由广州迁都的第一个政府。1927年,蒋介石第一次下野后,李宗仁代表的宁方与汪精卫代表的汉方于1927年8月22日至23日在庐山召开会议,决定武汉政府于9月3日迁往南京,与南京政府合并。

② 北平国民政府(1930年9月9日—1930年9月23日),1930年由阎锡山、李宗仁、冯玉祥等联合发动的中原大战,旨在反对蒋介石南京国民政府。战争期间,阎锡山、李宗仁、冯玉祥等出席汪精卫在北平召开的国民党中央党部扩大会议,决定在北平成立国民政府。随着张学良支持蒋介石,于1930年9月23日率军进驻北平,迫使北平国民政府迁往太原,北平国民政府解散。

广州国民政府①以及汪伪国民政府②与其同时存在,形成对立。1937 年全面抗战爆发后,同年 11 月 15 日,南京国民政府召开国防最高会议常务会议决定迁都重庆,直至 1945 年 8 月,抗日战争结束,国民政府于 1946 年 5 月 5 日还都南京。本书考察的"裁团改警"政策包含了以重庆作为陪都的国民政府统治时期,在名称上统称南京国民政府。

本书将南京国民政府作为专门考察对象,将 1936 年南京国民政府"裁团改警"的提出至 1949 年国民党败退台湾作为考察的时间范围。其间,"裁团改警"政策大致经历了施行—暂缓—异变—终结这一过程。本书以全面抗战爆发和结束为两个关键时间节点,将"裁团改警"政策粗略划分为三个阶段:1936 年至 1937 年"裁团改警"政策提出和该政策在全面抗战前的实施;1937 年至 1945 年"裁团改警"政策虽因全面抗战的爆发被迫暂缓,但后方省份"裁团改警"依然施行;1945年抗战胜利后,"裁团改警"政策异变为军方控制下的"警保合一",最终随着 1949年蒋介石败退台湾在大陆烟消云散。本书虽然对研究时间做了界定,但是在叙述过程中为了厘清脉络,有时也在时间上做了适度提前和延伸。

(四)研究维度

本书的研究维度有三。

一是在南京国民政府国家政治体系框架内分析"裁团改警"政策。在近代政治不稳、社会混乱的情势中,"裁团改警"政策成为近代中国从传统社会向现代化发展的必然要求。本书将研究视角延伸到国家政治体系框架内,研究国家治理过程中与"裁团改警"政策相关因子,思考"裁团改警"政策与基层政治改革的关联性,解读国家治理过程中对政治、社会、经济的考量。

二是国家权力介入乡村社会是理解 20 世纪警团关系变迁的重要参照系。半个世纪以来,警察体系在乡村的构建与地方传统治安秩序维护体系的冲突以及国家现代化改革需求与乡民自治需要之间的矛盾,都基于国家权力介入乡村这条主线之上。本书以此为开端,以警团关系变化的视角去审视中国警政现代化的进

---

① 广州国民政府(1931 年 5 月 28 日—1932 年 1 月 5 日),1931 年蒋介石软禁胡汉民,使得胡汉民派、汪精卫派、孙科派、西山会议派、粤系、桂系以及其他反蒋势力联合起来,于 1931年 5 月 28 日成立广州国民政府,形成第二次宁粤对立。"九一八"事变后,宁粤双方表示愿意和平谈判,最终于 12 月 22 日在南京召开国民党第四届第一次中央全会决议取消广州国民政府。

② 汪伪国民政府(1940 年 3 月 30 日—1945 年 8 月 16 日),是抗日战争期间以汪精卫等投靠日本的中国国民党党员为首建立的政权,其以"中华民国国民政府"为名,实际上则是日本在战争期间扶持的傀儡政权之一。

程,揭示乡村社会中"国家与地方""传统与现代"之间的冲突与互动。

三是在现代化的宏大叙事背景中来理解警团关系的制度变迁。因为现代化的过程往往会牵涉思想、技术和制度方式的延续。通过对以往文献的整理分析发现,学者通常将中国现代化的历程归纳为三种社会变革模式的依次递进,即器物(技术)变革、制度变革、文化变革。自民国以来,中国现代化进程的核心问题,就是建立现代化的制度框架问题。"裁团改警"作为具有现代化导向、稳定高效且事权集中的行政举措,是警政建设迈向现代化的关键一步。

(五)研究框架

本书以时间为节点,紧密围绕警团关系这一主题,对"裁团改警"政策产生背景、提出情形、变化发展过程进行全景式还原,力图通过探究该政策提出的背景及历史源流,厘清其产生及变化,诠释其演变过程的深层原因和深远影响,揭示其陈陈相因、中断和重启、相互交织的演进逻辑。本书总体安排如下:

第一章是绪论部分。首先提出选题背景和意义,继而对"警"和"团"的概念进行界定。本书在已有研究成果的基础上提出研究的空间与价值,并选取文献研究法、历史分析法和跨学科交叉研究法,试图从研究视角和观点上实现创新。

第二章研究"裁团改警"出台前警察和保安团队的渊源。简要回顾近代警察和保安团队制度的建立,以及近代建警以来引发的秩序管理转型,说明警团之争的历史渊源。警察脱胎于团,且在清末民初警团就内生性冲突不断,南京国民政府成立后,警团论争日炽。

第三章研究"裁团改警"的提出及全面抗战前的实施状况。虽然这一部分一手资料缺乏,但在一些期刊中有对1936年地方高级行政人员会议中"裁团改警"提出过程的简要说明。本书试图对蒋介石由"寓警于团"至"裁团改警"这一态度的转变过程做到尽可能全面地还原,并对此事背后的政治利益群体和政治力量博弈尽力做出正确分析。

第四章研究全面抗战时期"裁团改警"的"中断"与"复燃"。全面抗战开始,保安团队作为军事后备力量被重新启用。"裁团改警"政策出台一年便被迫"中断",社会治安重新呈现警团并存的治理格局。随着时局发展,"裁团改警"政策在抗战后期重回历史舞台,成为战后警政设计的重要一环。

第五章研究抗战结束后"裁团改警"的"异变"与"消亡"。全面抗战结束后,国民党六届二中全会决议各省成立警保处,削弱了警察独立行政,绑在军、特的战车上,将"裁团改警"演变为明合暗分、共荣共存的态势。各省保安团队改为保安警察队的过程遭到各省省主席及地方势力的反对。唐纵①不得不退而求其变,恢复各省保安司令部,另在国防部增设保安局,试图在夹缝中延续"警保合一"。此时,社会治安治理格局发生"异变",实际形成了保安体系继续存在,而省以下的各级警政听命保安司令部的局面。

第六章分析"裁团改警"的历史影响,探究政策失败原因并进行反思。"裁团改警"政策在宏观方面受制于国家宏观层面构建现代民族国家的失败以及传统社会一体化行政模式的影响,同时,该政策的设计、实施及监督环节均存在问题,这均注定了"裁团改警"政策的失败。尽管"裁团改警"政策存在诸多缺陷,但不可否认,该政策的出台和施行是近代警政制度建立以来治安防控体系建设的重要成果。对于警界而言,既是警示,又为其发展改革迎来契机;对国民政府而言,既增强了中央对地方的控制,又因阻碍地方自治,加速了其灭亡。综观"裁团改警"政策实施、变更和发展过程,不仅折射了近代中国社会转型时期复杂的政治、经济和社会环境,背后还隐藏着多方政治力量的博弈和角逐,也丰富地呈现了蒋介石在当时内忧外患的时局中对维持国民党独裁统治下建警路线的选择与平衡。

三、研究综述

"裁团改警"的提出及演变发展几乎贯穿了南京国民政府统治时期警政建设发展的全过程,包括警察的机构设置、人事编制、教育训练、经费装备等;涉及南京国民政府军事、政治、经济、社会等方面的重大事件和警察重要人物;此外还关联着中国近代史、社会学、政治学、法学、军事学等学科。由于"裁团改警"研究课题尚未见前人专著,与此有关的研究成果也寥寥无几,笔者在研究过程中的理论依据、逻辑关系、观点拟定和史料搜集等方面存在着诸多难点。经学术回顾发现,虽然民国时期警察制度相关研究较多,然而专门对保安体系进行研究的学术专著和

---

① 唐纵(1905—1981):湖南省酃县人,字乃建。1922年考入湖南群治法政学校;1928年初考入黄埔军校第6期;1929年毕业后在国民党军队内任职,在南京创办《建业日报》;1930年任戴笠的情报处主任秘书;1932年任复兴社总社副书记;1936年,派任国民政府驻德国大使馆副武官;1938年任国民政府军事委员会委员长侍从室第六组上校组长,旋晋升为少将,主管军事情报工作前后共8年;1944年被选为国民党中央执行委员和中央常委;1945年9月起,先后担任国民政府中将参军、军统局代局长、内政部次长、内政部警察总署署长,兼任国防部保安局中将局长,主持国民党战后全国的警政建设;1949年唐纵辞职,同年赴台,初任国民党"政治行动委员会"委员,负责收编赴台特务人员,筹划特务情报工作;嗣任"总裁办公室"第七组组长兼党政干部训练班副主任;旋即调任(台湾)"内政部政务次长"、国民党"中央委员会秘书长"、常委、"台湾驻韩国大使"、大民银行董事长、"总统府国策顾问"等职,1981年病逝台湾。

论文鲜见,对二者关系及其变迁过程的研究更是少之又少,现将笔者目前所见分而述之。

(一)关于民国时期保卫团的研究

民国时期关于保卫团的研究,较为重要的有王怡柯的《农村自卫研究》,主要针对乡村地方保卫武力进行研究,其中简单提到保卫团的相关规定。该书从国民党立场出发,将乡村自卫组织与保甲制度进行比较,并对自卫组织中存在的种种问题提出建议。① 闻钧天在《中国保甲制度》中简要描述了中国乡村管控制度的发展历程。作者将保卫团作为保甲组织中的一环进行简单阐述。② 韩延龙、苏亦工所著的《中国近代警察史》中也提到了保卫团组织,并将其界定为"警察机构的辅助组织"。魏光奇则从"自治"和"官治"的角度出发,认为保卫团是在中国县制的基础上发展起来的"自治"组织,随着保甲运动的兴起,其性质不断向"官治"转化。

近年来,关于保卫团的博士、硕士论文很多。③ 笔者通过对研究保卫团的著述、论文进行梳理,学者大致从以下四个方面对保卫团展开论述。

一是划分区域对地方保卫团实务进行探析。如李巨澜的博士论文《失范与重构:1927—1937年苏北地方政权秩序化研究》中讨论了苏北地区的保卫团,认为保卫团作为准军事组织,是乡村地区最基本的社会控制和社会组织形式,苏北以此为基础建立军事强权统治,呈现出地方政权军事化的倾向。④ 刘阳梳理了云南地方保卫团队的产生及发展演变过程,得出云南地方保卫团队作为政府强制力的重要载体之一,承担起警察的部分职责,维护了社会秩序的稳定的结论。⑤ 邓群刚在《抗战前十年河北省地方保卫团探析》中简要介绍了保卫团的整顿办法及变迁。⑥ 靳菁在其硕士论文《上海保卫团研究》⑦中,详述了上海保卫团的历史渊源和发展

① 王怡柯.农村自卫研究[M].开封:河南村治学院同学会,1932.
② 闻钧天.中国保甲制度[M].上海:商务印书馆,1933.
③ 此类文章有:安若玲的《民国时期绥远地区所属县保卫团问题研究(1916—1937)》;祖秋红的《"山西村治":国家行政与乡村自治的整合(1917—1928)》;李光明的《"寓团练于保甲"到"纳自治于保甲"——近代楚雄基层政治变迁研究》;王铁成的《1927—1937年河南保安研究》;靳菁的《上海保卫团研究》;夏思的《1927—1937年浙江省县治安体系初探》;李小龙的《安徽省保安武装建设研究(1927—1945)》;吕书额的《河北省地方保卫团研究(1901—1937年)》;李晔晔的《孙中山地方自治思想与南京国民政府的实践》;等等。
④ 李巨澜.失范与重构:1927—1937年苏北地方政权秩序化研究[D].上海:华东师范大学,2005.
⑤ 刘阳.云南地方保卫团队研究(1929—1945)[D].昆明:云南师范大学,2020:71.
⑥ 邓群刚.抗战前十年河北省地方保卫团探析[J].兰台世界,2013(7):23-24.
⑦ 靳菁.上海保卫团研究[D].上海:上海师范大学,2016:67.

脉络,探讨了地方治安组织的控制权如何从地方精英手中转移到政府,同时考察了上海保卫团的发展变化。张建辉和姬顺利在《新发现的 1939 年获嘉县保卫团档案考释》中简述了河南省获嘉县保卫团的始末。① 白华山著述的《民间武装与地方秩序:上海保卫团研究(1924—1946)》②依托档案文献及报刊资料,对上海保卫团的成立及演变发展过程进行了系统阐述,试图通过军事社会史的角度揭示国家和社会的互动关系③,为本书提供了一定的写作思路。

二是从军事角度探讨保卫团在"剿共"中发挥的作用。如王才友针对国民党在赣西进行的"剿共"活动,分析保卫团在"围剿"过程中发挥失利的原因,并列举了地方团队的种种弊端④,其中包括警团之间矛盾冲突,对作者分析警团关系的渊源有所帮助。类似文章还有胡勇军的《1927—1937 年吴县湖匪活动及时空分布研究》⑤;谢贵平的《近代山东民团研究(1911—1930)》⑥;王才友的《军事整编与"剿共"困局:邓英弃城公诉案中的政情和民情(1927—1931)》⑦;朱钦胜和刘魁的《国民政府的地方武装组织与中共革命》等⑧。

三是将保卫团作为基层治安组织和乡村社会治理中的重要组成部分进行论述。如管勤积和杨焕鹏在论文中提到民国时期基层警力严重缺乏,因此基层设置了保卫(安)团、壮丁队及国民兵团(队)、自卫(团)队、义勇警察和保甲等组织协助维持治安。⑨ 美中不足的是作者在对保卫团和保安团队进行描述时,较为混乱,没有捋清两者关系。再如孙承会在《1910 年代河南治安组织的成立和性格》⑩中,

---

① 张建辉,姬顺利. 新发现的 1939 年获嘉县保卫团档案考释[J].河南科技学院学报,2015 (5):97.
② 白华山. 民间武装与地方秩序:上海保卫团研究(1924—1946)[M].上海:上海社会科学院出版社,2017.
③ 白华山. 民间武装与地方秩序:上海保卫团研究(1924—1946)[M].上海:上海社会科学出版社,2017.
④ 王才友."赤"、"白"之间:赣西地区的中共革命、"围剿"与地方因应[D].上海:复旦大学,2011:110.
⑤ 胡勇军. 1927—1937 年吴县湖匪活动及时空分布研究[J].中国历史地理论丛,2014(4):93-98.
⑥ 谢贵平. 近代山东民团研究(1911—1930)[J].中国社会历史评论,2008(1):300-329.
⑦ 王才友. 军事整编与"剿共"困局:邓英弃城公诉案中的政情和民情(1927—1931)[J].史林,2017(6):176-179.
⑧ 朱钦胜,刘魁. 国民政府的地方武装组织与中共革命[J].福建论坛(人文社会科学版),2017(1):93-95.
⑨ 管勤积,杨焕鹏. 试论民国时期浙江省乡村基层警察之补助组织[J].东方论坛,2009(3):121.
⑩ 孙承会. 1910 年代河南治安组织的成立和性格[J].社会科学研究,2007(5):159.

从国家和地方的关系角度论述了保卫团在河南近代治安组织中发挥的作用,并展现"国家内卷化"过程,对本书的写作有启示作用。类似文章还有魏光奇的《清末民初地方自治下的"绅权"膨胀》①;魏光奇和丁海秀的《清末至北洋政府时期区乡行政制度考略》②;邱捷的《民国初年广东乡村的基层权力机构》③;徐秀丽的《民国时期的乡村建设运动》④;田永官的《民国乡村社会治理研究——以鄞奉为中心》⑤;张启耀与王先明的《民国自治运动与基层社会的贫困化:对 1927—1937 年的山西乡村社会的考察》⑥;冯小红的《南京国民政府时期的农民负担(1927—1937):以河北省为中心的考察》⑦。还有一些论文是在清末民初山西村治机关中对保卫团进行阐述。如刘娟的博士论文《民国山西村治研究》⑧,在山西村治中,保卫团办理事宜属于官民协办事项之一,文章对保卫团的办理、训练、稽查以及奖惩进行概述。类似文章还有周子良的《民初山西村自治机关运行的法制化》⑨。

(二)关于国民政府时期保安制度的研究

民国时期研究保安制度的专门著作寡薄。程懋型⑩对于保安制度有较为系统的研究,其编纂的《现行保安制度》对 1936 年之前保安制度的产生和发展经过进行了说明,对《县保卫团法》《剿匪区内各省民团整理条例》《各省保安制度改进大纲》都做了相对详细的阐述,是研究民国保安制度产生过程的重要资料。⑪ 中央警官学校教育长李士珍撰写的《地方团队讲稿》⑫,对区分保安团队及其他地方自卫武力做了较为明确的界定,是研究保安团队制度理论不可缺少的重要著述。此外,一些地方,尤其是国民党统治核心区域省政府保安处或保安司令部,对地方保

① 魏光奇.清末民初地方自治下的"绅权"膨胀[J].河北学刊,2005(6):144.
② 魏光奇,丁海秀.清末至北洋政府时期区乡行政制度考略[J].北京师范大学学报(社会科学版),2004(2):63-66.
③ 邱捷.民国初年广东乡村的基层权力机构[J].史学月刊,2003(5):89-95.
④ 徐秀丽.民国时期的乡村建设运动[J].安徽史学,2006(4):77-78.
⑤ 田永官.民国乡村社会治理研究:以鄞奉为中心[D].宁波:宁波大学,2018.
⑥ 张启耀,王先明.民国自治运动与基层社会的贫困化:对 1927—1937 年的山西乡村社会的考察[J].华中科技大学学报(社会科学版),2012(1):56-60.
⑦ 冯小红.南京国民政府时期的农民负担(1927—1937):以河北省为中心的考察[J].中国农史,2006(4):80.
⑧ 刘娟.民国山西村治研究[D].重庆:西南政法大学,2017:6.
⑨ 周子良.民初山西村自治机关运行的法制化[J].山西大学学报(哲学社会科学版),2017(3):218-241.
⑩ 程懋型时任军事委员会委员长行营参谋团参谋。
⑪ 程懋型.现行保安制度[M].上海:中华书局,1936:21.
⑫ 李士珍.地方团队讲稿[M].重庆:中央训练团党政训练班,1939:1-19.

安法令或地方保安工作情况资料进行了汇编,可以作为研究地方保安制度的重要文献。① 中央训练团中将教官周亚卫编著的《地方团队与警政》是中训团党政训练班的重要授课讲义,该书除了分别介绍地方保安团队和警政建设之外,针对建警事宜,分别就乡村警察建设、民众警察化、保安队、都市警保、警察官制及警察教育训练等方面提出改革的建言,同时还提出了"保安责任论"的理念,即维持地方治安的责任,应属于民政保安,应和军队划分界限,真正做到军民分治,军警分立。② 台湾沈云龙主编的《近代史料丛刊》中收录了一些涉及的史料,其中《南昌行营召集第二次保安会议记录》《杨永泰先生言论集》等,对研究"裁团改警"政策提出之前的保安团队制度在各地的发展情况及存在问题有十分重要的意义。

新中国成立后关于民国保安制度单独研究的成果不是很多,主要集中在以下六个方面。

一是在警政研究中将其作为弥补警力不足的辅助力量进行阐述。如董纯朴编著的《中国警察史》中认为保安团队属于地方自治武装的一种,是和警察体系平行的,具有警察部分职权的后备力量。③《中国警察制度简论》④一书也持相类似的观点。王铁成在其硕士论文《1927—1937 年河南保安研究》中对"保安团"做如此定义:"保安团是民国时期的地方武装,是保甲制度的衍生品,是作为警察力量的重要补充而设立的。"⑤管勤积、杨焕鹏也从基层治安治理角度对保安团队进行论述,他们认为保安团队既具有补充警力的进步意义又具有制约警察体系发展的种种弊端。⑥

二是认为保安团队是国家和地方权力博弈的产物。如美国学者张信在其编著的《二十世纪初期中国社会之演变:国家与河南地方精英 1900—1937》一书中,从国家和地方精英对地方控制权争夺的角度来论述宛西自治,认为地方保安团队

---

① 浙江省保安处. 浙江省保安处两年来工作总报告[M].杭州:浙江省保安处印,1933;江西省保安处. 江西省保安处现行法令汇编[M].南昌:江西省政府保安处印,1934;江西省保安处. 江西省保安处工作概况[M].南昌:江西省政府保安处印,1936;江西省保安处. 江西省全省行政会议保安处工作报[M].南昌:江西省政府保安处印,1937;湖南省政府保安处. 湖南保安法令辑要[M].长沙:湖南省政府保安处印,1937;江西省保安处. 江西省保安业务报告[M].南昌:江西省政府保安处印,1940;四川省训练团. 保安概要[M].重庆:四川省训练团,1940.

② 周亚卫. 地方团队与警政[M].重庆:中央训练团,1940.

③ 董纯朴. 中国警察史[M].长春:吉林人民出版社,2005.

④ 中国社会科学院研究所法制史研究室. 中国警察制度简论[M].北京:群众出版社,1985.

⑤ 王铁成. 1927—1937 年河南保安研究[D].开封:河南大学,2008.

⑥ 管勤积,扬焕鹏. 试论民国时期浙江省乡村基层警察之补助组织[J].东方论坛,2009(3):119-126.

的发展过程,即为国家完成将地方民间武装转变为国家军事资源的过程。[①] 黄霞和李德彪认为地方保安体系的出现不仅源于地方无力建设现代化警察,也体现出地方与中央权力博弈的色彩,如陕西和广西的地方保安建设。[②] 宋磊则从央地关系角度出发,认为保安组织是央地权力博弈的产物,是国家权力下延的体现。[③]

三是从军事后备补充的角度进行保安研究。如夏静认为保安团队是军事编制,是国家武装部队的组成部分,属于国家军事组织的一种形式。[④] 再如《抗战时期苏北地方保安武装研究——以丰县为中心》将抗战中的保安武装群体定义为"国民党游击队",统称为地方保安武装,对下属的自卫队、保卫团、保安队、民团不作细分。[⑤]

四是从地域史的角度来研究保安团队制度。如崔毅军在论文中介绍了河北省政府保安团(队)的历史渊源,其中简要梳理了从北洋时期的《地方保卫团条例》至南京国民政府时期的《县保卫团法》《剿匪区各省民团整理条例》[⑥]《各省保安制度改进大纲》。论文得出"保安团既是维护国民党政权地方统治的军事支柱又不断给其正规军补充,从而延续了国民党政权在大陆的寿命"的结论。[⑦] 再如李小龙在其硕士论文《安徽省保安武装建设研究(1927—1945)》中简要介绍了安徽保安武装建设的沿革,认为晚清兴起的安徽地方团练的成立是近代安徽保安武装的开始。[⑧] 此外还有很多分地域进行保安制度史的研究,这些地域多集中在对安徽、河南、江西等中国共产党武装活动的所谓主要"剿匪省份"。[⑨]

五是在保甲制度的研究中涉及保安团队。保安团队作为保甲的衍生组织,学

---

① 张信. 二十世纪初期中国社会之演变:国家与河南地方精英 1900—1937[M].岳谦厚,张玮,译. 北京:中华书局,2004.

② 黄霞,李德彪. 20 世纪 20 年代末 30 年代前期南京国民政府基层警政建设浅论[J].宜宾学院学报,2006(1):45-48.

③ 宋磊. 国家权力的延伸——察哈尔省警政建设研究(1928—1937)[D].呼和浩特:内蒙古大学,2006.

④ 夏静. 国民党政府兵役制度研究[D].济南:山东师范大学,2009.

⑤ 李旭. 抗战时期苏北地方保安武装研究:以丰县为中心[D].上海:华东师范大学,2019.

⑥ 崔毅军在其论文中将《剿匪区各省民团整理条例》误写为《剿匪区各省民团整纪条例》。

⑦ 崔毅军. 1946—1949 年河北省国民政府保安团(队)研究[D].保定:河北大学,2006:45.

⑧ 李小龙. 安徽省保安武装建设研究(1927—1945)[D].合肥:安徽大学,2016:8.

⑨ 2000 年后,对地域保安制度史的研究另有:姚岳军. 民国时期江西保安团述试论[D].南昌:江西师范大学,2001;谢贵平. 民国时期的山东匪患与民众自卫(1911—1930)[D].济南:山东大学,2005;崔毅军. 1946—1949 年河北省国民政府保安团(队)研究[D].保定:河北大学,2006;王铁成. 1927—1937 年河南保安研究[D].开封:河南大学,2008;李小龙. 安徽省保安武装建设研究(1927—1945)[D].合肥:安徽大学,2016;李硕. 抗战时期苏北地方保安武装研究:以丰县为中心[D].上海:华东师范大学,2019.

者在研究保甲制度中对此多有提及。学者大多认为壮丁队、铲共义勇队等既是保安系统的最下层县级组织,同时也是保甲体系的一部分,地方保安武装多由地方保甲编练。①

六是在盗匪问题的研究上,将保安团队作为央地关系中的重要一环。区别官方与民间、中央与地方,探讨近代社会转型过程中的社会控制手段。如《变乱中的地方权势——清末民初广东的盗匪问题与社会秩序》专门论述了民间防盗自卫武力的发展。②

(三)关于"裁团改警"政策的研究

民国时期,长期从事警察教育的陈玉辉在《警察与保安》一文中,从保安团队弊病入手,结合了"裁团改警"政策,论证了将保安团队裁编为保安警察队的必要性。③ 中央警官学校教育长李士珍撰写的《地方团队讲稿》④,对区分保安团队和其他地方自卫武力做了较为明确的界定,同时对于"裁团改警"政策出台前后保安团队与警察的关系进行了较为详细的说明。

现今学者对"裁团改警"问题的研究多集中于抗战后的"警保合一",尚无对"裁团改警"的提出及演变发展过程做整体全面的论述。许方智在其硕士论文《民国时期浙江"警保合一"政策研究》中,对浙江省实施"警保合一"政策的背景、具体过程和失败原因进行了分析,其中将"裁团改警"的内容作为其中一个章节加以论述。⑤ 但缺憾在于对于"裁团改警"的提出和实施过程语焉不详,对于其政策背后的政治博弈及实施过程中的往复没有考证论述。杭州师范大学夏卫东等在

① 此类文章有:曹成建.20世纪30年代中前期南京国民政府对地方自治政策的调整[J].四川师范大学学报(社会科学版),2003(5):108-116;卢毅彬.控制与消解:国民政府时期甘肃保甲制度研究[D].兰州:兰州大学,2006;刘魁.民国时期湖北保甲制度与乡村社会(1932—1949)[D].武汉:华中师范大学,2014.类似文章尚有刘大禹的《国民政府行政院行政权力的困境(1932—1935)——以推行保甲制度的程序为例》;徐腊梅的《民国时期保甲制度推行的原因考察》;崔玉敏的《二十世纪三四十年代山东保甲制度研究》;赵丽娜的《民国时期湖北保甲制度研究(1927—1937)》;扬吉安的《民国时期湘籍边界保甲制度的实施及其效能——以江西万载县为个案(1934—1945)》;武乾的《南京国民政府的保甲制度与地方自治》;杨华的《南京国民政府时期山东保甲制度研究(1928—1945)》;沈成飞和周兴樑的《试论陈济棠治粤时期保甲制度的推行》;毛园芳的《试析国民党南京国民政府保甲制度的反动作用》等文章。
② 何文平.变乱中的地方权势:清末民初广东的盗匪问题与社会秩序[M].桂林:广西师范大学出版社,2011.
③ 陈玉辉.警察与保安[J].广东警保,1948(1):21-27.
④ 李士珍.地方团队讲稿[M].重庆:中央训练团党政训练班,1939:1-19.
⑤ 许方智.民国时期浙江"警保合一"政策研究[D].杭州:杭州师范大学,2014.类似文章还有李小龙.安徽省保安武装建设研究(1927—1945)[D].合肥:安徽大学,2016.

2015 年 7 月 16—18 日中国第二历史档案馆主办的"民国档案与抗日战争研究学术研讨会"上探讨了国民政府从战前"裁团改警"到战后"警保合一"的历程，认为"警保合一"推动了国家警政建设，消除了保安团队等地方武装对中央政府统治的隐患，又通过警察行政对地方的规训，将政府权力渗透入地方社会。①

对"裁团改警"相关史料地提供有重要帮助的文献有中国第二历史档案馆的虞亚梅在《李士珍拟改进中国警政建议计划三种》中选辑的李士珍 1938 年向蒋介石呈送的《改进中国警察建议书》②。此建议书中，列明保安经费和警察经费之比较，并在救济警察经费困难的方策中，明确提及即使时局变化，"裁团改警"计划仍应继续执行；并称 1936 年"裁团改警"的提出以及截至 1937 年度开始，仅有苏、浙两省将保安团队改编警察队，其余如安徽、湖南等省正在全面实施。全面抗战爆发后，出于兵员补充的需要，蒋介石手令切实整顿各省保安团队，"裁团改警"计划暂告停顿。这里李士珍用的是"停顿"，言外之意为"裁团改警"并未中辍，只因抵御外侮，暂时旁置。同时，他认为"补整保安团队是为应战之急，'裁团改警'则属百年大计"，建议"裁团改警"继续推行，并提出"裁团补军与建警同时并行"及"以补军济裁团，以裁团节余改革警察"的具体措施。③ 其中可见战时"裁团改警"的实施状况以及军统对"裁团改警"政策的路径取向和重视程度，也能感到其对战后延续既定的建警方略有着长远的考量。

还有一些文章对"裁团改警"政策做简要提及。一是将"裁团改警"政策作为保安团队发展历程的一个阶段做简要介绍。如王飏在地方自治武装中简要介绍"裁团改警"政策，评价其"由于抗日战争全面爆发半途而废，直到抗战结束后，'裁团改警'的做法才在全国大部分地方推行"。遗憾的是文章对"裁团改警"政策的演进和变化过程没有论述。④ 此类文章还有叶军春的硕士论文《1927—1939 年江西警政研究》⑤；杨玉环的《论中国近代警察制度的发展》⑥。二是在国民政府基层治安制度中提到"裁团改警"。如邓雯在其硕士论文《南京国民政府时期河南的县级治安制度(1927—1937)》中，将河南省保安队作为县级治安系统的重要

①　刘楠楠."民国档案与抗日战争研究学术研讨会"会议综述[J].民国档案,2015(4):139-140.
②　根据警史专家潘益民研究员考证,《改进中国警察意见书》并非李士珍独家建言,出自力行社特务处的"裁团改警"之意见书.
③　虞亚梅.李士珍拟改进中国警政建议计划三种[J].民国档案,2004(1):4-8.
④　王飏.新民主主义时期中国共产党安全保卫工作的理论与实践[D].长沙:湖南师范大学,2003:19.
⑤　叶军春.1927—1939 年江西警政研究[D].南昌:江西师范大学,2011:33-34.
⑥　杨玉环.论中国近代警察制度的发展[J].辽宁大学学报(哲学社会科学版),2006(5):96.

组成部分,对其变更发展历程进行梳理。其中简要提及"裁团改警"。作者提到保安制度为地方治安主要倚靠,"裁团改警"政策迫于形势,无法触及河南省由各级警察机关和保卫团、保安团组成的县级治安制度的根本。① 类似还有管勤积和杨焕鹏的论文认为在国民政府基层警察体系中,保卫团等地方武力虽然在某种程度上弥补了基层经历的不足,但从长远看它们也阻碍了国民政府对基层警察体系的建设,因此国民政府采取"裁团改警"政策,逐步将其变成警察的一部分。② 三是在国民政府行政机构改革中提到"裁团改警"。刘大禹在省行政机构改革中提到各省主席加强对本省控制,欲实现省内军事行政机构的统一。1943 年 4 月 22 日薛岳致电行政院请求恢复全省保安司令,保留警务处。行政院回函称:依照"裁团改警"之原则,将来各省且应一致成立警务处,彼时保安司令部、保安团队自皆在裁撤之列。此项政策提早实施,固无不可,唯战时多事纷更,恐将利弊互见。展现了"裁团改警"政策虽因全面抗战的爆发无法持续推进,但"裁团改警"作为国家政策并未废止,而是在战后继续推行。③ 四是"裁团改警"作为李士珍的重要思想屡被提及。除了虞亚梅老师的《李士珍拟改进中国警政建议计划三种》;还有詹林在其博士论文《李士珍〈五年建警计划〉研究》中提到"裁团改警",其中多涉及战时和战后与《五年建警计划》相关的部分。④ 该文章对"裁团改警"政策的提出过程也有简要描述,但该部分仅作为背景资料一笔带过,并未具体论述。相关文章还有陈竹君的《李士珍的警政思想探析》⑤;鄢定友等的《李士珍警政改革思想述论》⑥;詹林的《李士珍与警政关系考》。⑦ 此外,刘锦涛在蒋介石警政思想中也论及"裁团改警"。⑧ 五是在警政建设的相关研究中提到"裁团改警"。如孟庆超的《中国警察近代化研究》在"民间社会警察权向专业警察机关的集中"一节中对"裁团改警"有客观描述;类似研究还有张志琴的《1945—1949 年浙江警政研

---

① 邓雯.南京国民政府时期河南的县级治安制度(1927—1937)[D].开封:河南大学,2010:15.

② 管勤积,杨焕鹏.试论民国时期浙江省乡村基层警察之补助组织[J].东方论坛,2009(3):121.

③ 刘大禹.战时国民政府推进省行政改革之考察[J].民国档案,2017(3):109.

④ 詹林.李士珍《五年建警计划》研究[D].成都:四川大学,2017.

⑤ 陈竹君.李士珍的警政思想探析[J].北京人民警察学院学报,2007(3):96-97.

⑥ 鄢定友,郝骥,倪根宝.李士珍警政改革思想述论[J].江苏警官学院学报,2007(4):137.

⑦ 詹林.李士珍与警政关系考[J].公安学研究,2018(5):117.

⑧ 刘锦涛.南京国民政府时期蒋介石的警政思想述评[J].福建论坛(社科教育版),2009(4):24.

究》①;杨子龙的《南京国民政府时期甘肃省警政建设研究》②;黄霞的《二十世纪三四十年代四川警政建设》。③

值得注意的是,目前有几篇文章中对"裁团改警"政策的认识存在以偏概全之嫌。如崔毅军在回顾河北省政府保安团(队)的历史渊源时,提及1936年召开的地方高级行政人员会议及"裁团改警"方案,并得出"抗战全面爆发后,'裁团改警'3年计划流产"的结论。④ 李小龙在其硕士论文《安徽省保安武装建设研究(1927—1945)》中认为随着1937年日本侵华战争全面爆发,安徽省"裁团改警"工作停止。⑤ 以上两篇文章认为"裁团改警"政策随着全面抗战的开始,即"流产""停止",对"裁团改警"政策未做整体宏观把握。周章琪和周芹在《抗日战争时期的国民政府警察》中提到保卫团是地方自卫武装的一种,是保甲制度的发展和变形,其认为"裁团改警"办法这里的"团"是保卫团⑥,实则不然。

此外,笔者还查阅研究了以下文献资料:一是中国第二历史档案馆、国家图书馆、南京图书馆等部门收藏的民国以来全国各地的统计、预算及档案,如《警政统计》《内政部年鉴》《全国警政概况》等警察和保安团队原始档案数据以及各省保安处、保安司令部的相关档案。二是记载警察与保安制度和警政动态的《政府公报》《行政院公报》《内政公报》《军政公报》《江苏保安月刊》《浙江保安处军法月刊》《警声》《警政导报》《警声月刊》《中国警察》《现代警察》及各省民政公报(月刊)等百余种与警政有关的期刊,以及《申报》《中央日报》《大公报》《时事公报》《民国日报》《益世报》《国闻周刊》等社会报刊,也保留了一些当时有关"裁团改警"的报道和文章。三是民国时期各地的地方志记载的当时保安系统的实际情况。四是两岸出版的与"裁团改警"有关的国民政府要员的回忆录及口述历史资料,台湾地区《传记文学》、大陆各级政协的《文史资料》等刊载的与"裁团改警"有关人员的回忆文章。以上可证,对于"裁团改警"政策做整体研究大有可为,通过对这些史料进行梳理,可以对民国时期"裁团改警"实施过程和失败原因等进行较为详细的论述并挖掘其深层意义。

① 张志琴.1945—1949年浙江警政研究[D].杭州:杭州师范大学,2013.
② 杨子龙.南京国民政府时期甘肃省警政建设研究[D].兰州:甘肃政法学院,2015.
③ 黄霞.二十世纪三四十年代四川警政建设[D].成都:四川师范大学,2006.
④ 崔毅军.1946—1949年河北省国民政府保安(队)研究[D].保定:河北大学,2006:3.
⑤ 李小龙.安徽省保安武装建设研究(1927—1945)[D].合肥:安徽大学,2016:1.
⑥ 周章琪,周芹.抗日战争时期的国民政府警察[J].湖北警官学院学报,2005(6):74.

同时,关于乡村治安秩序①和社会史②的重要著作也给笔者带来了深刻的思考,拓宽了笔者的视野,帮助笔者从社会学、政治学和民族学的角度对"裁团改警"政策进行深入理解和分析。

(四)研究状况的评价

通过以上梳理,近代以来对于"警""团"制度的研究取得了一定成果,但无论从研究数量还是质量上,仍显单薄。

第一,在研究时段上,对警察制度和保安团队制度的研究多集中于全面抗战前,对战时和战后的研究成果寥寥,而对"裁团改警"政策的研究多集中于对战后"警保合一"的关注;在研究区域上,主要偏重于"国统区"重要省份;在研究空间上,学者多集中于"警""团"作为基层治安控制手段的实践运用,针对警团的制度研究较少。

第二,在研究路径上,大部分研究都是历史学的视角,近年来虽然在构建乡村秩序的研究中有历史学、政治学、社会学、民族学等学科的介入,但路径过于单一,真正做到综合运用多学科的研究成果较少。

第三,在研究成果上,保安团队和保卫团已有的研究成果大多从历史沿革入手,侧重于对史实的梳理,理论阐释略显不够。另外,大多学者对于保安团队与保卫团、保卫队、民团、自卫团等其他地方自卫武装未做划分,对于从整体历史观来综观保安团队的建设发展,尚存有研究空间。

有鉴于此,本书进行了以下几方面的研究:第一,对保安团(队)和保卫团(队)进行明确划分,明晰民间自卫武力的发展演变过程。第二,对"裁团改警"进行全过程研究,不仅能够填补研究空白,而且有利于深层次理解国家与社会的互动关系。第三,进行跨学科、跨领域的研究,本书主要借鉴国家和社会互动理论、现代国家构建理论,对"裁团改警"的变迁历程、动力来源、内在逻辑进行深入考察。

---

① 通过对乡村社会进行调查研究而得出乡村社会权力结构范式的。代表作有费孝通的《皇权与绅权》《乡土中国》《江村经济》;梁漱溟的《乡村建设理论》。这类成果无论研究方法还是理论成果,堪称学术研究的典范,也为乡村治安秩序的研究奠定了基础。此外还有赵秀玲.中国乡里制度[M].北京:社会科学文献出版社,2002;王铭铭,王斯福.乡土社会的秩序、公正与权威[M].北京:中国政法大学出版社,1997;郑振满.明清福建家族组织与社会变迁[M].北京:中国人民大学出版社,2009;于建嵘.岳村政治:转型期中国乡村政治结构的变迁[M].北京:商务印书馆,2001.还有王先明关于乡村权力结构的相关论文。
② 杜赞奇.文化、权力与国家:1900—1942年的华北农村[M].王福明,译.南京:江苏人民出版社,2003;李怀印.华北治:晚清和民国时期的国家与乡村[M].岁有生,王士皓,译.北京:中华书局,2008;黄宗智.华北的小农经济与社会变迁[M].北京:中华书局,2000.

四、研究方法与资料运用

（一）研究方法

南京国民政府时期的"裁团改警"政策研究，既属于中国近现代史的研究范畴，又属于公安学的研究领域。限于自身理论知识的才疏学浅，笔者不敢奢望能将这一政策发展演变过程的深刻原因剖析全面透彻，但也努力攻读了大量相关书籍，试图对这一重要警政决策背后的历史原因做出较完整的分析和判断。

一是文献研究法。笔者以原始档案文献为主，同时参考公开出版的档案汇编资料、回忆录、民国报纸杂志、地方志等资料，坚持用唯物史观来认识和记述历史，把历史结论建立在翔实准确的史料支撑和深入细致的研究分析的基础之上[①]，试图对"裁团改警"政策的演变过程进行尽可能清晰的梳理辨识，这是本论文最基本的研究目标。

二是历史分析法。历史分析法是马克思主义唯物辩证法的一种，要求从历史实际出发，把研究对象放在特定的历史环境中考察分析，按照历史发展顺序对客观事物和社会现象的不同发展阶段加以联系和比较，在历史的长河中发现变化和规律，把握其实质。本书对"裁团改警"政策进行系统梳理阐释，对其发展演变过程进行分析，试图发现其中内在规律及逻辑。

三是跨学科交叉研究法。本书以历史研究法为基础，试图用社会学、政治学、公安学的相关理论对该政策做出分析，并尽可能做到将其理论方法融入历史论述之中，进行多学科的交叉研究，从而确立自身的研究视角和维度，进而透视现代国家建构过程中警团关系演变的历程。

（二）资料运用

到目前为止，尚未见专门论述"裁团改警"的著述和论文，最大的原因极可能是史料的缺乏，本书也遇到了同样的窘困。"裁团改警"的施行过程蔓延了十余年，经历了全面抗战阶段和解放战争时期。自卢沟桥事变发生，战火蔓延大部分省份，国民政府迁都重庆，大量宝贵资料在此过程中丢失。笔者在中国第一历史档案馆、中国第二历史档案馆、重庆市档案馆和天津市档案馆、南京图书馆等处阅读和梳理文献史料的过程中，曾主观认为这些地方极有可能收藏了大量与"裁团改警"相关的档案资料，查阅下来，其实不然。从卷宗目录和关键词搜索中，看不

---

① 习近平．让历史说话用史实发言 深入开展中国人民抗日战争研究［N］.人民日报，2015-08-01（1）.

到较为集中的史料,更不要说全宗的收藏,仅在中国第二历史档案馆的内政部、国民政府、行政院、军事委员会、军政部等机构的档案中,零星有些关于保安团队及警政发展的宏观性资料及统计数据。而相关描述性资料,比如各类重要会议的详细记录、各地警保概况、"裁团改警"落实等详细情况却杳无踪影。这对于以实证为基本原则的历史研究而言,难以完整重建"裁团改警"政策过程的全貌。值得庆幸的是,民国时期学者对警政建设的研究已初具规模,中央及各省市相继出版发行的有关警政和警学的期刊中,可见当时研究者对县以下地方警政建设、警卫与自治的关系等问题的探讨,对于本书研究"裁团改警"政策提供了很多帮助。且一些地方的保安处、保安司令部印行的保安类期刊,对地方保安团队的发展有所解说,对窥视地方保安团队办理的实际情况大有裨益。

一是原始档案。笔者在警史专家潘益民老师的帮助下有幸通过台湾清华大学刘威志博士,在台湾"国史馆"设法复制了"裁团改警"相关的文稿;国民党六中全会材料;李士珍的《建警有关文稿备忘录》《各国考察日记》《我国警政问题之检讨和改进》等与"裁团改警"有关的手稿;蒋介石与李士珍有关战后建警设计的来往电文;张鹏程《国大代表李士珍先生、夫人九秩华诞荣庆录:建警计划草拟经过之简述》稿本等一批较为珍贵的国民政府警政档案史料。中国第二历史档案馆也提供查阅内政部、军政部、国民政府、军事委员会、行政院、中央设计局、中央警官学校等原始档案的权限,并对档案进行了全宗、全文数字化,大大方便了利用。另外,台湾学者朱汇森、赖淑卿等还将当时警政建设的部分电文汇集成册,其中有关"裁团改警"的史料为本书提供了宝贵的档案文献。

二是民国时期警政图书与报纸杂志。南京国民政府时期各地印行的警政图书与警察报刊杂志是本书研究重要的史料来源。南京国民政府时期涌现出一批具有出国考察东西方警政经历、有学理基础和实践经验的警政学者,如酆裕坤、李士珍、唐纵、余秀豪、俞叔平、郑宗楷、冯文尧、毛文佐、郭宗莆、王扬滨等,以及杨永泰、吴铁城、陈立夫、戴笠、宣铁吾、韩文焕、赵文龙、陈玉辉等一批长期对警政有研究的行政(警政)官员,他们或亲自编著或组织出版了大量有关警察理论和警务技术的专著,客观上推动了当时的警学研究和警政建设。这些著述主要分藏在国家图书馆、台湾"国史馆"及南京、上海、重庆等地图书馆,这些著述对于笔者全面系统地把握南京国民政府警政建设的发展脉络有很大的帮助。此外,这一时期,内政部、警察总署、警察协会、警学研究团体、中央警校及各地警察院校、警察训练所以及地方公安(警察)机关创办的警察期刊如雨后春笋般出现。如由内政部先后发行的《警察向导》《警政导报》;警察协会编印的《中国警察》;内政部警官高等学校同学会编印的《现代警察》;浙江警察协会创办的《警察杂志》以及内政部警官高等学校的《警高月刊》;中央警官学校的《中央警官学校校刊》《警声》;浙江警官学校发行的《警光》;江苏警官学校编印的《江苏警察》;上海市公安局警士教练所训育处发行的《警灯》等期刊。还有一些刊物以推行地方警政、加强警务公开、勤务动态交流为目的发行,如《首都警察厅月刊》《北平特别市公安局公报》《上海市警察周刊》《宁波警察》《福建警察》《公安月刊》《警政年刊》《警察月刊》《公安旬报》《警政月刊》《警务月刊》《警务半月刊》《警声周刊》《警政周刊》《警笛》《警察画报》等,也对笔者了解当时各地警政推行情况起到不小作用,对于研究国民政府各时期警政建设有着重要的参考价值。"裁团改警"的出台、演变和推行情况在各地刊物所载的文章中也时见端倪。各省保安机关创办的刊物,诸如《江苏保安季刊》《四川保安季刊》《河南保安月刊》《福建保安》《保安月刊》《闽政月刊:警保辑》《蓝天月刊》等期刊,也为本书提供了很大的参考价值。这些期刊部分电子文档在《民国期刊全文数据库》《大成老旧刊全文数据库》中可以查找,原刊物在国家图书馆及南京图书馆等处也可检索查询。另报纸也是本书不可或缺的补充史料来源,尤其是对于一些重要会议以及重要事件,《中央日报》《申报》《大公报》《益世报》《扫荡报》等当时比较重要的报刊屡有刊载,也为本书研究提供史料支撑。

三是时人回忆。1980年以来,中央和各地县(市)政协相继组织人员编辑出版的地方"文史资料"中,各地自卫力量是其中重要内容之一。这些资料多为当事人对亲身经历的回忆,能够提供保安团队和警察建设较为翔实和具体的情况。潘嘉钊、钟敏、李慕贞、侯俊华等根据公安部档案部门保存的国民党警界人员的悔过材料撰写的《蒋介石密档》也可供笔者参考。但是,由于各种原因,这类材料也存在不确甚至错误之处,使用起来须小心考辨,与其他史料相互印证后使用。此外,台湾出版的《总统蒋公思想言论总集》《先总统蒋公全集》《中华民国史事纪要》《中华民国建国史》《中华民国重要史料初编》等是研究蒋介石警政思想和"裁团改警"背景的重要史料,其中收录了蒋介石的大量讲话稿及军政要员的相关回忆,其中多篇涉及蒋介石对于整顿警察队伍、提升警察素质、提高警察待遇等建警理念。另外,日记、年谱与回忆录也是研究历史的重要史料。目前,海峡两岸出版了大量的原国民政府政要的日记、年谱与回忆录,较为重要的有《李宗仁回忆录》《白崇禧回忆录》《唐纵的日记:在蒋介石身边八年——侍从室高级幕僚唐纵日记》;冯玉祥的《我所认识的蒋介石》;曾任军政部长等要职的陈诚的《陈诚回忆录:抗日战争》;黄绍竑的《五十回忆》等以及《传记文学》大量回忆文章等。

五、创新与不足

（一）研究创新

本书的创新主要有以下几个方面：

一是选题上的创新。本书首次尝试对"裁团改警"这一主题进行系统梳理，探索"裁团改警"政策产生的背景原因、发展历程和历史影响，力图还原该政策提出的真实背景、背后的政治博弈、发展走向等，一定程度上可以帮助一些学者从"裁团改警"政策这一侧面，全面了解国民政府警政建设与发展路径。

二是研究对象的创新。民国时期乡村秩序管理的格局实际上取决于乡村内生秩序和国家行政权力的互动，警团关系为其表现形式之一。本书以警团关系为研究对象，搜集警团关系的一手资料，从比较长的历史阶段，对警团关系变化展开分析，从而剖析国民党警政建设思路以及国家对社会基层治安控制制度的发展。

三是研究视角的创新。本书运用国家与社会关系理论，勾画出现代民族国家建立过程中警团关系在乡村治安治理格局中演变的轨迹，并在此基础上尝试找出乡村秩序重建的趋势。

四是观点的创新。以往研究大多认为"裁团改警"政策随着 1937 年抗日战争的全面爆发而结束，本书基于史料对这一观点进行否定。此外，因以往研究通常对保卫团和保安团不做区分，本书区分两二概念，并将保安团队作为主体之一进行研究。

（二）研究不足

对国民政府推行的"裁团改警"政策进行全面而深入的研究，难度非常大。

首先是一手资料的缺乏。在查找资料的过程中，一些核心资料，比如"裁团改警"政策推行落实情况以及相关会议记录，等等，都因材料的不足或残缺而无从考证，受资料所限，无法更精细地呈现这一政策的运行机制。

其次，"裁团改警"政策虽然只是国民政府警政建设中的一环，但它牵涉政治、经济、军事等各方面，若要说清楚这一问题，需要对这段时期的历史有更深刻地把握。文章对于这一政策背后的政治利益博弈过程虽有提及，却不够深入，难以全面展示其背后之运作。总之，由于学术能力和研究框架的限制，一些具体表述和论证还很粗陋肤浅，有些分析仍存在疏漏，尤其是中央与地方政府的互动方面，有很多值得商榷和深入讨论的问题未及全面展开，期待在今后的研究中进一步充实改善。

第二章　何为警？何为团

在中国传统城乡社会,承担治安秩序管控职能的是保甲、团防、保卫团等民间自卫组织以及军队,直至民国,民间自卫组织逐渐统一规范,保安团队制度建立。而近代警察制度是清政府在光绪末年推行变法及实行新政中引进的西方社会制度之一,一方面因与保安团队职能相近,警团联系密切,行使权力过程中配合甚多;另一方面,二者矛盾和冲突时有发生,且多由职责交叉难以区分以及利益矛盾而导致。因此,将中国近代警察制度和保安团队制度作为南京国民政府统治时期治安防控的两大重要主体,对其产生和发展历程做深入的研究,极为必要。

一、何为团:保安团队历史渊源和近代演变

中国自古就有出入相友、守望相助的传统。迨至晚清咸同年间,曾国藩、左宗棠、彭玉麟、胡林翼在湘淮各地创立的团练武装先后围剿了太平军及捻军,让统治者明了民间武装如若组织训练及运用得当,其实力及效用更胜于正式军队。南京国民政府成立后,保安团队被建立用以协助国民党军队"剿共",保安团队制度逐步确立。

(一)传统社会民众自卫组织

中国民间地方武力原本是地方势力以保卫乡里的名义组织并控制的民众武装组织,民国后被冠以"民众自卫"或"地方自卫武力"等名目,其历史悠久,氏族社会就已存在。后由于中央集权加强,地方势力式微,官府逐渐介入,使之向官管民办的方向转化,成为官府指挥下维持城乡社会秩序力量的一部分。

西周将乡里组织编组为比、闾、族、党、州、乡,以什伍之法将民众组织起来自治自卫,"综周代之制,于人民服役,供应车马,各有常发,至于刍粮、甲盾、弓矢之属,以及军事上附带器用,亦取之民间,各有常数,而士卒之召集、退伍、更替、补充,尤有周缜之规定,追入伍以后,编组联络,莫不精密,且人民因负有服兵役之义务,故于军事之规律,武器之使用,尽人皆具有相当知识,此实为周法特有之长,独

惜于人民在野之时,缺乏训练,是或良法之一罅耳"①。可见,自周代开始,统治者便依托井田制,寓兵于农,集合民间人力、财力、物力实施军制,强化对基层的控制,此为民间自卫武力的历史源来。迨至春秋时期,管仲认为兵制的来源就是民众,他把社会管理和军事组织结合起来,组成了以"朴野而不慝"②的民众自卫武力为主体的军队。北宋王安石在唐代"伍保制"的基础上对地方民众自卫组织加以改革,并称之"保甲"。其内容主要包括结保、抽取保丁、自行装备兵器、轮流巡警及五保连坐,"以捕盗贼相保任"。可见,保甲设立的主要目的是维护治安兼兵制。至元代,宋代的保甲法变迁为"社制",以家或村为基本单位,因地制宜,以"教督农桑"为事,与保甲无太大差异。之后的明代虽有改动,但保甲实质未发生根本变化,一直延续到清代。

在传统社会,国家在基层社会的控制力量极为薄弱,地方士绅名流能够发挥"村社保护人"的作用,同时"设法使法律和秩序(即地方体制的安全)能被保存下来",③因此作为民间自卫组织的实际掌控者,充当官府与民众之间的中介。

(二)近代保安制度前奏

清朝统治的中后期,八旗和绿营骄惰奢靡、战力日下、兵员腐败,在抵御外敌和镇压各地暴动中弊端凸显。为维护地方治安秩序,民间自卫组织纷纷涌现。1852年,太平军出广西,向湘鄂及长江中下游挺进,所向披靡,清廷深感绿营和八旗兵已不足用。因湘省新宁士绅江忠源兴办团练,抵御太平军的战绩不俗,清廷饬令各省兴办团练,以助八旗绿营攻剿。次年1月,曾国藩奉命督办湖南团练,整合各团练为湘军,还将皖北淮勇组织为淮军,与太平军缠斗多年,在平定太平天国中起了决定性作用。

团练等地方民众自卫组织作为与正规军不同体制的"游杂武装",在士绅的统帅下,从乡村走上政治舞台,对维护清王朝统治发挥了重大作用,民众地方武装的威慑力也为世人所瞩。对地方来说,"团"的实质是"以本村之人,守护本村之地"④的民间自卫武力,"其作用是严格地用于地方乡村防御,这种团体不能有超

---

① 程懋型. 现行保安制度[M].上海:中华书局,1936:2.
② 李山. 管子[M]北京:中华书局,2009:3.
③ 孔飞力. 中华帝国晚期的叛乱及其敌人:1796—1864年的军事化与社会结构[M].谢亮生,杨品泉,谢思炜,译. 北京:中国社会科学出版社,2002:216.
④ 许乃钊. 乡守辑要:第三卷[M]//孔飞力. 中华帝国晚期的叛乱及其敌人:1796—1864年的军事化与社会结构.北京:中国社会科学出版社,2002:59.

过半数以上的人离开村庄去援助受到攻击的邻近部落"①。但对于清政府而言，"团"具有两面性，既是"为补充军事力量而衍生出的地方组织"，又是地方治安管理的一部分。

北洋政府时期，军阀混战，各地为求自保，纷纷组织保甲、团练、团防、商团、民团等名义的民间自卫武装。此种武装可谓"双刃剑"，既有在时局动荡中自保的作用，又易被土豪劣绅所控制，成为自恃武力对抗中央和地方官府的非法武力，以及游离于执政当局之外的潜在威胁，引起袁世凯的警惕和重视。

1912年10月4日，袁世凯签发大总统申令，指出过去团练、团防、保甲劣迹斑斑："外讬保卫地方之名，内为窝藏盗匪之窟，号召朋党，鱼肉乡愚，为虎作伥，教猱升木。奸究何由敛迹？良懦何由得安？"以致"利未形而害先见，卫民之政转以病民"。为慎防其弊，"当此盗匪充斥之际，巡防、侦缉兵力既有未敷，不得不资民力以为之辅，必人人各尽其捍卫梓桑之责，始足以促公共之安宁"。② 要求各省加强对民众自卫武力的整顿管理，防范各种政治力量和地方军阀的觊觎。1914年5月20日，镇压"二次革命"后的北洋政府制颁《地方保卫团条例》，试图将地方民众自卫武装统一改编为各级官府所控制的保卫团，将其控制权从地方势力手中收至北洋政府，形成与警察平行的管控社会治安的组织，这是民众自卫武装统称为保卫团的开始。

该条例明确了保卫团具有清查户口、护卫乡梓、缉拿盗匪等职责。在团警关系上，"各团所在地有已设警察区者，得协同警察助理之"③。已设警察地区，以警察机关为主，未设警察地区，由保卫团负责。此为整编保卫团后各地保甲、乡团、民军、义勇的治安职能及与警察之间的关系提供了法规依据。在经费上，该条例确定了"由各地就地筹措"。在实施过程中，民众在原缴纳的治安剿匪捐税基础上，还要再供养省、县指挥的保卫团，等于交了双重"保护费"。此时，北洋政府内外交困，为了维持基本局面，不得已放慢警察在乡镇的普及，将保卫团纳入正式的城乡治安管理体系中，在城镇作为警察机关的辅助力量，在乡村则代行警察职能。

（三）国民政府保安制度确立

1927年4月，国民党发动"四·一二"反革命政变，残杀中国共产党人。为反抗国民党暴力屠杀，中国共产党先后发动了南昌起义、秋收起义和广州起义，起义军胜利之处，建立苏维埃政权，引起国民党政权的惊恐和疯狂反扑。据1929年统

① 孔飞力.中华帝国晚期的叛乱及其敌人：1796—1864年的军事化与社会结构[M].谢亮生，杨品泉，谢思炜，译.北京：中国社会科学出版社，2002：95.
② 袁世凯.大总统申令[N].政府公报，1914-11-02（869）.
③ 内政部年鉴编纂委员会.内政年鉴[M].上海：商务印书馆，1936：306.

计数据,冀、湘、闽、鲁、赣、苏、豫、浙、鄂、川十省共产党武装约计 10 万人之数,枪支(土枪在内)15000 支。① 随着共产党的不断发展壮大,南京国民政府不仅调集正规军进行"围剿",也将保安团队、各类保卫团作为"围剿"的重要力量,地方自卫武力也因此受到重视。1929 年 7 月 13 日,南京国民政府公布《县保卫团法》,以法的形式将保卫团制度固定下来,并明确将保卫团、民团、商团等各种民众自卫武力囊括在内。

《县保卫团法》规定"凡县地方原有之乡团及其他一切自卫组织均应依本法之规定改组为保卫团",并明确宗旨为"增进人民自卫能力、辅助军警维持治安"。保卫团的主要任务为清查户口、侦查缉捕混入居民中的"反革命分子"、携带危险物品者,协助军警清剿盗匪,办理乡镇消防等事项。②《县保卫团法》直接赋予地方保卫团侦查居户、搜捕盗贼、平息事变、协助追剿股匪等警察职能。该法颁行后,各县地方原有乡团及其他一切自卫组织,均应依照改组。该法本意希望能由自卫自导进于自治,但由于对保卫团丁的组织缺乏明确规定③,导致组织纪律松散,不能达到预期的自治效果。在实际运行中,区团以下各级队附仍不得不委任有势力、有声望、有大量家丁佃户的地方豪强充任,非区、乡(镇)、闾长所能过问,而保、甲、牌长多为地方富豪的爪牙和傀儡。自由募丁、自由购枪以及养丁购枪的款项,往往来源于乡绅富豪的"支持"以及对其辖地民众之勒捐强派。④ 经济基础决定上层建筑,这些原因都注定根本无法真正实现县保卫团编组后"人民各自为卫,奸宄无从匿迹,地方自安"的理想化预期。

在蒋介石"攘外必先安内"政策下,蒋介石接受幕僚杨永泰⑤的建议,采用"曾

---

① 一月来之匪患[J].时事月报,1929(1):55.

② 黄佑. 中华民国开国五十年警察行政[M]//朱汇森. 警政史料:第一册[M].台北:台湾"国史馆",1989:42.

③ 《县保卫团法》规定了凡二十岁以上四十岁以下之男子,均有入保卫团受训练之义务,但因缺乏种类区分、役期规定、退伍办法,导致组织异常松散。是因第二次全国内政会议,内政部提出改革保卫团案,也是由此之弊端引发。

④ 类似问题还有:《县保卫团法》第二十八条虽规定了保卫团经费由总团长召集会议就地筹集,其款项办法决定后,由县政府呈报省政府核准施行。但在具体实施过程中,县政府多以此为地方自治事项,多不干涉,因此该条款多无落实之可能。

⑤ 杨永泰(1880—1936),字畅卿,广东茂名人,北京政法专业学校毕业。1916 年起任两广都司令部财政院财政局局长,陆海军大元帅府参事处少将参军,广东护法军政府财政厅厅长,广东省省长,雷州安抚使,国民政府导准委员会总务处长。1927 年起任国民革命军总司令部中将高参,国民政府军事委员会秘书长。1934 年起任鄂豫皖三省"清剿"总司令部秘书长,南昌行营和四川行营上将秘书长,湖北省政府主席兼保安司令。1936 年 10 月 25 日在汉口被刺身亡。

胡治兵"理念，在地方自治的框架下，训练、发挥团防、民团、保卫团及保甲的作用。面对不断发展壮大的红色力量，蒋介石一面寄希望于地方自卫武力能配合正规军，维持战区治安，填补国民党势力在乡村的权力空缺；同时又担心过度依赖各省保安团队和由地方势力控制的民团、保卫团等地方武装，受豪门劣绅牵制。因此出于战略考虑，设法将"剿匪"省份保安团队纳入南昌行营的直接控制之下。1932年8月，鄂豫皖三省"剿匪"总司令部①订颁了《剿匪区内各省民团整理条例》②，取消旧有的民团、保卫团等称谓，按照武装和非武装的区别，将地方武装力量区分

---

① "鄂豫皖三省剿总"和军委会"南昌行营"就制度而言，不过属于临时性军事机构，而它们却开创了国民政府时期地方体制中的行政督察公署、县行政"裁局改科"和基层保甲等三大制度，改正了国民政府根据孙中山有关主张而设计的某些不切实际的制度，这在近代政治制度史上值得一提。

② 《剿匪区内各省民团整理条例》整理要点主要有七个方面：一是统一名称。该条例取消旧有的民团、保卫团等称谓，按照武装和非武装的区别，将地方自卫武力区分为两类：各县武装健全、已在编训的武装民团改称为县保安队，国民政府保安团队开始在政治舞台上露脸。此外，武装不健全的民团及无武装的壮丁，在无中共武装之地称为壮丁队；在有中共活动的地方称为铲共义勇队。将武装健全、有一定战斗力的保安团队从原有的地方自卫武力中单独区分出来，改为县保安队，由县长指挥，省保安处统一管理。上升成县保安队者，是地方自卫武力中的精锐和主力，其人员、武器、装械均来自地方筹款购置。二是划一其编制。有战斗力的自卫武力上升为保安团队后，比照陆军编制、待遇等进行管理，作为国军后备补充。其他无武器，基本靠棍棒守土的地方自卫武力，依旧留在乡村，称为壮丁队、铲共义勇队，作为"剿共"重要的补充力量，名义上也按照县保卫队进行编制，实际上训练和供给无法保障。三是严定督率训练之人选。为使保安团队免为地方势力把控，明确规定了督率及训练人员的资历及来源，即由县长兼任大队、总队之队长；由省保安处长预保经审核合格之人，充任副队长、队附或教练员者；以本县或本省具有军事学历经验之人充任中队长、分队长。在具体实施过程中，往往选用本省或本县籍正规军人或军校生转任。四是厘清其职务。《剿匪区内各省民团整理条例》中规定：各县保安队负本县清剿"匪共"，维持治安之责任，并受区保安司令或驻军高级长官之指挥。尽力于邻县联防之协助；壮丁队、铲共义勇队则专任警戒通信守护运输工程及地方水火风灾一切救护抢运之事务，则各有专任，"平时既无牵扰费时之烦，有警更显分工合作之效"。五是确定收支。凡保安队之饷需，全部由县财务委员会统收统支，严禁捐派干税及一切借端敛款情况。在经费支出方面，该条例颁布之前，各县地方自由办团、自由抽捐，民众之负担甚巨，而确实用于团队者有限。如湖北，在未经整理之前，每年消耗团队经费，约计1500余万元，自三省总部颁行《剿匪区内各省民团整理条例》之后，规定一切饷款必须由县统收统支，于是1933年湖北全省团费，统计每月不过约为40万元，民众已经减轻三分之二负担。此种计算方法是片面的，也是维护保安团队制度的障眼法。只算了保卫团队一笔账，而留在乡村继续承担民团杂务的壮丁队、铲共义勇队等仍要当地民众捐款的地方自卫武力所摊派的苛捐杂税并未计算在内，如加以合计则远超过改编保安团队之前，应该说，民众除承担保卫乡梓的费用外，格外横加了保安团队的捐费。六是检验其枪支。保安队之枪械来源有两类，一是原先地方公有及"曾受地方给养"，二是原从私人借用或民众自卫枪支；而壮丁队、铲共义勇队多为猎枪鸟枪等土造枪械，为加强民间枪支管理，严防输往苏区，或被地方势力所掌握，兼有从"地方自卫之实力长存，民众之安全有赖"角度考量，因此规定必须统一管理枪支，一律给照、烙印、编号登记，并皆严为保管，"不得投归军队，不许驻军编并"。

为三类:各县武装健全、应编的武装民团改称为县保安队;武装不健全的民团及无武装的壮丁,在没有中共组织的地方,称为壮丁队;在有中共组织的地方,称为铲共义勇队。从此,保安队从原有的地方自卫武力中被单独区分出来,由省保安处统一管理和训练,随时可以补充到军队中。条例颁行后,豫鄂皖三省大体实现了保安组织在名称、编制、经费、人员训练上的统一,使得各县紊乱不堪的地方武装,整理分化成保安队和其他地方自卫武装两个层面的组织。正是因为有了保安队,部分地方成立保安司令部或保安处,各省保安处、保安司令部才把各县保安队编练为保安团,才有之后保安团队的粉墨登场。

自《剿匪区内各省民团整理条例》颁行后,鄂、豫、皖三省相继成立了保安队、保安团等组织。而对于保卫团等其他地方自卫武力,军事委员会,曾召集内政部、军政部及参谋本部会商拟定《保卫团暂行法章案》①,后因南昌行营召开第二次保安会议后颁行《各省保安制度改进大纲》而予以缓议。

反共、防共、"围剿"中共苏区是南京国民政府建立保安团队制度最直接的目的。1934年,各个地方保安团队的组织、制度、名称、经费、训练等良莠不齐②,甚至甘肃、陕西等省份还未确立保安制度,且日军加大了侵华步伐,在先后占领了热河、察哈尔、河北后,进犯北平、天津,侵犯中国之野心昭昭。为建立统一的保安制度体系,增进保安行政效率,同时为全面抗战的兵源作充分准备,同年6月1日,南昌行营召集苏、浙、豫、鄂、湘、皖、赣、闽八省的保安处正、副处长、区保安司令部正、副司令和保安分处长参加第二次保安会议(如下图),研究各省保安团队的整顿事宜,以期统一集中,最大限度发挥保障地方、抵御外侮、巩卫国家的作用。

大会上,南昌行营秘书长杨永泰根据蒋介石的意见,提出了乱世以保安团队取代乡村警察的构想。其曰:"现代的国家,军队是用于国防的,维持地方治安的责任,是完全由宪兵、警察来担任的。所以训练团队,应特别注意宪兵、警察的常识,其意义即在剿匪以后,务必使团队能够切实担负宪兵与警察的任务,这才是保安队的本职,在平时为地方宪警,在战时为国家征兵,根本意义在此。"④他以传统

---

① 申报年鉴社. 申报年鉴[M].上海:申报馆特种发行部,1934:305.

② 第二次保安会议召开前,各省保安机关的名称并不统一,省里主管保安的机关,有全省保安处、全省保安司令部。省下一级,有分区设立保安分处,也有分区设立保安司令部,彼此多不相同。至于县一级,有设总部部,有设总队部,也有设大队部。不但保安机关的名称,上下各级不统一,就是部队的名称,也不统一,有保卫团和保安队。

③ 沈云龙. 近代中国史料丛刊:第三编:第五十三辑[M].台北:文海出版社,1973:1. 图中悬挂标题为"委座召集十省保安会议摄影纪念",蒋介石召集十省,但只有八省保安处、保安司令部领导成员前来参会。

图 2-1　南昌行营第二次保安会议①

保甲制度为依托，以保安团队代替乡村警察的思路，成为南京国民政府"寓警于团"政治设计的来源之一。1934年7月22日，根据第二次保安会议中的讨论意见，南京国民政府出台了《各省保安制度改进大纲》，将建立规范保安制度提到前所未有的重要位置，标志着南京国民政府保安制度正式建立。该大纲赋予保安团队"执行宪兵、警察职务，保卫地方安宁，普及国民军事教育，确立征兵制度基础"②的职能，并明确"各省保安团队以达到国家管理为最终目的，其进行步骤应首先统一于县，进而统一于区，再进而统一于省"③。并限于本年内达到统一于省的目标，至少需统一于区，其实质则是蒋介石"寓兵于团""寓教于军""寓管于卫"思想的发展和延伸。

至1935年9月底，各省依照上述条规改编筹办保安团队，形成了一支组织庞大、人数众多、分布广泛的准军事组织。（一）已办理保安团队者有：浙江省、河南省、湖北省、安徽省、江西省、福建省、湖南省、陕西省、甘肃省、南京市。（二）虽已办保安团队，但仍保留县保卫团者有：江苏省、上海市。（三）正在办理之中者有：四川省、贵州省。（四）因情况特殊，经批准自办民众自卫武力者有：山东省（民团

---

① 沈云龙．近代中国史料丛刊：第三编：第五十三辑［M］．台北：文海出版社，1973：240．

② 各省保安制度改进大纲［A］．1934-07-12，中国第二历史档案馆藏，档号：787-2101．

③ 《中华民国史事纪要》编辑委员会．中华民国史事纪要（初稿）：民国二十三年七至九月份［M］．台北：中华民国史料研究中心，1977：131-138．

及连庄会)、广西省(民团)、广东省(警卫队)。(五)继续办理县保卫团者有:河北省、山西省、察哈尔省、绥远省、青岛市、威海卫行政区。(六)未呈报民众自卫武力组织者有:北平市、宁夏省、青海省、新疆省、西康省、云南省、辽宁省、吉林省、黑龙江省、热河省。①由此,保安制度正式确立,保安团队作为中央意欲掌握的一支地方武力,代替国家承担起保卫乡梓和战时征兵之重任。

综上,保安团队制度建设是南京国民政府为维护其岌岌可危的统治和应对不断壮大的中国共产党所进行的反动之举。虽然南京国民政府致力于将保安团队纳入国家管理体系中,企图依托保安团队使国家权力深入乡村社会。但保安团队生于地方、长于地方,不可能完全为执政者所掌控,其发展壮大难免成为执政者当局之威胁,只能逐渐服从"地方利益就逐渐要被政府利益所压倒"②的历史趋势。事实证明,保安团队制度的建立最终未能达到由国家集中控制使用的目的,其中不仅有制度本身的问题,同时也折射出中国传统社会和乡村社会治理的复杂性。

二、何为警:近代警察制度的传入

在中国封建社会,社会治安通常依靠军队及保甲制度等来维持,警察职责和权力通常由军队、行政及司法部门来分担。而中国近代警察制度的出现,既是对西方警察制度的仿效,如鸦片战争后列强在华租界内的巡捕(police)与庚子事变中侵占京津的八国联军成立的临时治安机构安民公所等;同时又是中国传统治安管理模式的延伸,如并入巡警的步军统领衙门、绿营巡防队、水巡队,保甲总局、治安卡口等组织。1902年,直隶、山西等省相继裁撤省城保甲组织改设地方警察,在地方行政中确立警察权,由于对试行宪政和维稳有利,被清廷作为示范向全国各省推广。1905年,清廷成立巡警部,统领京师、京畿和各地警政建设,制颁警察章程、统一组织架构、规范职责权力、开展警察教育培训,近代中国警政和警察制度逐渐建立。

(一)警察制度建立的思想基础

马克思在分析西方资本主义向世界扩散的途径时说道,"英国在印度要完成双重的使命:一个是破坏性的使命,即消灭旧的亚洲式的社会;另一个是建设性的使命,即在亚洲为西方式的社会奠定物质基础。"③同样,在中国早期现代化的历

---

① 申报年鉴社. 申报年鉴[M].上海:申报馆特种发行部,1934:260.
② 吴晗,费孝通. 皇权与绅权[M].天津:天津人民出版社,1988:125.
③ 中共中央马克思恩格斯列宁斯大林著作编译局. 马克思恩格斯选集:第二卷[M].北京:人民出版社,1995:70.

程中,西方殖民主义国家的入侵对封建落后的清王朝而言无疑也扮演了双重角色。

鸦片战争后,西方列强在中国的通商口岸强设租界,为维持治安,相继设立警察(巡捕)机构,为国人了解西方警务制度打开了一扇窗。西方列强不断觊觎上海英法租界和日租界之间的闸北华界警察权,以"警政不修,匪徒遍布,恐有害治安"①为由,越俎代庖,以扩大警权为先导,试图达到扩张租界势力范围的目的。清廷在建警之初对警察权即主权所系的重要性不甚了解,1909 年 8 月,外交部会同民政部、邮传部筹议收回邮政权及租界警察权办法②无果后,1910 年 12 月16 日,民政部尚书肃亲王善耆等一些清廷要员试图通过完善警察,达到对外御侮,收回租界警权的愿望,并一厢情愿地向各国驻华使节"提议接收办法,以期无论租界内外,得享一律保护之权利。为预备地方自治之起点,以为收回治外法权之先声"③。虽然清廷的想法未能实现,但经历从认识近代警政的重要性,到模仿学习租界内治安管理模式建立巡警,再到尝试收回租界警察权三个阶段,足见租界警察模式对于国人看世界,初步探索警察制度的建立有着积极的促进作用。

伴随西方警政制度在租界的推行,国内外进步人士及专家学者同时也将西方近代警政理论引入中国,并付诸实践。学成回国的留学生也为西方警政在中国施行提供人才基础。黄遵宪出使国外 17 年,对西方警察制度有更为深刻、全面、系统的认识,他说:"警察一局,为万政万事之根本。使官民合力,听民之筹费,许民之襄办,则地方自治之规模,隐喻于其中。而明智从此二开,民权以从此而伸"④。这一论述说明了他对创办警察的基本见解。康有为作为戊戌变法的重要人物,提出的一系列重要的变法建言中也包括建立警政的内容。1897 年,康有为以工部主事身份上书,提出包括"设巡捕"在内的多项新政变革的主张。⑤

改良思想家不仅停留在对西方警察制度的认识和观点上,他们更希望自己的警政思想能落实在近代警察制度建设上,最具代表性的则是黄遵宪、张之洞和张謇。1897 年,黄遵宪任湖南长宝盐法道及按察使期间,在巡抚陈宝箴的支持下在长沙成立湖南保卫局。张之洞督鄂以来,面对旧有治安管理方式和城市发展管理

---

① 沈云龙. 近代中国史料丛刊:第十辑:第 74 册:端忠敏公奏稿(卷八)[M].台北:文海出版社,1967:998-999.
② 外部会同民部、邮部筹议收回邮政权及租界警察权办法[J].华商联合报,1909(16):页码不详.
③ 中国大事记[J].直隶警务杂志,1911(1):24. 藏于第一历史档案馆。
④ 黄遵宪. 黄遵宪致梁启超书 [M]//中国哲学编辑部. 中国哲学:第 8 辑.北京:生活·读书·新知三联书店,1982:384.
⑤ 康有为. 康南海自编年谱[M].北京:中华书局,1992:77.

的不适应,学习汉口租界,主张"警察一事,东西洋各国视为内政之第一大端。凡稽查户口,保卫生民,清理街道,开通沟渠,消除疫疠,防救火灾,查缉奸宄,通达民隐,整齐人心之善政,无不惟警察是赖",①并于 1901 年向朝廷奏议《遵旨筹议变法谨拟整顿中法十二条折》,提出"去差役,建警察",②极言应仿效西方建立警察,取缔旧式的差役治安制度③。1901 年 7 月,清政府采纳各方建言,发布上谕,称"即着按照所陈,随时择要举办",令"各省将军、督抚将原有各营严行裁汰,精选若干营,分为常备、续备、巡警各军"。④ 张之洞也于 1902 年 2 月,在废除保甲总局的基础上,创办湖北省城警察总局。1903 年,张謇"仿东西各国之警察",在江苏南通设立了第一个近代意义上的警察自治组织——"商团警察"。⑤ 虽然,他们对于警察制度创设的建议多是移植于西方警察制度,且关于警察制度的一系列构想并未在全国范围内得到推行。但仍可以说,早期改良思想家帮助我们打开了中国研究和建立近代警察制度的大门。

在清末建警过程中,清政府将借鉴和学习的眼光投向了"脱亚入欧"的日本。在近代中国建警初期,日人川岛浪速⑥是最具影响的人物。他作为八国联军日本顺天府警察专家被聘为北京警务学堂的监督,帮助清廷培养八旗满人警官,以现代化的装备和日本警政理论训练巡警。为达到控制京师警察权,为日本利益服务的目的,川岛浪速介入清廷对警政建设的筹划,上书庆亲王奕劻,说明建立警察制度对于清廷统治的重要性和迫切性,提出警察和武备是国家两大实力,"不可一日缺之","警察一事,业经创办,可称新政第一萌芽,若属颓废不起,不但取笑万邦,甚阻将兴新政"⑦等建议。他按照日本警政体系提出的建警方案,对清廷建警方

---

① 赵志飞.1902·张之洞建警[J].武汉公安干部学院学报,2007(3):1-10.

② 1901 年 5 月、6 月,张之洞向朝廷连奏三折,要求变法,后人称此为著名的"变法三疏"。

③ 赵志飞.1902·张之洞建警[J].武汉公安干部学院学报,2007(3):1-10.

④ 赵志飞.1902·张之洞建警[J].武汉公安干部学院学报,2007(3):1-10.

⑤ 张謇早在 1901 年 3 月 23 日撰写的《变法平议》一文中明确指出:"变法奚行乎? 犹造器也,……刀锯筑削,抟磨椠雕,则必在警察。"同时,他还对怎样建设中国警政提出自己的主张,比如建立独立的管理机构,进行警察教育,等等。张謇等人把兴办警政视为挽救中国危局必不可少的措施,把警政的地位提到了空前的高度。

⑥ 川岛浪速在外国语学校汉语科毕业后,正遇上北清事变,其作为日本陆军汉语翻译,随日军侵略的脚步来到中国,充当间谍并负责日军顺天府警务处,周旋于清朝贵胄和官员之间,通过各种手段,接近肃亲王善耆等清政府高官,获得信任。他被任命为警务学堂的学监(即校长),培养警官。他在全权掌握学堂的同时,还负责毕业生的任命和去留。受到当时清朝政府信任并且以现代化的装备和指导思想武装起来的警察,取代了军队的部分职能,用他自己的话说,他的权威大有超越日本警视总监之势。

⑦ 川岛浪速.光绪二十八年警务学堂监督川岛浪速上庆亲王书[J].现代警察,1934(1):186-189.

针及施行产生重大影响。与此同时，出国留学思潮兴起。甲午战争之后，在清廷支持下，苏、浙、鄂等省组织了大批官绅和学子以官费、自费等形式分批赴日本及欧美学习法政。① 法政留学生的学成归国，打开了国内对西方警政模式的学习通道，带动了晚清警政制度的建立和发展。

（二）由地方到中央的建警实践

1902 年 4 月，直隶总督袁世凯等敏锐地看到西方和日本的警察制度在制衡朝野、控制地方上的特殊效果。为应对八国联军撤退后的接收和治安等问题，袁世凯向清廷奏请设立保定警务局和警务学堂。袁世凯奏称："查各国警察，为内政之要图，每设大臣领其事，盖必奸宄不兴，而后民安其业，国本既固，而后外患潜销。且国家政令所颁，于民志之从违，可以验治理之得失，而官府所资为耳目，借以考察舆情者，亦惟巡警是赖。"并以"直隶自庚子以来，民气凋伤，伏莽未靖，非速行巡警不足以禁暴诘奸，周知民隐"为由，在赵秉钧等主持下，"查明仿照西法，拟定章程，在直隶省城保定创设警务总局一所，分局五所，遴选干员筹办。挑选巡兵五百人，分布城厢内外"，②成为中国近代最早创办的具有现代意义的地方警察机关，可谓清廷建警的初步尝试。

袁世凯奏准的《保定警务局章程》大体仿照日本警务体制，对保定警务总局的招募、局制、职守、办法、赏罚等做出规定。由于时人对警察的理解较为浅显，多认为其性质与巡警军接近，大体为"地方治安武力的一种"。所以此时创设的保定警务局所用的巡警，亦杂糅了军队和保甲武装之成分，由袁世凯在天津小站训练的定武侯军（绿营新军）一部和保定地方保甲团勇所改编，故亦称之为"巡兵"，似有亦警亦军之味。该章程规定巡警职责"以清查户口为先"和"管理人民，防患未然，排难解纷"③等，显现出维护地方治安的警察职能。

考虑到改编巡警的绿营新军和保甲团勇多无警务基础常识，更不知警察理论和勤务要领。1902 年 5 月 16 日，袁世凯以警察与传统的巡捕最大的不同在于受

---

① 房兆楹.清末民初洋学学生题名录初辑［M］.北京：中央研究院近代史研究所，1962：35.1905 年，清廷设立管学大臣（改称学务大臣）指导全国的教育改革，谕令各地办新式学堂，鼓励出国留学。是年开始，一批批有识之士赴日本等国学习警政。同年十月，清廷为培养高级警政人才，以作为推广警务的骨干，庆亲王奕劻、肃亲王善耆等奉旨派遣留学生赴日本学习警政。在川岛浪速、稻田馔等帮助联系下，清朝贵胄子弟长福、忠芳等 27 人官费前往日本宏文学院学习警务，开近代中国中央政府派员赴日留学警政之先河。

② 直隶总督袁世凯奏仿西法创设保定警务局并添设警务学堂章程摺［J］.警高月刊，1934（4）：68-69.

③ 直隶总督袁世凯奏仿西法创设保定警务局并添设警务学堂章程摺［J］.警高月刊，1934（4）：72-78.

过良好训练与教育等由,向清廷奏请在保定省城"添设警务学堂"。① 同年7月,保定警务学堂开办,聘用曾任日本警视厅警视的三浦喜传任总教习,从北京警务学堂聘请和泉正藏、中岛比多吉、河崎武、葛上德五郎、天野健藏等日本警官分任各科教习,按照日本警察训练模式,对巡兵进行速成短训。

1901年7月,清廷和西方列强签订《辛丑条约》,条文规定,八国联军将于同年7月归还天津。但列强却以"为避免驻津各国军队与中国士兵相撞闹事"为名,强行附加"禁止华兵距驻扎天津之军队二十华里内前进或屯扎"等苛刻条款。② 为能收复津沽地区,袁世凯在将联军占领期间所设的各都统衙门警察进行改组的同时,将在"保定募练之巡警队两千人预调来津,按段接办,其各国原设之华捕一千余人"③,共同组成维护天津治安秩序的巡警力量④。同年7月,直隶总督袁世凯接受日本人川岛浪速与青木宣纯的提议,建立天津巡警制度。⑤ 由于列强蛮横禁止中国军队驻扎津京要地的特殊情况,为保卫国防和京畿安全,袁世凯以警代军,以军变警,变通警察权利,使直隶巡警具有军警合一,治内与御敌并举的特点。袁世凯奏定的《直隶警务章程》亦成为其他各省建警之范例,各地纷纷仿效直隶改绿营为警,用保甲经费开办警察,制定各种警察章程的做法,裁撤绿营和保甲,办

---

① 直隶总督袁世凯奏仿西法创设保定警务局并添设警务学堂章程摺[J].警高月刊,1934(4):62,127.

② 天津交换紧急公文[N].大公报,1902-6-16(10).

③ 天津图书馆,天津社科院历史出版社研究所.袁世凯奏议:下[M].天津:天津古籍出版社,1987:1055-1056.

④ 其中,1500人组成天津南段巡警总局,原北洋海军海容号巡洋舰管带曹嘉祥为总办,下设消防队;另1500人分驻西沽、塘沽、山海关、秦皇岛、北塘等地,组成天津北段巡警总局,段芝贵总办。实际属变相的驻军卫成天津及附近地区,承担防务和警察双重职能。

⑤ 天津图书馆,天津社科院历史出版社研究所.袁世凯奏议:下[M].天津:天津古籍出版社,1987:1055-1056. 天津巡警制度,是由直属总督袁世凯指挥的巡警总局仿照军事机关的组织模式,以赵秉钧为总办,另设会办、提调、指挥巡官等,在城内外及附近4乡分别设立5个巡警局。赵秉钧等还聘日本警官原田俊三郎为警务顾问,伊藤次郎为帮办,指导制订天津的警察法规,谋划警政。天津巡警总局中还聘请外国人,德国、英国各有1人。印度巡捕15人专管涉及外国人事务;另聘1名日本警官为天津警务学堂总稽查,管理学堂事务并兼管消防及水上稽查。其中北洋海军海容号巡洋舰管带曹嘉祥为总办,但实际上据史料记载,曹嘉祥非管带,而是北洋海军兵备处参事官。

理巡警,开展警政建设。直隶建警的有益尝试,为各地建警提供了可借鉴学习的"模板"。①

1905年,由于清廷没有明确的警政规划和具体方案,也无统一的警政领导机关,以致全国各地在建警过程中制度无法统一、体制混乱、机构林立。朝野纷纷倡议"于京师特立警务部,于各省特立警署",建立中央和省级警察机关,统领各地警政。在研究设立中央警察机构时,袁世凯向清廷奏陈"查外国警察之制,上通政府、下达穷乡",主张建立统一的警察机构。② 其后震惊中外的"考察宪政五大臣被刺案"③发生,在京师充担警察职能的步军统领衙门、五城御史及工巡局巡捕等行动迟缓,无力进行现场勘察,致使未能迅速破案。后在袁世凯建议下调直隶天津巡警两千人来京后才侦破此案。此次事件使清廷看到了传统治安机关的短板和现代警察的作用,推动了清廷采借西法、普设警察的决心,下诏成立巡警部,警政建设列入宪政之要务。1905年9月,清政府为统一全国警察系统,在中央设置巡警部。次年9月,清廷实行官制改革,将巡警部改为民政部,原巡警部改为巡警司,接替原有职能,在各省设巡警道,州县改设巡警署。这样,全国上下,一个较为完善的警察组织机构体系大体完成④,实践先导推动了警察制度的建立。

三、警团关系:近代警政建设的重要课题

"警"与"团"的性质和职能相近,由于牵涉官府和地方势力,必然带来事权冲突、矛盾不断。

① 直隶地区在变法维新中创办警察,在省城首设警察机关,改编训练绿营新军、保甲团勇充任巡警,未改编地方自卫武力、团练及保甲,陋习相对较少,效果显著,对扭转直隶地区庚子事变带来的治安混乱局面起重要作用,得到清廷的称许。清廷要求各省仿效,成为晚清建警的一种基本路径,袁世凯奏定的《直隶警务章程》遂亦成为其他各省之范例,各地纷纷仿效直隶模式设立巡警局或警务局等。如1902年山东巡抚周馥制定《裁汰山东制兵改练巡警缓急办法》,裁撤保甲总局、绿营,将山东绿营兵改为地方巡警。但在遵令仿效直隶办警的过程中,各地方督抚由于观念落后,抑或照顾地方利益的关系,虽然在名义上有所改编,但巡警官警的实质仍多为绿营、保甲局等改编。
② 朱寿朋.光绪朝东华录:第五册[M].北京:中华书局,2016:5393.
③ 光绪三十一年(1905)七月,清廷派镇国公载泽、户部侍郎戴鸿慈、兵部左侍郎徐世昌、湖南巡抚端方、商部右丞绍英等分赴东西洋考察一切政治,以为改良政体组织立宪之预备,警政亦为考察的重要内容之一。遭到革命党暗杀团吴樾、张榕等在北京正阳门车站引爆自制炸弹行刺,出洋考察期受阻。朝野震惊,清廷责成步军统领衙门、顺天府、工巡局、督办铁路大臣等严加查拏,彻底根究。
④ 李丹阳.晚清时期西方警察制度对近代中国警政的影响[J].广西警察学院学报,2020(4):45-51.

（一）警团职能相近

从理论层面上说,警察是法治社会为防止国家公共危害、维持地方秩序、保护社会安宁、以限制个人人身自由的国家政权机器,亦为执法机关和行政服务机构。区别于警察,"保安团以熟地轻装之优点,爬山善射之技能,奇袭深搜之手段,忍苦耐劳之精神,协剿大匪肃清小匪而为人民自卫之铁壁"①的特性,决定了保安团队生于地方,长于地方,是基层民众为保卫自身生命财产安全、维护地方秩序的目的,自集人力、自筹经费、自备武器,用以自我防范和绥靖乡梓闾阎的自卫武装力量。由于经费和编制等原因,警察大部分集中在城镇,而保安团队除少数在县城乡镇外,大部分在乡村和边远地区。工作区域不同,职务上也有区分。警察多从事治安维持、户口调查、市政管理、侦查破案、缉捕盗匪等多种非武装性的勤务;而保安团队则以清查户口、人事登记、查缉土匪、镇压暴乱、救援救灾等武装性勤务为主。二者虽然属性和位置有所不同,但宗旨、职责和勤务方式相近,都是为了保障闾阎安宁,维护民众利益。

从设计层面来说,建立保安团队制度的基本目的是协助军队进行武装"清乡"、清查城门及要隘、武装守卫所在地区的重要地点、作为军队后备兵源等。然而,由于经费困难,警察组织布局不够完善,尚未形成理想中能使国家权力深入社会各阶层的"警察网"。在警力未逮的县以下地方,为填补政权的缺失,不得不利用保安团队、保甲等组织辅助代行警权,以补警力的不足。具体来说,这种辅助和补充作用体现在以下几个方面。

第一,协助清查户口。清查户口、人事登记以及户籍管理原本与各种农业捐税联系在一起,是政府赋予保甲的职责。警察设立后,城市非农业人口的户口管理因不涉及田亩地捐,一般由警察机关负责,县以下仍由保甲负责。保安团队成立后,因团丁多是当地乡民,对辖区人口多能了如指掌,保安团队在清查户口方面比警察有先天的优势。因此,保安团队主要在乡村地区协助警察和保甲组织清查户口,设卡盘查嫌疑人,对所有住户逐户、逐口核查,进行人事登记,对"匪"情严重地区施行邻右连坐,对常住人口和暂住人口分别编定户口。在检查人丁和流动人口之时,发现有窝藏盗匪、寄存赃物、煽动闹事、秘密集会及携带违禁物品者,保安官兵应按照法律,予以侦察擒获。此外,在已设警察机构的城市,由于警力不足,保安团队也起到了协助清查户口和辅助行政的作用。如 1929 年 9 月 16 日为上海特别市收集户口调查票之日。上海各保卫团团员协助市公安局向各商店居民收

---

① 廖士翘. 保安团之特性[J].保安旬刊,1936(16):1.

票。① 此类事例甚多。

　　第二,实施警团联防。因乡村各区域警察人数少,装备落后,时常发生流窜作案和跨地区作案,往往影响到数县,甚至跨省。单纯的地方守望、警戒往往难以奏效。因此在城镇、近郊及多发案地区多实行警察与保安团队、军队的联防,分头巡逻,相互照应,彼此协助,往往能收到事半功倍的效果。尤其年末冬防来临之际,是盗匪作案高峰,各地警团联系密切,屡见奇效。每至秋冬到来,太湖湖匪经常袭扰沿岸地区,抢劫、绑票无恶不作。1936 年秋,浙江杭、嘉、湖与江苏的苏、锡、常及松江地区的警察协调两省的保安团队对太湖湖匪进行联防会剿,成立了由军政部、内政部联合指挥的太湖联防处,任命被特务处排挤的原内政部警官高等学校校长陈又新为少将处长,统一领导警团联防,剿灭湖匪的任务,收效显著。再如,苏南吴江地区警团联防十分紧密,四乡绑匪,不致骚扰。② 另外,一些地方为有效地加强联防协作的管理,强化"守望相助、防护周密"之效,制定了警团联防办法,上海市郊的川沙县就颁布了《川沙县各区警团联防办法》,设立联防办事处,划分联防区域,统一调遣指挥。③

　　第三,协助警察处置非常事件。各地方遇到水、火等自然灾害及其他非常事件之时,保安团队有驰援救助,协助警察、保甲等机关处理的责任。如 1931 年,根据河北民政厅指令,各县县长饬令警察会同保安队共同剿捕盗匪。④ 1929 年 11 月 8 日晚,上海沪西徐家汇居民家里遭遇 6 名盗匪入室抢劫,闻警后,法华派出所巡长王少泉及淞沪保卫团 13 支团团丁等前去缉捕,警团配合,当场拘获盗匪 2 名及犯罪嫌疑人 1 名。⑤ 1932 年 1 月,日军在上海闸北挑起战争,19 路军奋起抵抗。在战火中,上海保卫团和江苏省保安团队以保安警察身份,维护战区治安,惩处汉奸,救助民众,以及对日军的监视,河北等省保安团队在停战协议签订后,奉调在收复区警戒,接收闸北、吴淞等被占地区等起到重要作用,此类事例不胜枚举。

(二)警团冲突频生

　　南京国民政府设立保安团队制度的初衷,一是以地方保安团队、民团对付当地拥护中国共产党的民众。二是可以把"剿共"等中央事权转为地方事权,将沉重负担转嫁给当地民众,以减少军队经费开支。此外,也有弥补警察机关尚未深入

---

① 昨日公安局冒雨收集户口调查票[N].申报,1928-09-17(30).

② 军警消息[N].吴江,1924-10-26(114).

③ 川沙县各区警团联防办法[J].川沙县政公报,1932(47-50):43-44.

④ 河北省民政厅指令呈为补报饬令警察队会同民团剿捕股匪打下人票擒获匪患夺获枪支各情形由[J].河北民政刊要,1931(2):13-14.

⑤ 徐家汇团警拿获盗匪[N].申报,1929-01-10(15).

乡村的不足,加强地方治安维护,控制反蒋武装活动的目的。从职责上看,二者应该联系紧密,相互促进,互为补充。但是在实际过程中,由于权力和利益关系,警团矛盾和冲突频发,屡见报端,影响恶劣。

第一,保安团队职能越界。依照 1929 年南京国民政府订颁的《县保卫团法》规定,保卫团的职责是"增进人民自卫的能力,辅助军警,维持治安",①只是治安管理的配角。1933 年颁布的《剿匪区内各省民团整理条例》则将保安团队职责增扩至绥靖地方、清查户口、维护治安。至此,原属保甲职能的清查户口职能划归保安团队管辖,维护地方治安秩序的主要责任亦由其承担。在实践中保安团队还承担了很多原本属于警察和政府其他部门的事务,如查禁烟赌、缉拿罪犯、罚款拘押等。由于职责界限宽泛,时常出现保安团队越权行事,包庇烟赌,甚至殴打执法警士的现象。

第二,双方因利益争夺发生冲突。为争夺功劳,警察与保安团队屡生冲突,如对缴获枪械、赃物、赌资、烟土的争夺。上海安镇八分驻所代理巡官金秉春,因东湖塘镇烟赌甚炽,亲率警士 9 名,驰往拘捕,先至王和林茶馆,继至周三茶馆搜查,拘获赌徒 9 名,正拟带走问,讵有乡民多人及商团第二十二支队团员,将金巡官及警士包围,劫夺赌徒,并开枪四五发示威,警士亦即开枪还击,一时枪声噼啪,如临大敌,结果,警士苏三宝腿部被流弹打伤。②此外,由于警察与保安团队因为职责相近,双方争功现象和推诿现象时有发生。

第三,因制止对方不法行为发生冲突。地方设立保卫团等地方自卫武力,原为辅助警力之不足,除暴安良,由于很多保卫团由地方劣绅控制,成员中不乏地痞流氓和无知乡民,故而明目张胆成为犯罪行为的保护伞,甚至实施犯罪行为。此类保卫团在 1933 年以后多被转为保安团队,而病民枉法、违法犯罪等恶习也被带到保安团队当中。

警察和保安团队从名义上看,同为保护地方民众之机关,本应联系密切,相互配合,却因利益矛盾交织、职责边界不清,加之统属各异,素质和训练不同,呈现"有利者相争,无利者推诿"的状态。保安团队时有任意干涉警政、行政越权的行为,双方冲突不断、贻祸地方。为解决警团冲突与矛盾,一些地方特制颁文件试图明确警团权责。如 1935 年 2 月 10 日,江西省政府为消减警团矛盾,订颁《各区县

① 法规:县保卫团法[J].立法院公报,1929(7):96.
② 警团冲突商店停业[N].申报,1934-12-13(9).

局暨各保安团长划分职责权限办法五项》①，对保安团队指挥调遣的程序做行政
规定，但并未对警团两者的权限、职责进行划分，因此产生矛盾的根源依然存在。
由于保安团队与民间自卫武装"同根同种"，虽屡次变更、调整，但由于涉及地方自
治"基本国策"和事权及供养关系等原因，长期以来仍混淆不清，以致很多高层行
政官员也不确定保安团队之性质，到底属"军"？属"警"？抑或"民团"？

　　1929年9月25日，南京国民政府曾颁布《海陆空军刑法》，其中第六条规定：
"下列各款之人视同陆海空军军人：(一)陆海空军所属之学员学生；(二)陆海空
军军佐军属；(三)地方警备队之官长士兵。"②司法院院长王宠惠在进行司法解释
时也不明该法所指的地方警备队范围。次年8月23日，司法院经与"剿匪"司令
部研究核实，明确"县政府之警卫队、公安局之保安队及各警察区之民团系属警察
性质，不得视同陆海空军军人"③。由此可以得出，保安团队虽本质上是民众自卫
武力，常为军队辅助，但其职能与性质仍在警政范畴，将其认定为治安武力更为合
适。不管对保安团队如何定性，由于职权不清，受军队制约，地方政府控制保安团
队乏力，警团冲突在事实上屡见不鲜，对政府行政颇有负面影响。由于体制不清，
甚至在一省之内，警团之间的关系均不相同，导致社会各界人士都对警团取舍问
题发起讨论。有些地方为改此弊端，曾做过改革的尝试。④ 如1933年，河北省博
野县提议将该县警察、保卫团合并改组警卫团以一事权：

　　　　警察与保卫团之职责固同属保障地方之安宁秩序，卫护人民之生命财
　　产，但若对峙分设，则事实上往往以利害冲突，竟致互相掣肘，几成敌对机关。
　　各县发现此种裂痕而反贻害地方者，想已不少，惟其中尤以博野县为甚。查
　　博野县警察组织素欠健全，今则不但效率尽失，形同虚设，且徒为地方之害。

---

① 《各区县局暨各保安团长划分职责权限办法五项》由江西省主席兼保安司令熊式辉签发。
　　该办法规定：(一)查保安制度改进大纲第十五条，保安团队已改隶而直属于省者，仍应分
　　区驻扎区保安司令部，照常行使其指挥调遣之权，本省团队，虽经改编成团，依照规定，区
　　司令对于行政区内各团队，当然有指挥调遣全权。(二)凡遇紧急匪情时，各县局长应分
　　别呈报本府暨区司令部，并函知该区团管部。(三)县局长指挥调遣驻扎县之团队，于
　　部署后，应分别呈报本府暨区司令部，并函知该区团管部。(四)关于防剿计划，由县局长
　　呈报区司令部核转，并函知该区团管部。(五)关于人事、管理、经费、教育、卫生等，除由
　　团部迳呈本府外，并分呈区司令部备案，经本府核示后，即分令区司令部暨团部遵照。
② 国民政府令：陆海空军刑法[J].法令月刊,1929(1)：31-45.
③ 司法院电院字第三三〇号[J].法令月刊,1930(11)：6.
④ 因1934年《各省保安制度改进大纲》颁行之前，保安团队和保卫团、民团等民间自卫武力
　　的界限模糊不清，直至1934年后，大部分地方才将保安团队清晰分列出来。因此，以下警
　　团存废问题的讨论在1934年前，多为对保卫团与警察裁改问题的讨论，其可谓后面警团
　　存废问题之争的雏形。

因全县步警三十五名,而大小官吏达二十二名,全年警饷总计虽有六千四百一十四元,而警士每名仅月支四元,共计一千六百八十元,其四千七百三十四元之数悉被官吏及不需要之马警分去。官多警少不徒不能担任公安,且因个人不能维持生活迫而利用权力包庇烟赌、窝藏盗匪者比比皆是。迨至匪风日炽,保卫团虽力事清剿,而警察为其护符,长此以往,永无肃清之日。欲救此弊,唯有提高警饷一途。无奈当此农村经济破产之时,增加民众担负又势所不许。若欲一方提高警饷,一方又不增加民众负担,自非设法改组不可。改组之策莫如将警察与保卫团合署办理,减少官吏,以所省之行政经费倍增警饷。如此,则警士生活既裕,过去病态自可减免,且因事权统一、组织健全,对于一切指挥上自然灵活敏捷,其效率自然增大,实力自然充厚,即地方治安可期其永久巩固……①

同年 12 月 15 日,该省政府为事权统一、组织健全、经费节省,暂准试将警察与保卫团合组为警卫队,并出台《河北省博野县警卫队编制草案》。警团分立导致的事权不一困扰各地,因此,不少省市县都在探索警保合并办理之途径。

此外,一些研究者在报刊发表时评,如 1932 年就有时评文章《保卫团可以改为警察》建议"各市乡的警察,至多不过二十余人。是在不敷分配。大街之上尚有警察见面。荒僻小巷,都付缺如。……各处的保卫团,虽则为防务所不可缺,不过在平时的时候,看守局门,无事可做,倒不如一律改为警察,轮流站岗。对于警备上稍见扩充,而防务上仍不单薄,此亦两利之道"②。1934 年,警政专家李峰③在《改革中国警政方案》一文中辨析:"人皆以警察不能负维持治安之责任。于是主张恢复保甲者有之,主张编练保卫团者有之,主张离开政府,人民自卫者亦有。议论分歧,办法不一。此省倡办民团,彼省编练公安。或设警务处,或设保安处,甚至又有所谓警团管理处者。名目奇特,组织复杂,朝令夕改,任意更张。结果:维持治安之机关愈多,而地方愈不治安。换言之:保民者愈众,则害民者愈多。"

① 魏鉴. 报告拟准博野县警察保卫团试行合组警卫队一案请公决案[J].河北民政刊要,1934(25):13-19.
② 邵勃. 保卫团可以改为警察[N].吴江,1922-11-25(4).
③ 李峰:辽宁人,内务部警官高等学校毕业,曾留学日本。1931 年 9 月 22 日,占领沈阳的日寇成立了奉天自卫警察局,李峰任副局长,后任吉林警察学校校长,在兴安屯区和沈阳等地试行警官制,后逃往关内,曾受聘内政部警官高等学校,抗战胜利后一度被任命为松江省警务处处长,后退出警界,曾在首都警察警员训练所讲课。民国二十二年(1933)十月一日,《现代警察》第一卷第四期刊载李峰《警制新论》民国二十三年(1934)一月,《现代警察》第三期李峰《警制新论》《现代警察与政治的推进》;民国二十三年(1934)四月,《现代警察》第一卷第四期李峰《改革中国警察方案》。

"殊不知警察之重要职责,则为维持治安。现在各地之治安成绩所以不佳者,乃警察办理之不善,绝非警察不能负治安之责任也。维持治安之根本办法,不在重兵剿捕,而在清查户口。户口一经查清,则凡一切治安问题,均可迎刃而解矣。其调查户口之责任,惟警察独有之特权,绝非军队团兵所可代庖者。研究治安问题,不言改良警察,清查户口,而只论编练团兵,联防剿捕,此乃舍本求末之见,实于实际无补者也。"①李求之言振聋发聩,惜时任内政部部长的黄绍竑热衷推广广西省民团取代警察的经验,未予采用。

事实上,实践中的警团间忽分忽合,政事随人事而易的根本原因在于南京国民政府在制度设计上存在缺陷。在现代国家政治制度中,警察是执政不可缺少的一部分,保安团队、民众自卫武力及保甲组织代行警权,只是社会转型初期警政体系尚未健全的权宜之计,亦系国民党执政后,在训政初期统治尚未稳固、政治及内政等项建设尚未施行、国民经济尚待复苏、治安组织及教育训练严重缺乏之时不得已而为之的办法。加之二者的执法和职权范围大部分重叠,人员来源也有相似之处,均存在着素质不高、趋利枉法、唯利是图等问题,在政治阴暗、法律不公、社会混乱、权力不统一的情况下,出现争权夺利,鸠占鹊巢的现象在所难免。

(三)警与团关系纠缠不清

自中国近代警察制度建立伊始,警察制度与旧有的治安管理体系之间的冲突就日益显现,二者不断在治安管理事权上发生抗衡。

首先,近代警察脱胎于落后的"社会母体"。中国近代警政的建立正处于新旧时代转型的关键节点,为了维护摇摇欲坠的封建统治,清廷不得不变法图存。清廷认为,实行新政的前提是维护社会稳定,若要变法,更需加强社会治安严管,控制异党和民众。清廷逐渐认识到西方警察制度在维护治安管理秩序方面的重要性,提出警政建设为"变法之基""立宪行政之要"。在庚子事变、八国联军入侵的内外交困下,清廷以推广巡警军为先导,试图建立一支外能御敌,内能安邦,具有武装性质的警察队伍,以取代腐朽的绿营和保甲。各地在编练巡警军过程中,一些省份由于开放口岸维持秩序和治安管理的需要,尝试由地方官府出面、士绅参与、海关和民众出钱,仿照租界巡捕,创办"官绅合办"的地方巡警,以维持开放口岸的治安,这引起朝野的关注。这一时期,以士绅为主的"地方精英",在社会动荡的局势下,为了自保自卫,改良了传统的地方治安"自治"性组织,试图借此延续对城镇和乡村的控制。如湖南巡抚陈宝箴、长宝盐法道黄遵宪在戊戌变法期间在传统保甲的基础上糅合现代警察元素,将湖南省城保甲总局改组为"官商绅合办

---

①　李峰.改革中国警政方案[J].现代警察,1934(4):11-22.

之湖南保卫局",承担长沙省城的治安保卫事宜。类似此性质的还有张謇在江苏南通创设的兼有地方警察职能的大生纱厂保卫组织、商团警察等①,都可谓是近代中国警察之雏形。据研究者统计,清廷正式建警前出现的警察机构雏形先后有近20处之多,均有绿营、保甲和地方保卫组织的参与,或在此基础上改编形成。

表2-1　中国早期出现的警察机构雏形②

警察机构雏形名称	出现地点	创办时间	筹办者及指挥的机关
江北巡捕房	浙江宁波	同治 三年(1864)	宁绍台道、宁波新关税务司
罗星塔洋水巡捕	福建福州	同治 九年(1870)	闽海关税务司
唐胥铁路弹压委员及巡夫	河北唐山	光绪十四年 (1888)	直隶开平煤矿公司
桂越边境汛警队	广西龙州	光绪廿二年(1896)	广西省全边对汛督办署
南市马路工程局巡捕房	江苏上海	光绪廿三年(1897)	上海南市马路工程局
苏州租界巡捕	江苏吴县	光绪廿一年(1895)	苏州府及吴县
杭州租界巡捕房	浙江杭州	光绪廿一年 (1895)	杭州府及仁和县
辽河两岸巡捕房	辽宁新民	光绪廿二年(1896)	辽宁新民厅
湖南保卫局	湖南长沙	光绪廿四年(1898)	湖南长宝盐法道及长沙府
吴商埠巡捕房	江苏宝山	光绪廿四年(1898)	吴淞商埠局
西虹口等巡捕房	江苏上海	光绪廿四年 (1898)	苏松太兵备道
大生纱厂巡丁	江苏南通	光绪廿四年(1898)	南通官绅合办大生纱厂
闸北工程总局巡捕房	江苏上海	光绪廿六年(1899)	闸北工程总局

注:该表按照创办时间排列。

"随着清末民初的社会结构和制度变迁,乡村社会权力结构也处于频繁变动

① 1898年,张謇在南通大生纱厂试办企业的团丁,并兼有唐闸地方的治安巡逻、清查户口等职能。1914年8月,张謇以南通大生纱厂"工团"为基础,招募壮丁,按照北洋政府颁布的《保卫团条例》,参照军警制度,成立直属大队总理管辖、专职保卫实业的"江苏省实业警卫团",向江苏巡按使申请按照警察条例立案。张謇次子张祖仁为团长,大营部(团部)设唐闸,全团约200人,下辖2个营,分驻唐闸各大工厂、天生港大达公司、轮埠以及张謇、张詧私人住宅和别墅。根据张謇指示,有关公司推派代表组成"实业警团参事会"。1916年又将崇明大生二厂的60名工团归并警卫团管辖,1917年又将大生二厂所购的30吨浅水小炮艇拨归实业警卫团调遣。随着盐垦区域的不断扩大,南通实业警卫团改组为"通泰海实业盐垦警卫团"。
② 表2-1来源于警史专家潘益民先生撰写的《中国近代警察大事年表》(未刊稿).

与重构之中。"①近代警察的出现,分割了原本掌握在保甲、团练手中的权力,地方基层社会的权力结构发生变化,必然导致矛盾冲突迭起。过去由地方士绅所掌控的地方治安管理主导权,逐步被由官府所控制的警察取代,一定程度上促使了统治阶级权力的下延。但我们也可以看到,建警初期,警察多是由绿营新军、官府捕快衙役、地方民众武力演变而来,行伍、官差、保甲、团练本身的种种恶习都带到警察队伍中。直至北洋政府统治时期,近代警政制度虽然建立,但是尚未从落后的"母体"中脱胎,且由于经费严重不足,基层警官及巡捕、警士素质低劣、警识不高,贪腐现象突出,维持社会治安的能力不足,深受社会诟病。由上可知,一个政权虽然建立警察,却对警察无正确认知和定位,将警察置于"打手"的位置,使其成为简单的、机械的、固定的、听指挥的工具,用以镇压民众,对不服从管理者以及有不同政见者进行打击控制,这势必导致警察制度紊乱,警政建设无从发展。

其次,警团矛盾始终存在。例如,北洋时期就存在地方进行"裁保卫团改设警察"的设想和实践。1914 年,黑龙江省"拟将各县民团改为警察,设警察事务所。所需经费就固有民团费支配,以杜豪霸踞之弊",并将改民团为警察。② 再如,北洋政府成立后,因京师警察厅总监吴炳湘呈添练保安警察队,请派洋员曼德充教练③获准,1914 年 8 月,京师警察厅根据《划一京师及地方警察组织令》④,编练保安警察队四队,首建我国保安警察(武装警察)组织。⑤ 1918 年,因京师保安警察队"训练精勤,队容整齐,为全国之模范",引起北洋政府之"特加注重"。⑥ 内政部决定整顿和充实各县警察队,以"辅助陆军及警察权力之所不及",并公布了《县警察队章程》,明令将各县警备队一律改为警察队,以"消除盗匪、预备非常"为主要

① 王先明. 历史记忆与社会重构:以清末民初"绅权"变异为中心的考察[J].历史研究,2010
(3):4-23,189.
② 咨黑龙江巡按使该省拟将各县民团改为警察自属行惟事务所额缺太多,在尽一办法未公
布以前准由该省核减办理[J].内务公报,1914(12):101.
③ 中国第二历史档案馆. 政府公报[M].上海:上海书店,1988:210.
④ 民国三年(1914)十月九日,内务部根据同年八月十八日颁布的《京师警察厅添练保安警
察队简章》和同年八月二十九日大总统令颁布的《京师警察厅官制》第十六条"京师警察
厅因维持治安之必要得编练警察队"等条款,颁布京师警察厅《保安警察队现行编制办
法》,规定京师警察厅保安警察"暂编三队,分驻城内外,名曰保安警察第一队、保安警察
第二队、保安警察马队,将来因必要时再有加设"。规定保安警察队"依各警察署之制,所
有各长、兵、勤务配置及升降、赏罚各事,宜详由总监指挥命令办理。警察法令适用于各区
队者,本队亦适用之;未尽事宜宜得斟酌的情形,随时损益。"
⑤ 台湾"中央警官学校". 六十年来的中国警察[M].台北:"中央警官学校",1971:119.
⑥ 内政部警政司. 中国警察行政[M].上海:商务印书馆,1935:168.

任务。① 此"警备队"即地方自卫武力改编的"团"。由于北洋时期的《县保卫团法》对保卫团丁的组织缺乏明确规定②，导致团队纪律松散，不能达到预期的自治效果，注定无法实现人民各自为卫、奸宄无从匿迹、地方自安的预期目的。不少时论者认为如果将警保力量合并起来统一指挥，不仅可以节省费用，而且还会提高功效。如1922年著名学者范烟桥就曾撰文《保卫团、商团不如改编警察》，其认为：

> 内地为着防止盗匪，都编练保卫团和商团。在当时也许有些成绩，但是现在却等于武力的装饰罢了。并且为了经费问题，十分踌躇，几乎罗掘俱穷了。他们一天到晚，吃饭守卫以外，没有什么事做。在秘密而黑暗的地方，收些灯吸赌博的小费，简直和各地什么师什么旅一般。所以我主张把一切团众都改编了警察，和原有警察混合起来，使地方上多受些益处。若说警务也很腐败，那是另一问题，我们不能因噎废食。因为警察的职务，比团众的职务多，社会风俗治安，都仗着警察去维持。到了冬防吃紧，也可以多多操练，做个防御。本来只能执木棍、不能放铁枪的警察，是没有用的。以上是要团众在服务上多尽些力，但是经费上还不能减少。那么还有两个办法，积极是"额外遣散"，消极是"遇缺不补"。照现在局面牢守着维持现状的题目，再也做不出好文章来。地方经费一天一天的支绌，总有破产的一日，并且是无产可破呢。③

另有个别地方在《地方保卫团条例》出台后，以为应以保卫团代替地方警察。如1915年，四川省威远县知事夏声奏请以保卫团代理警察，遭省政府驳回："该县系向来设有警察之县，只应遵照警察所官制改组，不得误会（此处无误）条例以保卫团代之，一语率请将已成之警察裁废，也仰即迅将改组警察情形详报查核，毋再违延……"④同年，吉林全省预警筹办处主任员祝华如禀请，暂裁镇乡巡警，改编

---

① 忻平，胡正豪，李学昌．民国社会大观[M]．福州：福建人民出版社，1991：277．
② 《县保卫团法》规定了凡二十岁以上四十岁以下之男子，均有入保卫团受训练之义务，但因缺乏种类区分、役期规定、退伍办法，导致组织异常松散。是因第二次全国内政会议，内政部提出改革保卫团案，也是由此之弊端引发。
③ 范烟桥．保卫团、商团不如改编警察[N]．吴江，1922-08-01（1）．类似文章还有：邵勃．保卫团可以改为警察[N]．吴江，1922-11-25（4）．（"烟桥"是笔名，全名是范烟桥）
④ 巡按使批威远县知事夏声详请以保卫团代理警察一案[J]．四川政报，1915（1）：58．

地方保卫团,并沥陈镇乡巡警之弊等情。① 其认为保卫团为过去"预警"转变而来,现与巡警并存,饷额不敷,且有贪污舞弊之弊端,建议裁撤巡警。由此可见围绕治安管辖权,新建立的警察机构与传统民间自卫武力时有冲突。截至南京国民政府成立,县治地方有些设警察,有些办保卫团,还有警察、保卫团均未设置,仍采用保甲之制。

由此可见,保卫团建立初始,是警察与保卫团并存,还是以保卫团代警察,本就存在不同的观点,也可以说团警存废之争早已存在,一直延续到北伐时期。保卫团不仅与民团平行存在,且在城乡与警察并行,大体是各行其是。在城镇、商埠、要隘由警察负责治安,驻军与保卫团辅之;在乡村由保卫团队代行警察权,与保甲组织同为治安管理的主体,业务上兼受省、县警察机关指导。此外,保卫团队亦有武装保卫乡梓的职能,在日常训练与跨境追缉时受驻军节制。自晚清建立警政以来,旧有的治安管理格局逐渐被打破,警团矛盾多由此产生,只因政局混乱,政权尚未统一,所以未受到统治者重视。至南京国民政府成立,北伐告竣以来,实现了形式上的"统一"。随着保安制度的建立,代表"旧"的传统秩序管控体系的保安制度与"新"的带有现代色彩的警政制度之争尤为炽热,警团矛盾冲突则被提到前台,此也为"裁团改警"政策提出之必然。

---

① 国家图书馆. 民国文献资料丛编:内务公报(第5册)[M].北京:国家图书馆出版社,2010:88. 1915年1月13日,内务部咨陆军部,请查照文:"为咨行事。案准咨开,据前吉林全省预警筹办处主任员祝华如禀请,暂裁镇乡巡警,改编地方保卫团,并沥陈镇乡巡警之弊等情。查裁警练团固非正当办法,惟所称乡警之弊似未便漠然置之。咨请查核办理等因到部。当经本部抄录原禀,咨行该省巡按使,切实查明办理,并咨复贵部在案。兹准吉林巡按使咨称:查吉省三十七县应办巡警,当前清筹备宪政时代即经分别逐年扩充办理,尚为有效。嗣因地广兵单,复于额警外添设预备巡警。民国二年(1913)更设预警筹办处,督促进行。预算经费以一年为期,旋因预算届满,款无所出,而各属预警亦已次第编就,当将该处裁撤,仍责成各县知事就编预警切实办理,力谋扩充。并非将全省预警一律停办。原禀谓裁撤预警,遂使历年图维之前功一旦付之东流,殊与事实不符。现在已将预警改为地方保卫团,另订施行细则通饬认真筹办,并经咨陈大部查照在案。镇乡额警分区驻守,巡逻缉捕各有专责。保卫团由预警改编,重在守望相助,自保身家,二者并行不悖。就吉省情形而论,一时碍难偏废。该公民拟将镇乡额警一律裁撤,专办保卫团之处,按之吉省时势殊非正当办法。至原禀额警滋奖各节,查各县偶遇匪警多由巡警击散,拿获正法。历经详报有案。现在各属地方尚称安谧,原禀谓盗贼肆逞,无所顾忌,未免故甚其词,警饷所需,出于饷捐,每因限于财力,以致饷需不能加厚。本年银米价昂,迭据各属详请加饷,已经分别核准,不至枵腹从公。原禀谓警饷所入不敷,伙食势不得不设赌渔利,亦觉言之过当,警饷出入向由各县财务处经理,不由各警所征收,原禀谓人民所纳之捐尽入于总办局长私囊,更无其事,其余指陈各条,多无实据,应请一并毋庸置疑,除督饬各属认真整顿外,咨复查照等因前来,相应咨行贵部查照可也。此咨陆军总长。"

四、小结

社会秩序稳定是维护国家统治的基石。中国传统社会,地方治安的维持主要依靠民间自卫武力。保安团队由民间自卫武力演化而来,是军事和政治相结合的制度之一。保安团队制度的形成凸显出国民党政治经济脆弱和蒋介石统治集团的无力,是为了维护孱弱不稳的政权而不得不让渡出地方武力控制权的无奈之举。在杨永泰等政学系幕僚的建议下,蒋介石认为"剿共"初期失败的最大原因在于忽视民力,于是试图通过强化保安团队这一地方自卫武力来增厚所谓的"民众力量"。然而由于民心向背,国民党并非动员民众自愿参与及反对已深入乡村的中共苏维埃政权力量,而是通过加强对民众的管控,企图切断民众与中共苏区的联系,挤压中共苏区的生存空间。此举非但未能达到民间自卫武力集中于国民党控制使用的目的,还进一步加重了民众的负担,增加了民众对国民党政权的不认同感和仇视。

随着西方列强的入侵,中国封建政治经济独具自身特质的演进轨迹被打破,社会矛盾呈现多样化的态势,各种政治权力、社会权利的对立和冲突加剧。[1] 仿照西方现代模式的国家主义开始兴起,国家权力开始从社会中分离且不断扩张,国家权力和地方权力的矛盾冲突不断加剧。警察是具有西方现代化色彩的国家权威机器,自清末建立以来,向来被统治者作为中央权力下延的重要工具。近代以来,从传统农耕社会中发展起来的保安团队,作为中国传统治安管理力量,在县以下地区成为地方自治的支柱。而警察制度作为由西方"舶来"的国家机器,多局限于县以上城镇,在乡村地区难以深入。广大乡村地区委托保甲、保卫团、民团、保安团等民间自卫武力在乡村代替警察行使职权。警察制度在乡村地区的建立过程必然导致旧有治安体系的割裂,警察与保安团队同源相生,且事权相近,冲突矛盾必然存在。因此,南京国民政府统治时期很典型地显现出警察这一由中央集权控制的国家暴力工具与保安团队这种地方领袖控制的地方自卫武力二者之间变化莫测的紧张关系。

---

① 文史哲编辑部. 国家与社会:构建怎样的公域秩序? [M].北京:商务印书馆,2010:7.

第三章　从"寓警于团"到"裁团改警"
（1936—1937）

南京国民政府在北伐后转入训政时期,在研究讨论国家政治、经济、军事等建设时,警团关系的调整作为亟须解决的问题之一,引发诸多讨论。其中裁撤县以下地方警察,以保安团队等地方自治武力代行警权的呼声不绝于耳,摆在内政部和警界面前的已不再是发展兴衰问题,更是生死存亡之争。这种争论在 1936 年十省地方高级行政人员会议上达到顶峰。

一、"寓警于团"议案提出

在中国历史上,一种政治制度的兴革损益往往与某种深层的社会变动相为表里。① 南京国民政府成立后,经历了巨大的社会和政治变革,各类现象的背后均有其深层次的原因,"寓警于团"建议案的提出亦是如此。

（一）中西方思想的碰撞

南京国民政府自建立以来,其政治统治的"合法性危机"始终存在。内忧外患下,蒋介石警政思想的基础亦随着国内外主要矛盾的变化进行不断调整。对于执政者而言,西方对"国家警察"的倡导与中国传统治安管理模式之间关系的处理,无疑是一个异常艰难的时代课题。中国传统文化博大精深,历来被执政者用以治国兴邦和处理各种关系。蒋介石的统治思想主要源于孙中山的建国思想、儒家思想以及王阳明的心学、曾胡治兵理念。

一是孙中山的建国思想。孙中山在"三民主义"和《建国大纲》的设计中,提出依靠"警卫"护佑地方民众,履行"安内"责任。他认为的"警卫"包括警察、保甲、民团等民众自卫武力。由于孙中山早逝,未对统一建国后的国民党警政和保甲、民团制度及其关系做深入诠释。但他对"警卫"作用和意义的论述,反映出其在旧民主主义思想下并未完全脱离中国传统治安秩序的管理格局,在未解决中国

---

① 魏光奇.官治与自治:20 世纪上半期的中国县制[M].北京:商务印书馆,2004:355.

民众困苦,未完成全国统一,未实现军政、训政、宪政的既定方针之前,亦有"寓警于团"的意味。

二是儒家思想。蒋介石深信通过儒家思想的灌输,能养成国民政治道德,巩固其独裁统治。蒋介石多次在公开发言中批评警察的窳败及腐朽,指出警察的改造必须以儒家思想为指导,"实践合乎礼义廉耻",做到整齐、清洁、简单、朴素,彻底军事化。①

三是王阳明的心学。蒋介石为巩固其统治,需要利用王阳明思想作为镇压异党和进步民众的理论支撑,在政治和行政方面则表现为集权和独裁,在军事和警保系统中则强调"阶级"与服从。在此思想影响下,地方自卫武力也不再是单纯的治安辅助机关,而演变为政治残杀、党派斗争、镇压民众的工具。

四是曾胡治兵理念。蒋介石还将《曾胡治兵语录》《增补曾胡治兵语录》作为黄埔军校、中央政治学校以及保安团队改警训练的必修课程,并指示:"曾胡左氏之言,皆经世阅历之言,……不惟治兵者之至宝,实为治心治国者之良规。"②这里的"兵"指的不是正式军队,而是地方保甲、保安团队组织。在中国传统文化和传统治安治理格局下,"寓警于团"思想应运而生。

然而,这一时期却是中国近代少有的思想松动时期,整个社会发生着重大变革。受西方行政理念和意识形态的影响,蒋介石也在试图探索建立所谓的"现代化"国家。在西方理论中国家政治是否走上轨道,警政建设是否成功是重要标志。蒋介石对国家警政的思考由来已久,其在日本学习军事期间就曾关注警察,在追随孙中山期间,曾与张群等研究过利用各地警察机关开展"国民党的革命活动"。因此,在向日本及欧美等国学习的过程中,南京国民政府当局始终关注警政建设。全面抗战之前,南京国民政府曾多次派在职军政官员和警校毕业生赴国外留学,汲取警政建设经验。

南京国民政府公派前往日本、德国和奥地利的警政留学生居多。此时正在兴起法西斯主义的德、日、意、奥等国将警察及其辅助组织军事化、特务化、纳粹化,将暴力和秘密警察网络相结合,警察地位强势,甚至高于国防军。③ 蒋介石对此变

---

① 张其昀.先总统蒋公全集(卷十):在南昌行营扩大总理纪念周上讲话[M].台北:中国文化大学出版部,1984:807.

② 蒋介石.增补曾胡治兵语录[J].福建训练月刊,1943(4):61.

③ 在德国,警察含有军队的补充机关的意义。德国警察除了维持社会秩序的义务之外,还做着如其他各国民间团体所做的种种工作。总之,德国在历史上某个时代,差不多可以称为"警察国家"时代,警察对于德意志国家是有很大的作用。自希特勒专政以后,警察权统一于国家,事实上成为强大的警察力量,于必要时,可移用于国防军。

化十分关注。欧美各国警察在维持治安和巩固国防中发挥的重要作用，对蒋介石提升对警察的重视有一定影响，西方"国家警察"的理念最终为戴笠及军统组织所利用，为蒋介石最终决定"裁团改警"提供思想基础。

表3-1 南京国民政府公派出国留学警政的主要批次和人员①

派遣机关	批准时间	所赴国别或机构	备注
内政部	1929年	日本内务省警察讲习所	保送谢志道、杨国民2人
南京市政府	1929年	日本东京警视厅警察讲习所	保送谢林昌1人
警官高等学校	1930年3月	日本内务省警察讲习所	保送该校毕业生何瑞彰等10人
军政部	1930年8月	德国警官学校	保送第八路指挥部参事黄涛1人
浙江省政府	1930年9月	日本内务省警察讲习所	考选浙警校胡福相等21人
军政部	1930年9月	日本内务省警察讲习所	保送浙省公路警察总监李士珍1人
浙江省政府	1930年1月	奥地利维也纳警政学校	保送浙警校毕业生毛文佐等10人②
军政部	1930年	德国柏林警察厅	保送戴颂仪、徐中齐、刘璠3人
首都警察厅	1931年7月	日本内务省警察讲习所	保送在职警官楼筱琨、乐干等5人
浙江省政府	1936年	德国国家警察学校	保送浙警校毕业陈宜生、黄佑等4人

① 资料来自警史专家潘益民先生撰写的《中国近代警察大事年表》（未刊）。国民政府时期派赴国外留学警政者，除上述批次人员外，还有内政部、军政部以及各省市政府个别派遣者。此表不能穷举所有外国留学警政人员，如王固磐留学日本，专门研究警察问题，后赴欧美考察，时间待考。
② 该批浙江省政府报送的警学留学生，头两年在维也纳警政学校学习理论，同时练习了射击、擒拿、划船、骑马、溜冰、游泳等警察必练的技术；第三年在奥地利首都警察厅实习并专业研究刑事警察以及指纹、照相和户口登记等。同时每年夏天做一次考察警政的旅行。第一年至奥地利各省考察，第二、三年分别至德、法、意、波、捷、瑞和南斯拉夫等国考察。

总体来说,南京国民政府虽然在警察组织结构、人事制度、教育训练方面对欧美国家多有效仿。但因时局纷纭,社会情形复杂混乱,西方警察制度在中国难免"水土不服",与德、日等国的实际情况有着明显差异,因而难收效仿之绩。

(二)国际国内形势紧张

南京国民政府转入训政时期后,连年内战,加之日本侵略,中国在政治、经济、社会、思想等方面,都呈现异常混乱的状态。

1931年"九一八"事变爆发,日本侵占我国东三省,继而入侵热河至长城一线,向华北进犯,并先后在天津、青岛、汉口、重庆、福州、上海等地连续挑起事端,欲扩大侵略战争,全面占领中国。次年1月28日,日军在上海挑起战事,淞沪军民同仇敌忾,屡创日军。由于蒋介石坚持"攘外必先安内"政策,对日作战连续失利,与日本签订城下之盟。1933年初,日军占领山海关,热河和河北东部密云等20余县相继失守。南京国民政府对日签订《塘沽协定》,承认日本对东三省和热河的占领,为"围剿"中共和对日抗战做时间与空间上的准备。1935年,日军又制造华北事变,侵占京津地区。在此民族危亡之时,蒋介石仍坚持"攘外必先安内"和"不抵抗"政策,引发全国人民愤慨,"停止内战,抗日救国"的呼喊不断,抗日救亡运动风起云涌。

而此时国民党内部也矛盾重重:一是军阀割据的隐患始终存在。其不断在政治、经济、军事、内政等方面与国民党中央分庭抗礼,挑战其权威,觊觎其统治。这种状况使立志"统一中国"的蒋介石在"革命仍未成功"的阴影下,把排除异己作为首要任务,对警政仅是利用和口头上的加强,无心亦无力进行建设。大多基层地方与国民党中央关系不密,警政建设停滞不前,多依靠保甲、民众自治武力来施行警政和行政事务,导致警团关系内涵不定,外延不确,角色始终处于变化之中。二是国民党内部纷争不断。在国民党"一党独裁"下,内部派系林立、斗争复杂、矛盾深重,导致国民党内部对权力与利益的争夺及统治阶层的分散。因派别众多,国民党内部很难形成统一意见,由于"五院体制"执政和立法机关不易统一,很多内政工作难以开展。在立法层面上,立法权长期为国民党粤系等所控,而内政部先后掌握在晋系、桂系、奉系等地方实力派手中。如若进行警政建设,蒋介石除需与行政院、财政部协商外,还要得到立法院和地方实力派的支持,而党派纷争使得很多建设无法以法的形式落实,这些都造成了训政初期虽然蒋介石提出整顿警政建设,但少有施行,且效果未显。三是中共星火燎原之势日益壮大。"四·一二"反革命政变后,中共被迫进行武装反抗,由城市转向农村和偏远山区,打土豪分田地,清除封建的反动阶级基础,组织穷苦民众开展土地革命和武装斗争,建立工农苏维埃政权,严重威胁到国民党在乡村本就薄弱的统治基础。对南京国民政府而言,"安内"和保存实力成为比抗日更为重要之事。因此,蒋介石决计将主要精力放在"剿共"和解决地方军阀及反蒋势力上,整编保安团队既能协助正规军"剿共",也可借机削弱、消耗地方势力。

(三)警团经费支出巨大

南京国民政府统治时期,警、团的经费来源虽然不属中央和省政府财政,但仍是影响地方经济和民众收入的重要方面。南京国民政府在全国财政收入不敷出之时,在已有警察、保甲、民团的基础上增编需要财政供给的保安团队,加剧了各级地方财政负担,城乡绅民雪上加霜,天怒人怨。下以浙江省1931至1933年度地方岁初预算为例。

表3-2 浙江省1931至1933年度地方岁初预算表(单位:元)①

科目	年代		
	1931 年	1932 年	1933 年
党务费	297000	138000	326556
行政费	2102172	1815176	2305659
司法费	2062376	1884761	1812798
公安费	5257299	4147661	4731051
财务费	1357872	1216321	1027097
教育文化费	2959051	2335766	2719652
事业费	556559	501213	427626
交通费	577006	260262	142480
卫生费	104280	98172	139800
建设费	889148	823916	897378
债务费	5591950	6429585	6870226
协助费	1354105	809949	376612
地方营业费	1641144	3047707	

---

① 潘国旗. 民国浙江财政研究[M].北京:中国社会科学出版社,2007:161. 转引自冯辉. 南京国民政府时期地方财政困难问题研究(1927—1937):基于财政分权视角[D].广州:暨南大学,2011:37.

续表

科目	年代		
	1931 年	1932 年	1933 年
抚恤费	351430	345843	100200
其他支出			87830
总预备费	84006	745152	400000
总计	25185398	24599484	22364965

由表 3-2 可以看出,浙江省 3 年地方财政支出预算中,公安费均是省地方岁初预算的第 2 位,约占全省总预算的 1/5。以上公安经费"数额尚属不少,惟实际上各省公安经费,大部分系保安团队之用,名为公安经费,实非警察一家所独有。其县以下警察机关仍间有就地摊筹,或将违警罚金估计数目列入概算,坐支抵解;其赖其他不正当之收入,藉资挹注者"①。由此可推断,国统区各地方用以维系地方治安秩序的费用极多。故而在国势日愈危急、财政吃紧的情况下,蒋介石在会议中屡次提及"改革公共行政,应以最低之经费,予市民以最大之利益"。② 在亟须武力且经济窘迫的情况下,启用无须政府财政、由地方及民众供养的保安团队无疑是一种较为经济的"救急"手段,变得愈发可行起来。

(四)"剿匪区"裁警实践

南京国民政府成立后,蒋介石欲在地方自治的框架下,整顿和改造北洋政府遗留的"旧警察"和招募的警士,以期训政后逐步淘汰更新。然而警察队伍纪律不整、作风败坏、鱼肉百姓的恶习难改,蒋介石多次视察均有发现,颇生恶感,遂产生裁撤所有县以下警察机关,由保安团队代行警权的考虑。

1928 年 11 月 30 日,蒋介石在皖北巡视途中出席安徽省的县长会议,训话中称:"各地保卫团、人民自卫团等类,皆系各地方自己组织,散漫凌乱,毫无管理……至于各县警察更属腐败无用,不但不能维持秩序,而且敲诈人民,甚至包烟包赌,无恶不作",并提出"中正主张除省市外,其余各县公安局一律暂时撤废,当由民政厅调回训练,所有警察经费,或留着帮助保卫团,或由民政厅收回,以作办

---

① 中国国民党五届三中全会上内政部工作报告中关于警政事项[M]//赖淑卿. 警政史料:第三册. 台北:台湾"国史馆",1989:41-44.
② 蒋介石. 蒋委员长最近演讲集:三[M].南昌:南昌文化书店,1933:1288.

理警官学校之用。俟警察人员训练成熟后,再行派往各县继续办理"①。这是可查的蒋介石最早在正式场合提出取消县以下警察,发展地方自卫组织的言论。

此后,蒋介石在1934年召开的第一次地方高级行政人员会议上也指出"警政制度虽不可完全废弃,然而其恶习则已坏到极点"②,主张废除县以下一切警察,以地方保甲组织代替之。他以前清时期各县及以下地方没有警察,公共秩序的维护完全依靠保甲、团练和乡约为例证,得出"城市的警察在事实上是不可少的,在农村则绝无需用"③的结论。

此时,南京国民政府为维护岌岌可危的统治,欲求对"权威型资源"的全面控制。而"权威型资源"的各种构成要素中,"监控"④作为现代国家行政力量的基础,尤为重要。蒋介石认为保安制度的建立,能够达到"国家和各个地方,到处布满我们的侦探网"⑤的目的,通过层级化的行政控制网络的建立,促使国家权力不断向基层社会扩张和渗透,以实现对社会的全面控制。正如其在1934年召开的第二次全国保安会议中所言:"我们要靠保甲来做农村警察,要靠保安队来做农村宪兵;保甲与保安队都是土著,地方情形熟悉,利用关系密切,只要加以相当训练,比较招募而来的警察与宪兵,一定更有效力,更能尽责。"由此可见,蒋介石对于保安团队的定位不仅是对军警的补充,也是国家权力深入乡村和边远地区的重要抓手,其在基层地方的重要性远胜警察。

1934年12月底,蒋介石根据在收复区重建江西县政的经验,由南昌行营颁发了《剿匪省份各县政府裁局改科办法大纲》,规定除大都市外,各县城乡现有公安机关及警察一律裁撤,由保甲职员和壮丁团队协助办理警察事务。⑥ 此大纲以"警卫联系"为宗旨,再次提出对各县以下公安机关及警察进行裁撤,目的之一是妄想通过一纸空文,减轻百姓疾苦,增加收复地区的经济复苏能力。当然,还有一项重要原因是蒋介石看到警察队伍多"徒袭警察之名,而以散兵游勇,或地痞流氓

---

① 中华民国史事纪要编辑委员会. 中华民国史事纪要:初稿[M].台北:中华民国史料研究中心出版社,1977:1039-1041。
② 张其昀. 先总统蒋公全集:第一册[M].台北:中国文化大学出版部,1984:825-837.
③ 张其昀. 先总统蒋公全集:第一册[M].台北:中国文化大学出版部,1984:825-837.
④ 吉登斯. 民族—国家与暴力[M].胡宗泽,赵力涛,译. 北京:生活·读书·新知三联书店,1998:14."监控",包括社会活动信息的收集和对个人活动的直接督管。
⑤ 沈云龙. 近代中国史料丛刊:第三编:第五十三辑:南昌行营召集第二次保安会议记录[M].台北:文海出版社,1973:530.
⑥ 中国第二历史档案馆. 国民党政府政治制度档案史料选编[M].合肥:安徽教育出版社,1994:528-530.

充数,瞠目不知其职责之所在,适为鱼肉民众、作奸犯科之工具",①心生厌恶之余在警团关系上做的一次取舍。此为可查最早出现"取消县以下警察"要求的官方文件,虽仅局限于"剿匪"省份,但某种程度上体现了蒋介石当时对警团存废的取舍和导向。

　　1935年,日本入侵华北后,南京国民政府为延缓全面对日战争,被迫签订丧权辱国的《何梅协定》,日本逐步侵占平津地区。战事紧迫下,蒋介石固然希望警察能负责中国大后方的社会秩序安定。根据内政部警政司的统计,"全国警察局所为1949处,警察人数为242352名,警察经费为4568868元"②。从表面数字来看,警察队伍似乎已具备相当规模。但实际上,用内政部警政司司长李松风③的话说:"地方警察多是流氓乞丐的集团,除了几处都市的警察差强人意,能指导交通与维持秩序外,其余多是流氓乞丐的集团,不仅不能保障社会安宁,增进人民福利的责任,反而成为社会和人民的蠹物。于是人民谈到警察,几比为猛兽毒蛇,无不深恶痛绝。人民怨恨警察的心理,既如是其深刻,因而警察本身发生绝大的动摇,岌岌不能自存。甲县裁局,乙县改科,充分表现了警察不能适应社会的需要。三十余年办理警察的成绩,到如今获得了崩溃时期之来临!"④在全面抗战即将来临之际,蒋介石对于警团之间的取舍似已明确,裁撤县以下警察的基调已定。

---

① 中国第二历史档案馆.国民党政府政治制度档案史料选编[M].合肥:安徽教育出版社,1994:528-530.
② 哲.给广东警察弟兄们[J].警察向导,1938(5):42.
③ 李松风(1893—1996):江西安福人,1920年日本东京高等师范毕业,回国后1922年任省立吉安第七师范学校校长。在共产党人罗石冰、刘九峰等人的影响下,成为国民党左派,掩护支持了陈正人(后任江西省委第一书记)、李精一等一大批革命学生,使七师成为吉安大革命时期革命的摇篮。1925年7月,任江西省党部监察委员,1927年1月,与方志敏、罗石冰等被选为国民党江西省党部执行委员,同时兼任宣传部长。大革命失败后,李松风政治立场急向右转,担任国民党江西省党部执行委员兼青年部长,1927年3月30日国民党中央政治委员会对李烈钧为首的江西省政府改组,其为省政府委员,1931年10月31日,为防止日本对内蒙古的侵略,受内政部长黄绍竑所派,携《改革内蒙古行政系统方案》与行政院拟写的《告谕内蒙古民众文告》到百灵庙,会晤德王、云王,1932年2月任内政部警政司司长,1934年5月参与国民党中央宣传委员会在上海设立图书杂志审查委员会,1934年主持将内政部警察高等学校从北京迁往南京,并参与改组为中央警官学校,1936年与戴笠、李士珍等人谋划全面建警方案,奠定国民党警政体系建设基础。1936年8月,被军统排挤,调任安徽省第六区行政督查专员兼保安司令兼泗县县长。1938年任第五战区长官司令部中将粮食处处长,1939年弃官回乡,后任江西安福县参议会参议长。1949年3月,受民盟江西临时工委指示,任安福、永新、莲花、萍乡、宜春5县"武功山联防办事处"主任,以策应解放军南下,同年7月,解放军到达赣西,李松风率部投诚。
④ 哲.给广东警察弟兄们[J].警察向导,1938(5):42.

二、"寓警于团"到"裁团改警"骤转

1936 年 5 月 10 日,为做好战前准备,研究解决行政督察专员制度在各省颁布施行后的利弊得失和改进意见,南京国民政府行政院召集苏、浙、皖、赣、湘、鄂、闽、鲁、豫、陕 10 省民政厅厅长、教育厅厅长以及交通便捷的苏、浙、皖、赣、鄂 5 省省政府主席,在南京励志社召开十省地方高级行政人员会议。① 中央党部、军委会、财政部、军政部、内政部等部会也奉命参加,院辖市和部分省份公安局局长以及有关部门也列席了会议。

（一）蒋介石对"寓警于团"的倾向

蒋介石在会议开幕式中发表题为《集地方行政会议的宗旨和讨论要点》的讲话,阐明会议的宗旨在于检讨各地方行政实况,以改革弊害,增进效能。在讲话中蒋介石划定会议需要重点解决的 5 项问题,其中涉及警和团的问题各 1 项。在警政建设方面,蒋介石批评各地警察的窳败无能,建议"地方经费不足的警察,对于人民,既绝对的无益而有害,最好能一律裁撤,而用保甲或团队来代替"②。之后又指出:"各位从事地方行政工作很久,一定知道各地方团队有团队的毛病,保甲有保甲的毛病,土豪劣绅有土豪劣绅的毛病,而在各种病态当中,特别是警察的毛病格外多,今后究竟应当如何裁汰、训练,如何改革、刷新,使能克尽警察的职责,希望大家要特别注意研究。"③

县以下警察的去留问题被蒋介石在如此重要的会议上,作为内政重要问题再

---

① 大事汇述:行政院召集十省行政会议[J].中央周报,1936(415):14-15.1936 年 5 月 10 日上午,十省地方高级行政人员会议在励志社礼堂开幕,由蒋介石主持,蒋介石在会议上发表讲话,阐明此次会议的意义和讨论的重要事项,继由行政院秘书长翁文灏报告大会筹备经过及会议议程。会议初定 10 日下午及 11 日下午举行分组讨论会议,12 日全日及 13 日上午连续举行全体大会,13 日下午原定召开大会,悼念于 1936 年 5 月 12 日逝世的胡汉民主席,后由于胡主席于 13 日下午在广州大殓,由蒋介石手谕停开,改于 16 日上午继续举行大会。此次会议出席来宾,计有外交部长张群,海军部长陈绍宽,实业部长吴鼎昌,侨务委员会委员长陈树人,交通部政务次长俞飞鹏、段锡朋等 10 余人。主席团蒋介石、孔祥熙、蒋作宾、王世杰、何应钦、翁文灏、蒋廷黻。出席人员有苏主席陈果夫、浙主席黄绍竑、皖主席刘镇华、赣主席熊式辉、鄂主席杨永泰,以及指定出席之苏、浙、皖、赣、鄂、湘、闽、鲁、豫、陕十省民政与教育厅长,并专员 90 余人。中央代表陈布雷、甘乃光、徐象谦、郑道儒、李宣倜、孙希文、李朴生、罗廷强、梁栋、黎琬、周孝伯、孙慕迦。军事委员会刘健群、罗贡华、徐庆誉、徐道邻、张彝鼎、李毓九、高傅珠。教育部雷震、顾树森。内政部李松风、刘复、蔡培。财政部高秉坊、翁之镛。卫生署金宝善等 34 人。总计出席人数 140 余人。

② 秦孝仪.先总统蒋公思想言论总集:卷十二[M].台北:中央文物供应社,1984:263.

③ 秦孝仪.先总统蒋公思想言论总集:卷十二[M].台北:中央文物供应社,1984:263.

一次在会前抛了出来,明令各地代表在会上加以研究,即可推测蒋介石将县以下地区警察裁汰,实行"寓警于团"的考虑由来已久,也证实国民党警察高级官员在日后撰文所述此会上蒋介石"欲裁汰警察"所言非虚。"寓警于团"提案的出台也源自蒋介石的支持。此次地方高级行政人员会议的参会人员绝大多数由地方区行政督察专员组成,中央行政部门代表多出自行政院、军政部及军事委员会,内政部警政司仅司长李松风一人参加会议讨论。讨论县以下警察是否裁汰问题,竟然仅有一名警界代表参加,南京国民政府"寓警于团"的倾向昭然若揭。

通过蒋介石在开幕训词中对警团的批评可见,蒋介石对警团的取舍也犹疑不定。对保安团队的不满,来源于其开销大,且属于地方自治武力,根据乡村自治的原则,暂时无法将统辖权集中于国家。蒋介石对警察队伍不满更甚,虽说他屡次提出警察和军队乃国之重器,但其腐败和政令不通、纪律不严、各行其是也令蒋介石大为不安。鉴于财政原因,央地财政和民力难以维持两个职能相似但品质欠佳的队伍。因此,蒋介石在此次会议抛出这一议题,让各省高级官员商讨"团""警"的去留,既有听取与会代表意见,以下最后决心,又颇有"若无改进,即以裁汰"的警告意味!此可谓将"团""警"这两个职能相近,却属性不同的实体矛盾推向顶峰,于是矛盾背后的利益相关者即为各自利益在会上展开了激烈讨论。

(二)代表们对"寓警于团"的讨论

为迎合蒋介石在开幕致辞中的"寓警于团"倾向,桂系黄绍竑以其在广西依靠民团治理社会的不俗成绩,提出"寓警于团"提案,在会上引发巨大反响,得到多数与会代表的附和。

1. 治安组讨论

十省地方高级行政人员会议共分为民政组、治安组和教育组,翁文灏任治安组主席。治安组连日讨论之范围为:(一)保甲;(二)警察制度;(三)保安团队。治安组讨论的议题中,涉及"警""团"关系的议案如下,见表3-3.

表3-3　十省地方高级行政人员会议治安组讨论议题①

序号	议题名称
1	维持地方治安,现有保甲、警察及保安团队三者,应如何调整其关系,使能保持并发展其互相间之作用?
2	现行警察制度,能否达到警察之任务,应如何建立警制,以期长久治安?

---

① 行政院秘书处. 地方高级行政人员会议议题及参考资料[M].南京:行政院秘书处,1936:24-25.

序号	议题名称
3	各省保安团队教育现已至何程度,有无施行宪兵警察职务之能力,如其能之,可否即行改为警察,如其不能应如何改良教育?
4	整理保安团队之目的在建立征兵制度,以为改造陆军之基础,所有团兵必须更番训练,更番退役,但实际情形各省多未办到,应如何切实进行,渐次减少常设团队之兵额?
5	各省保安团队经费,事实上不免仍取之于苛捐杂税,名目繁多,人民负担太重,地方财力不胜,应如何核减兵额,量入为出,以苏民困?
6	保安处之地位与权限应如何确定?
7	行政督察专员应否兼区保安司令,县长应否兼总(大)队长?
8	团队人事调整,装备之改进,征兵及退役之实施,壮丁训练之促进,应如何办理?

治安组对第一议题"维持地方治安,现有保甲、警察及保安团队三者,应如何调整其关系,使能保持并发展其互相间之作用?"进行的讨论,可见各省汇报的保甲、警察及保安团队在各地的实施情况。现将与会10省保安、警察两个方面的基本情况列出如下(见表3-4)。

就各省保安团队的状况看,南昌行营制定《各省保安制度改进大纲》后,按照原定计划,各省保安团队本应已经全部统一于省,且普及国民军事教育,能执行宪兵警察的职务。然而从编制、经费情况来看,10省发展进度并不平衡,完成的效果也不尽人意,大致分为4个阶梯:第一阶梯是落实较好的浙江、湖北、安徽、河南4省,率先实现保安团队统一于省,建立征兵制基础;第二阶梯为江苏、湖南二省,已将大部分保安团队统一于省,部分统一于区;第三阶梯是江西省,保安团队小部分统一于省,大部分实现统一于区;第四阶梯是发展较为滞后的陕西省、福建省,还有情况较为特殊的山东省,将民间自卫武装民团改编为保安队和警卫队。然而,保安团队除了在组织编制上未能实现预期目标,其效果方面也大打折扣,甚至有"病民"现象。究其原因,一是贪官污吏的勾结。南京国民政府的独裁统治,必然导致吏治腐败,地方行政官员勾结土豪劣绅,豢养当地的地痞流氓充当打手和工具的现象屡见不鲜。二是地方士绅的操纵。由于保安团队的给养和饷粮,大部分被地方士绅掌握,因此必然俯首帖耳听其指挥。三是保安干部的缺陷。南京国民政府赋予保安团队平时执行宪兵警察的职务,战时担负后方治安和预备兵员等重要责任,因此保安团队官兵的素质和要求应与军队无异。但南京国民政府并未按照军队标准提高保安团队的地位和待遇;装备皆为军队淘汰,且要地方花钱购置;保安团队的要职,多派军队裁汰的军官转任,甚至有未受过军事教育者也在其中

表3-4　1937年十省地方高级行政人员会议治安组关于第一议题十省专员报告一览表①

互分省别	编组	保安团			编制	警察		建议及意见
		经费	装备教育	其他		经费	装备	
江苏	原有40余个大队，1935年统一千原省辖4团1营，最近省辖4团，新编6团，各县留1中队，编制均照国军	省辖4团，1425000元，临时费16万余元，9成拨镶，各县162万余元，临时费26万余元，均由田赋附加	枪械省辖团队尚完全，各县装备多系民枪，各县情形不一，教育照现改进，大纲，省设高等训练班，区设兵士训练班	以前系募兵，去年办理征兵，当先从保甲着手				保安团队之整理意见请照院长训话办理，或请召集保安会议，请将《兵役法及施行条例》列为县市行政讲习课程，俾专员县长熟悉一切
浙江	原有7团，每县有基干队，现已有3团改编国军，1935年7月改编各县基干队为15个大队，编制均照国军	4团及15大队均由省统筹支配，4团年需60余万元，省支给15大队年计250余万元，就原有保卫团经费，由省统支	教育本省办有短期干部训练班，军官则选往星子特别训练班		数目不等，多则万余，少则数十	经费多寡不一，绍兴每年18万余元，亦有数千元者	枪支不一，力量甚小	

① 行政院为地方高级行政人员会议决定限期裁撤保安团队以及经费办理保甲并警察之密令［A］.中国第二历史档案馆藏，档号：773-831：9-12.

续表

省别\互分	保安团				警察			建议及意见
	编组	经费	装备教育	其他	编制	经费	装备	
安徽	现有12团，省保安处辖2团，每行政区10团，行政区1团，归保安司令指挥	全年共需220万~230万元薪饷，正规军7成发	枪械：第1、2团稍好。教育：军官多干部训练班毕业，军士训练已办1期		各县裁局改科，分区设署，设巡官1人，班长1人，警士10名		省设警官训练班、训练警佐及巡官，警士亦严加训练	
江西	1932年有50余团，嗣缩为32团，现再缩为20团，4团属省，16团分属各行政区，八行政区编制完全照正式陆军	年需400余万元		本省因匪祸乡间藏枪，待查保安团不能在裁，征兵已办1期，每次送伍1/3	每县多则万余名，少则每数十名，每县1公安局，每分局大约30名		警官由民政厅训练，警士由专署训练	
福建	初编成11团，又缩成8团，现扰未能完全指挥如意，各县保安队1934年有20余中队，现减至最小限度	团队经费全取之苛杂每年需200余万元			除福州设局等处外，余各县则仅10至20名警士	取自赌捐花捐		

65

续表

互分 省别	保安团				警察			建议及意见
	编组	经费	装备教育	其他	编制	经费	装备	
湖南	本省保安队大部统一于省，8个区保安司令分辖17个团，加湘西改编各团，共约20团	一律由田赋，每征1亩附加4元2角，全年约400万元，征8成即敷用	教育保安处设有干部训练班，并派人至星子受训士兵现拟分期集中训练		省会有武装警察两队，余无枪支	大抵皆出房捐		专员不兼区保安司令，遇调遣团队，须请示，不便，请中央酌酌
湖北	1936年统一干省，共18个团，每团1224人	全年500万元	枪械多汉阳造步枪，教育官长，营长以上多系保定或中央军校出身，故军官训练不急要，有班长训练班		除大都市外各县警察多者20，少仅6名			
陕西	第四区，共2100余人		枪支多自带		除该省会外各县多无足述			

续表

互分 省别	保安团				警察			建议及意见
	编组	经费	装备教育	其他	编制	经费	装备	
河南	现有4团，每团约1400余人，内有5团，系征兵	田赋附加每亩1元5角税，视每年景收入酌支			除该省会外，各县一等者50名，二等者40名，三等者30名		枪支不完，训练缺乏	保甲简单，自治繁难由自治改保甲易，由保甲改自治难，请勿轻易改编
山东	最近民团改为保安队，每一区辖1保安大队，大队3或4中队不等，各县民团转警卫队，编为警察合按一、二、三等县份186名	以前每县民团警察四五万元，至6万元，裁并后不过百余元	教育分为初级训练及高级训练		除省会及大城市外，余均裁并			警察不适于农村社会

67

尸位素餐；再则保安团队士兵来源复杂，且供给和训练不足。各种原因导致保安团队问题依然较多，纪律涣散、作风腐化，战斗力衰弱。

就各地警察队伍的情况看，与会各省的县公安分局管辖区域，多者百余平方千米，少则数十平方千米，居住人口多者 10 万至 20 万，少则数万人。而长警数额除极少数分局有长警 2 个排以上外，大多数分局仅 10 至 20 名，有的甚至不到 10 名。警察的主要任务是预防和打击犯罪、维持社会治安，故警察的设置必须根据各地方人口密度、犯罪种类数量、交通事故多寡、社会危险分子多少等来进行。而按照各省提供的数据，除浙江省、江西省所辖的各县警察人数较多，其他几省各县仅设有 10 至 20 名长警，且县警察多不配枪支，无法完成维护地方治安稳定的任务。

就 10 省专员关于警团的意见看，江苏省主席陈果夫和民政厅长余井塘实际上是在警团之间徘徊不定。此时，为了建立警察网和警保联系，江苏省在乡村地区推行网格化管理的"警管区制"①，警政建设在镇江、昆山、无锡等地取得一定的成效。而戴笠以军委会政治特派员身份在浙江以警政插手省政、县政和地方自治，其控制的保安处调查股②与浙江省保安处长宣铁吾矛盾重重，戴笠又企图通过安插军统成员傅肇仁为江苏省会警察局长，插手江苏省警政和保安处。为防止戴笠利用"裁团改警"，以警控团，对地方行政进行权力渗透，陈果夫欲以蒋介石为挡箭牌，希望保留保安团队。此外，湖南省则提议应由专员继续兼任区保安司令，实质是希望地方继续行使对保安团队的控制调配权。而山东省则因民团历史悠久，遂建议乡村社会的警察应裁撤。虽然，此表只列举 10 省专员就治安组议题所做的报告名称，并未将讨论情形提出，但仍可窥见各省专员在说明本地办理保安、保甲及警察的具体情形时，必会结合本地实际，并参考蒋介石在开幕式上关于整理

---

① 警管区制是南京国民政府时期推行的关于警察勤务制度的一项制度改革，即警察作为一切勤务的基本单位，在其能力所及的区域内，担任一切警务，以此形成整个警察行政网。警管区制最初由江苏省倡导，于 1934 年出台一系列文件，将推行警管区制作为警政改革的治本之策。由于试行效果显著，南京国民政府决定将之推行全国。

② 保安处调查股，是蒋介石批准特务处在未控制警察机关前，先将南京、上海、杭州等大都市公安局与抓捕共产党人和搜集情报相关的督查室（处）、侦缉队、保安警察队等交由特务处介入。"一·二八"事变后，由于江苏及上海保安队在抵御日本挑衅中发挥重要作用，蒋介石批准特务处在江苏、浙江、上海保安处设调查股，由特务处派员控制，以对日军、中共情报工作及地方政府的监控，插手对地方自治的民众武装监控，客观上就是统管警保等地方武力，对中央势力渗透地方自治的垄断起到作用。特务采取打进去、拉出来、金钱官位的售卖，将警察机关和保安团队重要负责人加入复兴社及特务处，逐渐形成自己的网络，后提出"裁团改警"也有此原因，浙江省保安处是蒋介石支持特务处最早渗透的省份。

警察的讲话,对警察和保安团队的存废问题展开了激烈的讨论。①

2. 各方建议案

各省厅长、行政督察专员及参加各组讨论的成员在分组讨论及全体大会上分别提交了建议案和报告案,绝大多数代表都表示支持"寓警于团"提案。其中,地方行政官员代表们建议保安团队管理权限仍应集中于地方。如河南省第六区行政督察专员罗震提出《河南保安团队仍请隶属区保安司令部案》②及第九区行政督察专员吴动甫提出《请准予成立常备壮丁队,并筹固定给养,俾得安心服役,以资实用案》③。两案均支持"寓警于团",在《各省保安制度改进大纲》的框架下,建议除经理事项逐渐集中于省和国家以外,为使用方便,其教育训练、人事安排、指挥调度权限仍应归属于区。

军政部门则基于增强军方后备力量的目的,建议从编制名称、人事、经费、装具、卫生机关、训练、征募及退役壮丁训练8个方面对保安团队进行充实改进。如军事委员会高级参谋第四组会同军政部提出的《整理保安团队案》④中,仍不脱离由国家编练保安团队的目的。

此外,南京国民政府训练总监部副监周亚卫及内政部提出了截然相反的建议,主张将各省市保安团队一律划归警察范围。周亚卫在《整理保安团队案》中围绕"国家武力唯军与警,即陆海空军与警察保安队,两者之外,不容他物"⑤的观点,认为保安团队只有两条路,一条是将其编为陆军,一条则是将其整理为"保安

---

① 蒋介石.召集地方行政会议的宗旨和讨论要点:蒋委员长训词全文[J].江苏保安季刊,1936(2):26-31.

② 行政院秘书处.地方高级行政人员会议议题及参考资料[M].南京:行政院秘书处,1936:24-25.《河南保安团队仍请隶属区保安司令部案》指出河南省将保安团队隶属于省保安司令部管辖后出现的各种问题,如(一)保安团队分驻各区,省保安司令部对于训练上不能随时严密督饬,影响学术进步;(二)对于人事之不能随时认真甄核,日久弊生;(三)清剿股匪,区保安司令仅有临时指挥之权,因不能直接统率威权不尊,指挥不能灵活如意,建议保安团队除经理事项直隶于省保安司令部外,其他各项事务均应隶属于区保安司令部。

③ 行政院秘书处.地方高级行政人员会议议题及参考资料[M].南京:行政院秘书处,1936:26.《请准予成立常备壮丁队,并筹固定给养,俾得安心服役,以资实用案》对《各省保安团队改进大纲》中壮丁训练问题提出建议,建议以区署为单位,按地域之大小,成立由地方自筹给养的常备壮丁队,由已经受训退伍的壮丁,分保训练。其编制由各省保安处统一规定。同时建议为保证壮丁常备性,应施以军事教育,并给予给养,给养由各地按照田亩拟派,且只征收产物,不征收现款。

④ 《整理保安团队案》中提出国家编练保安团队的目的,在于使其承担宪兵警察的任务,且作为普及国民教育的机关,更番征退壮丁,作为征兵制度的基础,即"寓兵于团""寓教于军"。按照《各省保安制度改进大纲》的要求,保安团队应最终实现"国家管理"。

⑤ 行政院秘书处.地方高级行政人员会议议题及参考资料[M].南京:行政院秘书处,1936:36.

警察队"。由于陆军常备编制已经无可再增,而警察队伍又亟须建设,所需经费巨大,因此可将保安团队改为警察。① 而以"内政部"名义提出的《统一各省市警政案》基本是警政司的主导意见,建议"各省厅将原属于民政厅之警察事项划出,改保安处为警卫处,直辖于内政部,作警察专务机关,兼办理兵役及其他有关军务事宜"②。因整理警务,尤其是警察和保安团队之间的关系整理,与军政部门关系甚广,在地方高级行政人员会议之前,内政部已将《统一各省市警政纲要》转呈军政部、海军部,并与各部门要员进行商讨。③ 虽然"内政部"和军方各部门在会前曾有沟通,但军政部与会提案中仍提出加强保安团队的建设,可以看出军方在蒋介石未曾最后决策之前,主观上对于"内政部"统一警政的方案持有保留意见,仍希望掌握保安团队控制权。

以上可见,到底是"裁团改警"还是"寓警于团",在国民党最高层尚未定论前,矛盾主要集中于中央和地方之间,以及军政部和"内政部"之间。各方矛盾均集中于对保安团队控制权的争夺和经费来源的问题。简单说,双方都想控制保安团队,但谁也不想承担这部分经费。因此警团之争"焦点"有二:一为警与团到底裁撤哪个? 二为保安团队的指挥权属于军方还是警方?

(三)骤转过程还原

"寓警于团"到"裁团改警"的转变过程在"行政院"编纂的有关该会的议案汇

---

① 周亚卫建议将保安团队改为警察,保安团队原有长官,除调回军职者外,其余补充军官教育,改任警官。士兵则选优为长警,分配各县,其他为保安警察队,经费一概移作办理警察之用。此可谓"裁团改警"的内涵。周亚卫在《做(警)制建设原则意见案》中,也提出警察类别分为地方做察、巡做、队做、特务警察,其中队做,即做察保安队,承担武装维持地方治安的职责。他建议做察保安队分为两部分,一部分属于县,人数约为数十乃一百数十人,直接维护地方治安,以收快速应急处置之效;一部分直属于省,或分属于省县中间之区,以备应援县保安队。

② 行政院秘书处. 地方高级行政人员会议议题及参考资料[M].南京:行政院秘书处,1936: 43. 在"内政部"的提案中提出,各省设置警卫处,将各省市保安团队一律划归警察范围,改编保安警察队由驻省警卫处指挥,以总队(团)为最高单位,分驻各区县,以尽绥靖地方之责。在县区乡村,县城与重要市镇,设立警察所;在乡村地方,在无合格警士及充裕经费配备以前,暂以保甲代行警察事务,由县(局)委派巡官分驻各区区署,巡回指导各区署,得设合格警士若干名,受巡官之指挥,协助并指导保甲,训练壮丁,待县行政经费充裕时,逐渐增设警士。

③ 内政部关于二十五年度整理各省市警政经费预算的文书[A].中国第二历史档案馆藏,档号:12-6-5389;14-23.1936 年 5 月 7 日,时任军政部部长的何应钦致内政部部长蒋作宾电文:"关于统一省市警政计划实施一案,承嘱指派主管司科重要人员随时共同会商研究自应照办,兹本部派定总务厅厅长项雄霄、军务司司长王文宣等二员会同研讨,除已转饬各该员遵照外,专此奉复并颂。"5 月 8 日,海军部部长陈绍宽致内政部部长蒋作宾,"关于统一省市警政一案,本部拟制定总务司司长杨庆贞办理如承下问,当饬该员随时贡意见专覆。"

集中未见提及；在"行政院"、"内政部"等文档中也未找到完整记载；报纸杂志中也未见登载；只在军统要员的事后回忆以及中央警官学校校史中，才能略见端倪，这是极不寻常的。

据戴笠亲信、特务处元老之一的徐为彬①回忆："会议中有少数行政官主张废除警察，其理由是吾国警察虽然有四十年之历史，但除少数繁盛城市而外，一般均少成绩，其下焉者不但无益于社会，甚至殃民作恶者有之，不如干脆废除，将其经费移办保甲。"他认为"这个理由如果拿来说明过去各地方行政官是如何的不知努力警察事业，造福社会，以致大多数地方的警察，数十年来毫无进步，这原是对的，可是这几位行政官举出这个理由来，其目的并不是想改良警察，为过去的地方官吏补过，却是干脆主张不要警察。"他把这一事件评价为"中国警察历史上所最值得大书特书的一个事迹，同时也是对我们警察界同仁最大的一个刺激"②。

抗战初期，汪弼③在重庆回忆称："二十五年三月，首都召开地方高级行政人

---

① 徐为彬（生卒时间不详），又名徐亮、徐用彬，南京人，黄埔军校第七期步科，曾在上海参加青帮。1931 年底，奉蒋介石之命，在南京成立总司令部密查组，由戴笠任组长，成员有马策、胡天秋、徐为彬、赵世瑞、郑锡麟、张炎元、方超、唐纵、吴廼宪、王天木十人，并为行社特务处书记，后兼浙江省警官学校特训班教官。1935 年，戴笠运作任命特务处重要成员王固磐为首都警察厅长，带入一批军统人员进入首都警察厅任职，同年 12 月 4 日，徐为彬被任命为首都警察厅秘书，名义上为厅长王固磐荐任秘书，实际负责协调首都警察厅的特务处成员工作。1937 年 4 月，由戴笠主导的中国警察学会成立，王固磐、戴雨农、酆静方、李梦周、徐为彬为主席团成员，徐为彬任中国警察学会理事。1938 年 1 月 16 日，内政部警察总队在武汉成立，徐为彬代理内政部警察总队副总队长。同年 10 月 14 日，徐为彬任内政部警察总队副总队长。1942 年 10 月 5 日，徐为彬呈请辞去内政部警察总队副总队长职务，抗战后在军统本部任处长，奉戴笠之命于上海组织新中国建设协会，作为军统外围组织统一全国各教派和帮会组织，其为协会总干事。1947 年 9 月 25 日，国民政府授予徐为彬忠勤勋章。

② 徐为彬 . 中国警察学会经过简述[M]//赖淑卿 . 警政史料：第四册 . 台北：台湾"国史馆"，1989：378-386.

③ 汪弼（1899—卒年不详），字佐华，浙江汤溪人，军统成员。1935 年，戴笠运作任命特务处重要成员王固磐为首都警察厅长，带入一批军统人员进入首都警察厅任职，同年 12 月 4 日，任命汪弼代理警士教练所所长。1936 年 3 月 17 日，因首都警察厅第四警察局局长乐干代理第七警察局局长，第四警察局局长由时任警士教练所所长的汪弼接充。1937 年 2 月 18 日，国民政府任命汪弼为首都警察厅警察局长。1938 年 2 月 28 日，内政部派汪弼代理内政部警政司第二科科长。同年，《中国警察》在重庆复刊，汪弼为编辑委员会主任。1940 年，戴笠组织中国警察学会，聘请汪弼为中国警察学会设计委员。1946 年 7 月 22 日，国民政府令，汪弼着以内政部警察总署技正试用。1947 年，担任内政部第一警察总队总队长。同年，中华警察学术研究社举办第八届全国警官论文课，并成立考课委员会，"考试院"聘汪弼等 30 人为委员。

员会议,会议席上各省高级行政人员,竟一致通过了一个取消各警察机关,而警察任务移交地方保甲办理的决议案。"汪弻认为提出此决议案的人员忽视了法治国家警察的精神,讳疾忌医,甚至有少数官员,出于官警的运用不如地方保甲驯服的私心,想要废止警察。而"领袖得到这个报告,便亲自出席行政会议训话,给出席的人员一个明显的指示,中国警察事业,正待积极扶植,岂可轻言取消……于是取消警察的决议案,终于偃旗息鼓。"汪弻对这一事件有极高的评价,谓之"中国警察史上一个存续的大关键",应定名为"中国警察复活节"。① 需要说明的是,在汪弻文中,此会开于1936年3月,与实际召开时间不符,恐系其回忆有误或撰文笔误的缘故,文笔间亦有推崇蒋介石之意。类似文章还有卢振纲②在《五年来福建各县警察之概况及今后之展望》一文中提到"警察在全国行政会上被遗弃,幸有贤明的领袖,阐扬警察作用,警察才起死回生"③。

上述人员在叙述上虽略有差异,但均佐证了10省地方高级行政人员会议中,"寓警于团"的争论确实存在,且声势甚大,在警界引发极大风波。此外,"台湾中央警官学校"编印的校史中对此次转折过程有半官方色彩的描述:

> 各省参加会议的代表在浙江省主席黄绍竑的鼓动下,竟然通过了一个取消各级警察机关,主张在准备抗战期间,仿效广西省早年做法,将所有警察一律改编为由地方政府监督指挥的武装团队,部分业务移交地方保甲办理的决议案,即轰动一时"废警改团"之论,对全国警察予以强烈刺激。主管警政的内政部虽不赞成此案,警政司长李松风曾大声疾呼,由于警察经费出于地方,各省主席掌握实权,且有准备抗战之理由,竟无所适从。消息传出,戴笠带头不同意,认为"废警无异于开倒车,且与建国方针相悖谬,断不可行",主动邀请王固磐、徐会之、赵龙文、吴廼宪等人,向蒋介石力陈利害,请予阻止。"警界硕彦鉴于危机的紧迫,苦心造诣,奔走呼号",……警察起死回生,令警界捏一把冷汗,有人提议此日应为"中国警察复活节"。④

此文较为详尽地还原了当时由"寓警于团"到"裁团改警"的过程。会议表决通过裁撤县以下警察的议案,迅速引发了与会警界代表们的惶恐。其原因有三:一是县以下警察的裁撤,绝不仅仅是涉及成千上万名基层警察生存的问题,实际

① 汪弻.全国警察同志团结起来![J].警察向导,1938(5):288.
② 卢振纲(生卒时间不详),云南讲武堂毕业,曾赴德国留学警政,后参加特务处,先后为浙江省警官学校、中央警校教官、福建省警官训练所副所长等。
③ 卢振刚.五年来福建各县警察之概况及今后之展望[J].福建警察,1941(1):16.
④ 台湾"中央警官学校".六十年来的中国警察[M].台北:"中央警官学校",1971:120-121.

是对警政体系的割裂,压缩警察行政空间,对县以下地方的治安治理格局将产生无法估测的影响;二是国家庙堂议事,对警察的兴废如此随性,未作科学周密的调查评估,仅凭个人好恶决策,尽显独裁专制色彩;三是治安事权更加分散,职能混淆不清。在日本侵入华北并在沿海地区蠢蠢欲动的危局下,国民党作此行政改革,对战时城乡社会秩序的维护百害而无一利。且时间仓促,该政策短期内难以细化,对城乡治安事权如何分割,警团职责如何调整等问题都未做技术性研究和周详计划,更难在战前完成。

于是,戴笠率在警界任职的特务处要员于陵园别墅谒见蒋介石"为警请命",具体时间未见记载。笔者根据大会议程来看,根据蒋介石手谕,本于5月13日上午结束的会议突然暂停,改于16日上午由治安组继续未竣之议案并举行闭幕式。戴笠等谒见蒋介石似在13日之前,极可能是12日各组议案上交大会后的当晚,戴笠通过其特务处报送情报的渠道,得到蒋介石晋见批准。戴笠紧急拟定一份《建警方案》[①],率领王固磐、赵龙文、李士珍、徐为彬、沈觐康等特务处安插在警界的重要成员面见蒋介石,申诉对大会决议裁撤警察的不同意见。他们提出警察是现代法治国家的代表,保安团队只是地方武力,短期内不能完全信任。"寓警于团"的实质是加强地方力量,增强反蒋资本,威胁党国利益。加之特务处将在对日、对共情报等行动中,严重依赖各级警察机关,如裁撤县以下警察,特务处以及战时行政将在广大乡村失去抓手,严重威胁国民党的利益。正因如此,蒋介石才把警察机关交给特务处控制运用,这是戴笠能在短时间内说服蒋介石转变弃警态度的关键原因。

以上过程,笔者虽未找到相关印证材料,但在时以"内政部"警官高等学校校长身份参会的李士珍在散会后,提出效仿苏俄意德建立政治警察,"利用警察为夺取政权之先锋"的建议中,也隐约感到特务处在该会上使出浑身解数,争取到"裁团改警"结果的不易,和今后改造警察的决心。

1936年5月16日,蒋介石出席十省地方高级行政人员会议闭幕典礼,发表题为《建国的行政》的讲话,裁汰县以下警察的态度骤转,对代表们大谈警察在国家建设中的地位与作用:"现代各国对内维持秩序,确保安宁,对外防御外侮,维护国权的军事力量,只有三种:第一就是警察,是专为对内的;第二就是普通军队(即国防军),是专为对外的;第三就是宪兵,是兼负警察与军政两种职责之特种军队。"[②]对保安团队的评价则贬为"这三种力量之外,且带有浓厚封建色彩的畸形

---

① 乔家才.铁血精忠传:戴笠史事汇编[M].台北:中外图书出版社,1978:120.

② 张其昀.先总统蒋公全集:第一册[M].台北:中国文化大学出版部,1984:1038-1051.

的武力"①。其曰:"各地的警察,固然有很多情形非常腐败,不仅不能尽到职责,而且包庇罪犯,敲剥人民,做出种种的坏事;但是各地的团队,亦复如此。而且因为有刀有枪,作恶或许更多。"②可见,戴笠及其特务处此时在蒋介石心中天秤上的分量,远比警察这个"国家机器"来的重要。原本面临将被裁撤的县以下警察队伍在短短3天内,就又成为必须改良充实的国之重器,其背后的政治因素和战争压力也值得我们深思。

蒋介石将原有国民党法律中明确划归民权及地方自治的自卫武力收归国民政府的警政范畴,这与孙中山《建国大纲》中许诺民众施行地方自治的分权理论相悖,打破了国民党党义与其法律的限制,也与既定的地方主政官员的权力和利益相冲突。由"裁团改警"政策的出台,不难看出,蒋介石的独裁统治凌驾于法律和国家行政之上,也可见其将地方治安权力收归"中央"的野心。以戴笠为首的力行社特务处深谙蒋介石所想,借抗战之名,加强对地方警权的控制和掠夺。最终,此次会议中的警团存废提案以"裁团改警"决议的通过落下帷幕,蒋介石也根据自己对抗日战争全面爆发的预期,下达了各省保安团队要3年裁减完毕,所有经费移作办理保甲与改良充实警察之用的具体要求。

三、"裁团改警"出台原因

在蒋介石统治下的南京国民政府,政策的取舍和导向往往取决于独裁者。会议中几乎已成定案的"寓警于团"议案却在会议闭幕时临时改为"裁团改警"。会议中究竟发生了什么?什么原因导致了蒋介石态度的骤转?该问题引发笔者的思考与探究。

(一)节约经费的需要

南京国民政府成立后,百废待兴,经费拮据。警、团的经费来源虽然不属中央财政,但仍是影响地方财力支出的一个重要方面。国民政府在全国经济不振之时,还迫使各地为中央增加更多的财力支持,警、团职能重复,经费数量较大,一直为央地所龃龉,始终是中央和地方的关注之点。

就警察和保安团队的经费支给来看,各地保安团队的支出远超警察。所谓"团者,即保甲之法也;练,则必制器械、造旗帜、请教师、练壮丁,皆大有兴举,非多有钱文莫办"③。欲使保安团队发挥效力,其训练、器械、饷粮等均需大量资金支

---

① 张其昀. 先总统蒋公全集:第一册[M].台北:中国文化大学出版部,1984:1038-1051.
② 张其昀. 先总统蒋公全集:第一册[M].台北:中国文化大学出版部,1984:1038-1051.
③ 孟德. 我国保安制度的回顾及其在现阶段所负的使命[J].保安月刊,1936(6):8.

撑。就抗战前湖南一省而言,保安团队官兵为22400人,警官警察则为4850人,保安团队经费为4016440元,警察经费则为972469元。虽然保安团队统一于省后,较之以往减少很多滥收的经费,但各县难于运用,故湖南省各县为维持地方治安区间,除团队以外,复有义勇队、有枪义勇队,且间有枪特种兵团之组织,因之民众负担益增繁重。① 各地保安经费,按照来源,大致可分为二种:一为省保安经费,由省库拨给,专供省保安处及所属各直属团队之粮饷;二为县保安经费,由各县绅富捐项下开支,专供各县保安团队之使用。建立地方保安团队,本意为充实人民自卫武力,但亦存在诸多问题:(一)征收漫无标准,或竟有任意摊派者;(二)豪绅勾结官吏,避免捐派,转加贫民,或竟有从中渔利者;(三)扬言绅富捐解省,以欺骗人民,借以图饱私囊者;(四)绅富捐收入私囊,保安团队则延不成立,或竟有伪报成立团队骗上级者;(五)征收办法,既不呈报核准征收数目,复不分别公开。捐额则以多报少,队兵则以少报多,或竟有完全不报者。②

由上可见,保安团队经费巨大,民众负担深重。而据南京国民政府1936年的国家总预算所列各省市警政经费仅有300万元③,大致仅为一省保安团队的年度支出,足见保安团队与警察的经费支出之差距。对国难当头、经费拮据、被财政问题困扰的国民政府和各省市来说,经费问题也是考量团警取舍的重要因素。

(二)时局变化及政治考量

强化基层统治,稳定社会秩序,是南京国民政府完善建立保安团队制度最直接的目的。工农红军的发展壮大和根据地的不断扩张严重动摇着国民党的独裁统治。因此,反共防共、对抗土地革命成了南京国民政府的当务之急,保安团队制度的建立成为应时之需。随着保安团队力量的壮大,蒋介石出于对此力量的掌控,颁布《各省保安制度改进大纲》,试图将保安团队统一于国家,为其所用。但具体实施过程中不仅未能如愿,且出现诸多问题。保安团队集中于省后,虽然分驻各地,担任防务,但由于指挥权集中于省,各县县长遇有紧急情况无法调遣,呼应不灵。各地遇到流窜匪徒,既无权调动保安团队,又因警察建设不足而无力抵御,于是不得不借重保甲,挑选壮丁,别立组织,造成地方和民众的沉重压力。

---

① 陈玉辉. 警察与保安团队[J].广东警保,1948(1):12-13.
② 毅. 关于保安经费的几句话[J].保安月刊,1936(6):1.
③ 审计:本院训令:院字第五七二号(二十五年十月三日)[J].监察院公报,1936(101):28-29.

第五次"围剿"后,考虑到"剿共"暂告段落,保安团队最大作用似已完成。同时,1935年蒋介石整理西南诸省初见成效,觅得持久抗战的后方根据地,解除了全面抗战的后顾之忧。此时,蒋介石逐渐增强抗日底气和决心。为节约经费起见,保安团队的编遣事项提上日程。1935年,军委会与军政部会订《各省保安团队编遣办法》,确立了"保安团队每年编遣三分之一,三年完竣"①的原则,规定了保安官长的编遣方法,"原系现役军官者,由军事委员会他调服务;非现役军官者,分别训练为下列用途:选送中央军校深造为地方自治人员、地方警察人员、国民军事教官或助教、特业技术人员;品行恶劣者,遣戍边区,授地屯垦②"。然而,随着日本侵略的加剧,内患减轻,外患增长,此时社会主要矛盾发生变化。1936年,日本入侵华北后,国民政府为延缓对日战争,被迫签订丧权辱国的《何梅协定》,日军占领京津地区成为现实。蒋介石希望战端一开,大后方的民间武装力量能够为政府管制力量强化运用,成为组织有序的抗敌组织。然而,此时作为政府管制力量的警察队伍正在逐步削弱。蒋介石对警察作用有所认知,期望通过强化警察力量作为国家政治统治的重要手段,寄希望于建立一套强有力的警政体系来达到镇压进步力量、打击异己和强化控制的目的。因此,这一时期的警政建设需求高于保安团队的建设。由于牵涉各方利益以及全面抗战的随时爆发,保安团队这支庞大的队伍又不能立即解散,因此暂时将其放入警察队伍中,借"警"稳"保","警""保"互补。综上考量,蒋介石最终决定放弃"寓警于团",实施"裁团改警"。

(三)依托情报工作控制警权

由于德国、奥地利及意大利等国在极端独裁统治下,军事、经济发展迅猛,蒋介石充满对构建"法西斯"式的"现代国家"的向往。南京国民政府试图按照此模式对各级政权进行改革,以高度集权代替民众自治,试图让"政治权力可以随时无限制地侵入和控制社会每一个阶层和每一个领域"③。复兴社是以意大利和德国的法西斯党为样板成立的中国式法西斯组织。蒋介石利用黄埔军人秘密成立复兴社、力行社后,特务处处长戴笠等以对日、对共情报工作需要治安管理机关配合和掩护为借口,主张效仿德国法西斯,以"公开掩护秘密"为原则,试图通过

①　军委会与军政部会订各省保安团队编遣办法[A].中国第二历史档案馆藏,档号:773-1058:4.

②　军委会与军政部会订各省保安团队编遣办法[A].中国第二历史档案馆藏,档号:773-1058:4.

③　邹谠.二十世纪中国政治:从宏观历史与微观行动的角度看[M].香港:牛津大学出版社,1994:3.

相对可靠的国家行政系统的警察机关(警察网)便捷设置覆盖城乡的"情报网",采取"拉出来、打进去"等不断发展不受地方政府制约的警察组织。戴笠建议:"警察局是深入下层、统治人民最牢靠的组织,历来对其他公开机关有时可以放弃,而对于警察机关则不肯轻易放弃。"①由于警察可身着便装,行使逮捕、搜查、扣押等职权,特务们借警察身份行使权力,可为特务情报工作披上"合法"外衣。相比之下,受地方势力控制的保安团队明显存在信任上的问题,不能为蒋介石所用。蒋介石对"警""团"的取舍,反映出国内外形势的变化及其主要矛盾的转变。政治因素和"国家"利益决定了蒋介石对"警""团"组织的考量,也正是政治环境的变化和各方势力的要求,蒋介石在戴笠等特务处人员的劝说下,最终决定"裁团改警"。

(四)国家权力下沉的需要

国家意志的表现和政府政策的推行,全靠国家的统御权力来行使。警察以国家权力为基础,其警察权的行使应是国家意志的体现。中国传统乡村社会中,由于以儒家文化为基础的礼俗制度的根深蒂固以及国家权力在乡村的有限性,形成了稳定且长期存在的由内生权威衍生出的秩序结构。而乡村社会的封闭性和排他性,虽然在一定程度上保证了乡村社会结构的稳定状态,但也使得国家行政权力游离于乡村社会之外,无法深入,只能依靠"精英们"获取乡村资源。

南京国民政府时期,通过县政改革加大了国家权力的下延,试图摧毁传统的地方精英统治基础。南京国民政府统治前期,始终强调政府对地方自治的主导和监督地位,并且迟迟未恢复县级议事机构,地方士绅失去了最重要的政治参与机制。而地方士绅如若想继续参与并主导政治,掌握地方武力也尤为重要,于是保安团队这类民众自卫性质的组织开始出现。这些民间自卫武力,被在地方拥有权力、地位与声望的地方士绅牢牢操纵,他们始终尝试着通过掌握地方核心权力,从而形成一个能够持续不断获得利益的阶层。此时,不论国民党统治者抑或警政高层均意识到统治者的意志和国家治安管理力量在县以下基层的薄弱和不足,地方治安管理权多依赖地方自卫武装的现状难以从根本上改变,而国民经济又无法支撑组建一支遍及城乡的国家警察队伍。

而此时推行"裁团改警"政策,可以收回原来由保安团队、保甲、民团等代行的警权,将由地方士绅控制的地方核心权力收归中央。蒋介石试图通过该政策的推行,将大家日常所见之团丁改为警察,提升警察在乡村的见警率,从城市到乡村建

① 陈楚君,俞兴茂.特工秘闻[M].北京:中国文史出版社,2001:232.

立严密的"警察网"，以实现"全面介入"地方政治、行政和加强对基层管控的强烈愿望。但值得注意的是，"裁团改警"政策尚不能达到帮助蒋介石掌握地方全部治安权力的目的，因为乡村治安权力仅部分为保安团队所掌控。因此"裁团改警"政策如若贯彻落实，也仅能实现中央对部分警权的把控，客观上加大了国家和各级政府对基层的控制和影响力，增加了民众对过去依赖士绅管理的乡村治安管理模式到警察主导治安管理模式的认同感。

四、"裁团改警"方案设计

"裁团改警"议案在十省地方高级行政人员会议上通过后，"内政部"进行了具体研究，在特务处的参与下，拟订了今后一个时段的警政建设方案和实施细则。方案向"行政院"和国民政府呈报后，迅速得到蒋介石批准，《整理警政原则》《裁团改警办法》以及《保安警察干部训练规程》《各省市保安编余人员暂行处置办法》等一系列配套法规和措施出台。

（一）政策实施框架

按照十省地方高级行政人员会议对"裁团改警"及整理保安团队案的讨论意见，实施"裁团改警"有一个重要环节，就是要按照警察国家化①和现代化的标准，对目前形式不一的各种警察机关进行划一。在戴笠、王固磐、李士珍等参与下，"内政部"草拟《统一各省市警政纲要》。十省地方高级行政人员会议闭幕后的第4天，也就是1936年5月20日上午9时，行政院就举行"统一各省市警政纲要请核示案审查会"，出席人员只有内政部警政司司长李松风以及军政部、海军部、财政部、行政院、军委会的少数高级官员。经详加商讨，将内政部原拟的《统一各省市警政纲要》名称改为《整理各省市警政纲要》，并在此基础上拟具《整理各省市警政原则》。同年6月3日，经行政院第265次会议审议后，《整理各省市警政原则》又修正为《整理警政原则》。

《整理警政原则》除了对县级警察机关机构设置、警察素质、警察待遇及警察教育做出明确规定以外，对"裁团改警"问题也做出详细规定，要求"各省保安团队自二十五年度起，于三年内裁撤，所有保安团队职务逐渐由警察担任"，"逐年裁减保安团队节余之经费，移作各县办理保甲及改革警察之用"②。甚至，将裁汰保安

---

① "警察国家化"，指的是建立从中央到地方的国家警察体制，具体到警团关系上，要求必须简化地方武力机关，充实警察组织，避免机构和事权重叠。

② 行政院密令字字第一九八三号《行政院密令内政部整理警政原则草案修正通过》[M]//赖淑卿. 警政史料：第三册. 台北：台湾"国史馆"，1989：4-6.

团队过程中可能遇到的问题都予以明晰,如乡村未设置警察之地的保甲组织权限、保安业务范围、保安团队枪械的归属问题等。

《整理警政原则》颁布后,围绕全国十省高级行政人员会议的决议内容和内政部的实施意见,各地开始整理警政和保安团队。为督促各地落实,6 月 13 日,经行政院批准,内政部派警政司牵头召开整理警政谈话会,研究出一个综合有关部会意见的具体方案。参会人员有军政部总务司司长项雄霄,军务司司长王文宣,海军部总务司司长杨庆贞,内政部警官高等学校校长李士珍以及警政司司长李松风和科长蒋天擎。经讨论研究,初步确定江苏、浙江、安徽、江西、湖北、南京、上海等省市为贯彻《整理警政原则》率先进行整理警政的地区,其中沿江、沿海、铁路、各重要地带为第一期实施区域。① 从讨论内容及讨论结果可看出,《整理警政原则》是"裁团改警"和警政建设的过渡期的纲领性文件,对抗战和战后警政建设均有重要影响,也是李士珍及中央警校拟定的战后《五年建警计划》和内政部《警政建设五年计划》的基础。

(二)具体操作办法

1936 年 6 月 6 日,在《整理警政原则》颁布的同时,行政院以第 3492 号密令向各省颁发《行政院为地方高级行政人员会议决定限期裁撤保安团队以及经费办理保甲及警察之密令》确定了"裁团改警"的 6 项办法,以下简称《裁团改警办法》。

该办法第一项明确要求"现有保安团队限于三年内分期裁撤,以其经费移作办理保甲及整顿警察之用",此为"裁团改警"政策的精髓之一。第二项规定了"保安团队之素质优良,武器完备,教育完善者,可改编为保安警察队,归入警察系统之内,作为特种警察。"②这一项的规定则将保安警察列为警察机关的警种之一,这和周亚卫在十省地方高级行政人员会议上的提议不谋而合,同时强调必须是优良的保安团队队兵才能编入警察序列。由上可见,《裁团改警办法》要义有三:一是明确裁撤保安团队;二是以裁撤保安团队的经费,充作建警之用;三是以保安团队合格官警改充警察。然此办法第 6 条规定了裁撤期中的保安团队仍遵照《各省保安制度改进大纲》切实训练,区保安司令仍有调遣分配之权。此条内容含糊不清,极易造成误解,其意似为裁并保安团队初期的缓冲之策,有与"裁团改

---

① 内政部关于二十五年度整理各省市警政经费预算的文书[A].中国第二历史档案馆藏,档号:12-6-5389:9-12.

② 行政院为地方高级行政人员会议决定限期裁撤保安团队以及经费办理保甲及警察之密令[A].中国第二历史档案馆藏,档号:773-831:3.

警"相悖的意思表述。此后各省份在该内容之下,千方百计延缓保安团队的改警进程,成为推行"裁团改警"政策的阻碍。

《整理警政原则》和《裁团改警办法》是"裁团改警"政策推行的指导性文件。《整理警政原则》是从警察国家化的立场上,对警察队伍未来一段时期的发展走向进行规划,将保安团队转警作为警察队伍发展的一部分,对其做了原则性规定。而《裁团改警办法》则是针对裁保安团队改编为保安警察队的具体办法的说明,具有针对性。

(三)教育训练权归属

继国民党中央确定"裁团改警"政策后,依照《裁团改警办法》第二条的"保安团队之素质优良,武器完备,教育完善者,可改编为保安警察队,归入警察系统之内,作为特种警察"①的规定,保安团队改编为警察,关系到社会治安稳定,而改造保安团队为保安警察队,必须进行充分的警察训练。如何将保安团队"团兵"训练成具有初级警务技能的武装警察,并使其具有战时警察的知识及能力,是"内政部"和各省警政部门迫切需要思考解决的重要事项。

1936年9月,内政部经与有关部门会商,订颁《训练团队干部改充警官办法》。为保证改充警官的质量,蒋介石指示由特务处控制的中央警官学校负责训练即将改编的团队干部。由丁此时中央警校在南京马群新校区面积较小,基建尚未全部完工,除正科学生进驻外,无法接纳保安团队干部转警训练,需要增拨大量经费扩建校舍、聘请教官。蒋介石于次月9日电令内政部:"保安团队的警察训练,由海会特训班②统一办理,由内政部中央警官学校派员参加协助。"③不久增扩的校舍竣工,戴笠担心保安团队干部转警训练权被军方取代,连续致电蒋介石,要求"抽调各省保安团队干部加以警察训练一案,准予仍归中央警校办理"。直至次年3月,蒋介石才松口"关于团干警察教育,归警校办理可也"。①

训练各省保安团队改警事宜归属中央警校负责后,1937 年 3 月 30 日,内政部警政司牵头,召集军委会、军政部、中央警官学校等相关部门参加研讨会,会商关于保安团队干部警察教育事项。② 经过数次会议,讨论制定了《保安警察干部训练班规程草案》,并拟具《团队人员投考中央警官学校学生班办法》。次月 21 日,内政部部长蒋作宾签署部令,令各省保安团队于 5 月底前填报《各省市保安团队军官调查表》,呈送中央警官学校汇办,并规定保安警察干部训练班于 9 月正式开训。

由于各省保安团队干部人数较多,转警训练成为长期性任务。同年 5 月 12 日,内政部颁布《保安警察干部训练班规程》,规定了中央警官学校设立保安警察干部训练班,以及学员的选录办法。其中,第二条规定:"由各省市政府各就现有保安团队干部年龄在 35 岁以下,品行端正,绝无嗜好,体格健全,仪容端庄,并具有在中央军校,或各兵科专门学校或其他国内外军官学校 1 年以上毕业者;各省讲武堂 1 年以上毕业者;国内外专科以上学校毕业;曾在军事训练班、省团干班或特训班毕业者,中央各部会,或教育机关及各省主办之军事学校或训练班 6 个月以上毕业者资格之一者,选送之。"③并规定了各省市选送学员,需经中央警校考试后入班受训,考试科目包括检查体格、笔试(党义,国文,军事学)及口试,并明确了学员修业期限为 6 个月和 8 个月或 1 年 2 种。从学员选录办法中可以看出,保安团队干部初期的选送资格是较为苛刻的。各地均反应各省保安团队干部很多仅仅出身团干班或特别班,且多是中学毕业,专科以上学校毕业的少之又少,更勿论中央军校或各兵科专门学校毕业。因而军事委员会、军政部、内政部、中央警官学校后经开会决定降低门槛,"凡中学毕业现在团队服务已达 3 年以上,著有成绩,经证明属实者,准予投考中央警官学校学生班,以资救济"④。

在中央警官学校团队干部训练班尚未开班之前,一些地方由于集中调至南京中央警校训练暂无定期,试图先行抽调优秀官兵,由省内自行设班训练。如

---

① 中央警官学校保安团队干部训练班一九三六年度追加概算及有关文书[A].中国第二历史档案馆藏,档号:12-6-4470:4.
② 中央警官学校保安团队干部训练班一九三六年度追加概算及有关文书[A].中国第二历史档案馆藏,档号:12-6-4470:4.
③ 保安警察干部训练班规程[J].中央警官学校校刊,1937(5):353-355.
④ 熊式辉,廖士翘. 公牍:保安:江西省政府训令:保一卫字第五五八八号(中华民国廿六年五月廿七日)[J].江西省政府公报,1937(819):9-12.

江西省在 1937 年 4 月 26 日呈请内政部选派警政专门教官前往本省担任训导,帮助设班训练警察学识。内政部警政司并不赞成,回复"保安警察干部训练班开学日期,已定于二十六年九月,此项保安警察干部训练,中央既定有统一办法,并经会院通令在案。贵省自应遵照办理,似无另行设班训练之必要。至保安团队兵士如欲施以警察训练,亦应由警察教育机关负责办理。贵省警察训练所成立在即,该项团队士兵,似可由该所统一训练,毋庸另行开班暨由本部选派教官担任训导,借以节省开支统一教育之效。"①其实质是特务处欲借此机会对长期受制于军队和地方的保安团队干部进行甄别控制,建立在保安团队体系内部的联系网。

内政部于 1937 年 6 月 7 日拟具《保安警察干部训练班第一期学员选送办法》。一共 12 条,对报到日期、成绩标准,以及膳食服装等项都做出明确规定。②但在实际训练中,各省市保送学员不踊跃,其效果人数并不如预先估计的 7/10 的军官可以经训练转警。由于训练时间的拖延,其中很多具备军事能力的军官被军政部门吸纳,李士珍曾向"内政部"专门报告该情况。由此可见,训练团队干部是"裁团改警"的先期措施,本该 1936 年立即施行,但直至 1937 年 3 月,此事已过 10 月有余,才确定训练机关。因此可见,"裁团改警"从中央决策至落实多有贻误,保安团队中优秀的人才多被军政部门吸纳。

(四)编余人员救济办法

《裁团改警办法》规定保安团队于 3 年内裁撤,且按照"内政部"原有设计,"三年后,各省警察之名额,应较现有保安团队名额,及现有警察名额之总数,至少减百分之三十至四十"③。保安团队编余人员的去留引起各省市政府高度关注,如若处置不当,很有可能引发社会不安定因素,甚至由兵变匪,为祸治安。因此各省市保安机关都纷纷呈文,以编余军官请求设法安置,或保送入学,或免除流离失所等。为统筹各省市待遇一致,1937 年 5 月 1 日,行政院第 412575 号训令和军事委员会高四字 888 号训令颁布实施定《各省市保安团队编余人员暂行处置办法》。

《各省市保安团队编余人员暂行处置办法》共计 10 项,其主要有 3 部分内容。一是规定"各省市保安团队编余人员经核委有案并曾在正式军事学校毕业

---

① 警政:保安团队训练警察学识事项[J].内政公报,1937(5):209.
② 省政府训令:民保一编字第六一七四号[J].安徽省政府公报,1937(829):22-27.
③ 行政院密令字第三三一六号《行政院密令内政部再拟统一各省市警政纲要办法》[M]//赖淑卿.警政史料:第三册.台北:台湾"国史馆",1989:1-4.

任保安团队职务三年以上,品行纯正,体格强壮,著有特殊劳绩者,得由各省市政府择优呈请军事委员会及行政院核准保留候用酌派服务"。这条内容规定了保安团队编余人员予以保留使用的资格。其次规定不符合第一项规定的人员,依各省市保安团现行饷章定额及其编余时的薪级标准给以 1 个月或 2 个月的遣散费,给予遣散。三是规定"各省市现存之保安团队遇有缺出应尽先就各该省市附员中遴选补充"①。各省市保安团队分批裁撤,其过程中保安团队虽然停招,但仍然根据各地实际情况进行增补,"裁团改警"政策在此情此景下是极难一蹴而就的。

随后,"行政院"又颁发了《各省市保安团队非军校出身之编余官佐及兵夫救济办法》,对非军校出身的官佐和编余士兵,分别给出具体救济措施。比如,对于编余官佐,除了自谋生活者以外,区分四种方法进行救济:(一)划定屯垦区域授田,使其垦殖;(二)施以生产教育,使退伍后,能自食其力;(三)选送乡村自治人员训练班训练后,使担任乡村自治工作;(四)病老残弱不堪服务,生活又无法维持者,应尽先设法收容于慈善救济处所。对于编余士兵,给予退伍证,并在地方登记,他日募兵之时优先征募。对于 20 至 25 岁,身体强壮且识字,而且自愿服常备现役者,预先通知军政部,遇到部队缺额,作为选补。其他不愿服役或老弱不堪服役,由地方提供筑路、浚河、垦荒、戍边或由各省统筹地方财力进行救济。②

由于保安团队人数众多,改编难度之大毋庸置疑,各省市也都提出了自己的困难。在裁改过程中,国家虽然对于教育训练、救济办法有所规定,但其他相应配套设施,如较为重要的经费问题都未曾在国家层面给予统一规划,更未拨款予以实际补助,这也是"裁团改警"措施实施不利的原因之一。

(五)各地"裁团改警"计划

按照《裁团改警办法》规定,保安团队分期裁撤的具体办法应由各省政府拟具并于1936年8月底前呈报行政院核定。江苏省、山东省、河南省、甘肃省、宁夏省、青海省都将"裁团改警"编入《整理警政三年计划》之中,计划分年实施。现将各省计划及"内政部"核复建议中与"裁团改警"政策相关内容列表如下。

---

① 法令:各省市保安团队编余人员暂行处置办法[J].警察杂志,1937(37):86-87.
② 法规:各省市保安团队非军校出身之编余官佐及兵夫救济办法[J].浙江省政府公报,1937(3013):1.

表3-5　《各省整理警政三年计划书》及"内政部"核复要旨中"裁团改警"内容汇览①

省别	整理计划要点	"内政部"核复要旨
江苏	行政方面,包括调整警察组织、增设保安警察队以增厚地方警察力量;训练全部官警;推行警管区制;整理枪械;提高待遇;限制任免升降;厉行督察;举行定期检阅九项内容。其中,在"增设保安警察队"一项,提到"各县保安队现有大队35个及独立中队各6个,依《整理警政原则》第一项之规定,选拔原有90个中队,改编为各县保安警察队,并受各该管行政督察专员之指挥调遣。至原有省保安团四团,除仍扼要驻防以资策应外,应俟各县警察组织改造健全后,另订办法。"在"整理枪械"的内容中,因各县长警装备不齐,少有枪械,因此要求各县保安队改编后,所有枪械分别支配于保安警察队及行政警察。 　　教育方面,计划在省内设省警察训练所,由民政厅厅长兼任所长,内设行政警察班、警长班、警官补习班和特种训练班;在各区设1区警察训练所,由行政督察专员兼任所长,内设保安警察班,专司保安警察的培训。 　　经费筹划方面,包括教育费和行政费。教育费的来源主要来自县保安队的结余款,以及指拨各县警察及保安队的经费。其中,各县保安队合计全年经费实支数为250余万元,除拨充改编之县保安警察队经费外,每年节约60万元,另有分期抽调各县现役普通警2000名、保安警察队长警1600名,入所受训时,其原支饷项及服装费,应一并移充受训经费,年30余万元,共计90万元。行政费方面,年共约需警费660万元左右,除以各地方原有公安费年计330余万元及保安队经费250余万元,总计580余万元抵支外,年不敷七八十万元,拟以整理房捐收部分年计约10万元弥补,仍不敷七八十万元,但在教育未完成期间,前述保安队节余款约60万元,不能腾出补助各地方警察行政费,而每期训练毕业之员警,应随时分发指定地方警察机关,按照本计划次第实施改革。教育、行政两项不敷费用,拟请中央分别酌予补助	"内政部"给出的6项审核意见中,4项均涉及保安团队改编警察的相关内容:(一)要求在《整理警政三年计划》的目的中增加保安团队裁撤内容,即各县及省保安团队须于3年内全部裁撤,依户口多寡、面积大小及社会情况,配置警额,借以增厚警察之实力。(二)在增设保安警察队部分,应增加分年裁减的详细计划,以及分年裁减的团队人员数量,另认为省属保安团4团也应统筹裁减。(三)在教育部分,为节约经费起见,认为原定计划中设省警察训练所,每期抽调警官及保安警察干部警官训练,按照中央规定,全国保安团队干部训练由中央警校统筹办理,省内无须设班补习。(四)在经费筹划方面,江苏省拟请中央补助经费部分被驳,要求"于裁减保安团队案内妥宜筹补办法"

①　各省整理警政三年计划书汇览:民国二十五年[M]//转引自赖淑卿. 警政史料:第三册.
台北:台湾"国史馆",1989:6-38.

省别	整理计划要点	"内政部"核复要旨
山东	第一年度计划主要包括 8 项主要内容,分别是归并地方武力,巩固警察基础;划一公安局名称,充实警察实力;厘定公安局编制;补充警察经费;慎选警官,并规定升补办法;加紧训练,提高长警程度;淘汰不良长警,严限募补办法;筹设警察学校。其中在"归并地方武力"一节中提到:"查现时维持地方治安之武力机关,有保安团队、保甲、民团、聊庄会、警卫队、乡农学校、公安局等,名称不同,组织各异,甚至一县兼有数种组织,财力分散,遇事推诿,人民苦于负担,社会仍无宁岁。在维持地方治安之机关,应专用警察,将其余武力机关,悉数并入警察,以收事权统一之效。"在"划一公安局名称"一节,称"应规定各省市县一律定名为警察局,局以下设分局、分驻所、派出所,将裁撤武力机关之枪弹用具,悉数拨归应用,以充实力。"在"厘定公安局编制"一节中,指出现有各地公安局编制鲜能及于乡村,计划就各县情势需要,规定警额,分驻各乡村卫要区域,设总局于县城,保留保安警察维持城防。在"补充警察经费"一节,提出"地方武力既经归并,节余各项经费,全数拨充警款。" 　　第二年度计划包括 3 个方面的内容,分别为划定全县各区警段;多用巡逻制,减少守望警;注意外勤警务。 　　第三年度计划包括 6 个方面的内容,分别是筹设科学设备;提高警察职权;慎重违警人犯之处理;严定奖惩办法;组织警务视察团;确定警官服务保障办法	内政部的审核意见包括 9 项内容,其中 6 项涉及第一年度计划,其中涉及"裁团改警"的内容几乎都被指摘,如指出"该计划第一年度第一项仅系表示原则,至于如何将聊庄会、民团等并入警察,未经具体说明,似欠明了"。另外指出"第一年度第二项后半段,规定将裁撤武力机关之枪弹,悉数拨归公安局应用自属可行。惟如何整顿、修理、调换、补充,俾枪弹种类、口径渐归齐一,以重实力,而利治安,似应分别计划"。另附"行政院"令:"应准照办,惟原计划第一年度第一、第四两项,与分期裁撤保安队有关,究竟该省现有保安团队、聊庄会等项编制,内容如何,每年省县经临各费支出若干,如何分期裁减,以及逐年裁撤节余经费如何支配,应即遵照会院第三六零一号通令,迅即详细列表具报,并妥拟计划呈核"

省别	整理计划要点	"内政部"核复要旨
河南	整理经费部分,包括 4 项内容,均涉及"裁团改警"。(一)本计划整理警察经费,以现有警款及"行政院"3601 号密令指拨款项充之。(二)在整理之三年期内所需经费,不得超过各该年内遵照令定可得裁除之经费、各县现支警察经费及现有本省保教节余费之总额,除去保甲经费之余款,如有不敷,得将分年实施计划酌予延长,所有指拨整理警察各款,不分省款、县款一律解省,作整理警察专款,统一支出。一俟整理完竣,省款归省,县款归县,在整理期内节余之款,作为警察事业费、警察建设费,及整理省会郑州并其他直属各公安局之用。(三)在整理期间新设警察局所以及保安警察队经费,以各该县原有警款尽先移充,其不足之数,由整理警察专款拨充。(四)在整理期间,警察训练所及警察实验区经费,均由整理警察专款支给。 枪械部分,规定所有保安警察队记警察局所之枪械,均遵"行政院"令指示办法补充之。据此,河南省政府上呈的文件中列明:"查本省原有保甲经费,省款年仅 116 万余元(保安处经费不在内),县保安经费年仅 361 万余元,兹拟于整理期间之 3 年内,各县原有保安县款,仍照旧征收,连同省款,遵照院令分年裁减比率,逐年转拨办理警察保甲之用,俟保安团队 3 年裁竣后,仍照原有保安县款之附加率改征警察保甲附加,连同省款全部,全数拨充保甲及警察费用,再加各县警察经费每年 73 万余元,合计 551 万余元。除应支保甲经费全年 268 万余元,壮丁训练费约 38 万元,共 306 万余元外,所余整理警察之款,连各县现支警察经费在内,年仅 244 万余元,实属不敷分配,保安团队裁撤后,各县地方武力,端赖警察,其组织及人数不得不相当扩充,草案所拟,已属无可再减,如警察月饷遵照法令规定,至少须在 10 元以上,经费不敷甚巨,经一再筹议,为适合经费收支实况起见,不得不将警察月饷列为 8 元至 10 元 3 级,本省生活程度较低,原有各县警饷,月仅五六元,如此规定,以警饷 10 元为最高额,虽与整理警政原则第六项略有出入,但较现支警饷所增已多,当可推行尽利。再查会院第 3601 号会令所示第三、四项原则,省款预算内所列之保安及公安经费,应作为办理省及专员区之警察行政及保安警察经费,其现有各县保安经费,则充各县保甲及改进警察之用,自应遵照。惟本省保安县款年仅 361 万余元,除去保甲经费 306 余元,仅余 50 余万元,以之整理各县警察,收效至微。而省会公安局现有组织尚可应付,保安团队裁撤后,各县警察之整理,实较省会尤为切要。且证诸事实需要,各县不可不有县保安警察队之组织,故拟酌予变通对省款县款之用途,不做显明之划分,如省款有余,仍得补助县款之不足,并以所余经费尽先整理各县警察,其裁余县款之收支,亦不以县为单位,一律解省由省统收统支"	"内政部"核复意见中指出,查该省政府所请在整理期间 3 年内仍照旧征收保安县款,连同省款遵照院令分年裁减比率,逐年转拨办理警察保甲之用各节,系为适合地方情形起见,似属可行

省别	整理计划要点	"内政部"核复要旨
甘肃	在"分期裁撤保安团队"一项,甘肃省按照 32 县,分别规定每年裁撤的县。甘肃省规定 1937 年 1 月至 12 月裁撤榆中、定西、永登、通渭、甘谷、秦安、金塔、安西、鼎新 9 县;1938 年 1 月至 12 月裁撤靖远、平凉、华亭、化平、隆德、庄浪、崇信、泾川、武都、康县、两当 11 县;1939 年 1 月至 12 月裁撤固原、海原、庆阳、环县、正宁、宁县、镇原、灵台、天水、成县、文献、征县等 12 县。 在"分期编设警察"一项,分为两种情形筹办警察:(一)设有保安队县分应于保安队裁撤后,自行编设警察,其一切警察职务之进行,应由警佐秉承县长之命令指挥各区署,督同保甲人员办理之。(二)未设保安队县份自 1937 年起至 1939 年年底止,一律按县份之大小,照规定之标准,设立警察,其筹设先后按地方治安情形,社会经济状况定之。 在"警察编制与组织"一项,规定乡村地方由各该县区署督饬指挥各保甲人员代行警察职务(但限于保安责任),使保甲组织与警察力量达成一片,以期构成全县警察网	在"内政部"的复核意见中指出,甘肃省原来设立保安团队的地方较少,因此裁编政训的困难也较少,因此裁撤保安团队,编设警察,不用分县分年办理,可以提前办理。
宁夏	第一年度,计划开展 7 项整理工作,分别为缩编各县现有保安队、护路队等;厘定各级警察机关组织;甄别现有警察官佐长警;增设警察训练员;筹设警察训练所;统筹警察经费;整理各级警察机关械备。其中在"缩编各县现有保安队、护路队"这一部分,提出酌量地方情形,先行缩编半数,至缩编经费,拟拨充各县整理警察开支。在"整理各级警察机关械备"一节,指出省警察机关(除省会公安局)现有枪弹,种类复杂,锈残不堪,拟派员前往点验,先将现有枪弹,分类登记,并将残损枪支修理,再按照枪弹种类配为一律,拨发领用。 第二年度整理警政计划中也相应包括 7 项整理内容,分别是裁撤各保安队;增设警察所于各县重要市镇;施行保甲代行警察业务于未设警察机关之乡镇;成立警察训练所;提高警察待遇;施行警官补习教育于警察训练所;选送警察教育补习班。其中,在"裁撤各县保安队"一节,明确指出本年度内所有保安团队、护路队等分期裁撤,地方治安统由警察机关负责。 第三年度整理计划中包括 5 项内容,分别为试行警官区制;实施警长、警士常年教育;厉行警察人员考绩;保障警察人员并实行年功加俸;充实警察械备。在"充实警察械备"一节,指明各级警察机关,除将现有枪弹修理分发领用,并将编余各保安队之枪弹加以补充外,不足之处再设法购置。至于购枪需费,斟酌警察经费状况,分年添购,或将各保安队编余经费移作购置,以期警察械备充实	"内政部"核复意见中,指明二十五年度计划中所列"将各县原有之保安队、护路队先行缩编半数"可以推行,但是缺乏所编县份的名称以及缩编后地方警务如何开展的详细计划。二十六年度计划中关于裁撤各县保安队一节,应将裁撤县份数目具体列明

省别	整理计划要点	"内政部"核复要旨
青海	在第一期整理事项中,青海省说明除西宁县公安警察职务由省会公安局兼负外,其余如乐都、互助、民和等地公安局,皆因经费困难,其警士人数最多之县局20余名,而每月经费,又多来自民间,人民不堪其累。又因"防共",各县皆有保安团队驻军防务,为减轻农民负担,各县少数警士,有些已经裁撤。除大通、湟源、贵德、宜源等4县公安局早已裁并,乐都警士裁留一半,由县政府设科办理警察外,其他各县公安局,于1936年5月暂行一律裁撤,改由各该县政府兼办,原由民间摊派之公安警察费全部豁免。结合本地实情,按照"内政部"颁发的《整理警政原则》,除省城已有省会公安局,并仍兼西宁县公安警察职务外,将省属腹地各县公安局恢复,各该县保安团队一律裁撤,所有保安职务,按照原则第一项之规定,改由各该县公安警察担任;乡村警察按原则第四项之规定,由当地保甲代行职务,以保安业务为限,不得处理违警案件。第一期内恢复县公安局,临时酌量情形指定之。另外,因各县保安团队经费皆临时筹措,并无余款,因此无经费移用问题。 在第二期整理事项中,指出本期内未经恢复之各县公安局一律恢复,各县保安团队一律裁撤,保安团队职务,由各县公安警察担任;乡村警察,由各当地保甲代行职务。并按照原则第五项之规定,将各级公安局原有警士甄别训练,择优录用,随时招收高小毕业者,逐渐抽补,提高警士程度;及原则第六项之规定,将各级官警分别优劣,予以淘汰,酌加警士月饷,提高警察待遇。 在第三期整理事项中,要求应将原有未设有县公安局之各县,体察各该地情形,酌量事务之繁简,筹设县公安局,酌定警士人数,各县保安团队一律裁撤,所有保安团队及乡村警察职务之负担。在此时全省各县公安局,一律设立完竣,各县保安团队,均已裁撤,所有各级警官,除由中央分期抽调训练外,并按照原则第七项之规定,在省城筹设警官训练班。至于各局警士教育,按照原则第八项之规定,呈请中央派遣教务主任协助进行,以期警察教育之统一。再青海省军用枪械,素感缺乏,所有保安团队,皆大刀长矛,并无枪械。在本期内各县保安团队裁撤后,按照原则第九项之规定,是无从拨归,警察应用之枪械,拟一面由省政府统计各局官警人数,呈请中央拨发枪械,以期统一,而利警政	在"内政部"的核复意见中指出,青海省政府拟定的《警政三年整理计划》内容多属于原则方面,至于各期内对于已裁撤之各县警察机关如何恢复设置,保安团队如何裁撤,其分期恢复及裁撤者具体县份有哪些,并无详细计划,应具体拟定

续表

省别	整理计划要点	"内政部"核复要旨
贵州	计划包括 10 项内容:设置县警察局警察所及重要乡镇警察派出所;筹设各行政督察区警察训练所;补充全省警察服装及枪械;续办省会警察训练厅;筹办警官讲习班;考送中央警官学校学员;设置各县消防器具;扩充省会消防警察队充实消防器具;设置省会警察局车巡队及骑警队;增设省会警察局指纹室及设备检验指纹器具。其中,至于枪支一项,在第二年及第三年内本省保安团队已逐渐裁编完竣,即照行营颁行《整理警政原则》第九条之规定将保安团队所余枪支拨归警察厅用,故不支补补助经费①	

　　以上 6 省呈报的《整理警政三年计划》中,各省大多从警政建设全局出发,"裁团改警"仅作为其中部分内容,且无具体实施细则。其原因不难分析:对于各省而言,改良警察素质、改善警察教育、增进警察待遇、充实警械等事项仅涉及警察一个部门,实施较为容易。而涉及"裁团改警"事项,则需和省保安处、保安司令部及地方政府协调,疏属不易,难以具化。而在"内政部"的战略考量中,"裁团改警"是整理警政的先行举措,因此需要各省在组织编制、经理事项以及装备械具上提供详尽计划。

　　江苏省的《整理警政三年计划》从行政、教育和经费筹划 3 个方面对警政发展做了规划。计划中简略提及"裁团改警",但与《裁团改警办法》相悖。如"各县保安队……,改编为县保安警察队,并受该管行政督察专员之指挥调遣。至原有省保安团,……应俟各县警察组织改造健全后,另定办法"。② 由此可见江苏省政府对保安队,尤其是对于已经集中到省的保安团的指挥调配权不愿放手。同时,江苏省还觊觎保安团队改警的教育权,计划在省内培训保安警察,以培养可供省内使用的保安警察队警官。从"内政部"核复意见看,江苏省的计划问题较多,且主要围绕"裁团改警",要求江苏省围绕"裁团改警"的具体内容做详细计划,同时也驳回了其在省内开设改警培训的请求。

　　山东省在《整理警政三年计划草案》中明确将维持地方治安的地方武力全部并入警察,比"裁团改警"范围还要大。在该省计划中,虽然"裁团改警"只作为警

---

① 贵州省政府整顿警政三年计划纲要及请补助整理警政经费的文书[A].中国第二历史档案馆藏,档号:12-6-5416:2.

② 各省整理警政三年计划书汇览:民国二十五年[M]//赖淑卿. 警政史料:第三册. 台北:台湾"国史馆",1989:6-7.

政建设计划中第一年度计划的一小部分被提出,而且没有具体实施细则,但总体来说能看出山东省对于"裁团改警"政策有所支持。究其原因,除了提高行政效率、节约经费的因素之外,更为重要的原因是,山东省地方势力强大,保安队、民团等地方武装作为抵抗日本势力对鲁中、鲁东、胶东侵犯的主要力量,为地方士绅把控,用与地方政府抗衡。由于山东省相对独立于南京国民政府管控,时任省主席的韩复榘考虑如将其统一并入警察,可增强本省对地方武力的控制。

河南省是"裁团改警"政策的积极响应者。由于河南省属于共产党红色武装活动的主要省份,亦属于国民党"剿匪"重要区域,其保安团队的建设属于前列,率先完成统一于省的工作。随着保安团队逐渐统一于省,各县乡"剿匪"机动力量削弱,且由于警力的薄弱导致地方武力空虚。而1936年爆发的旱灾,更导致农村经济枯竭,经费缺乏。河南省亟须"裁团改警"政策来增加地方防务,同时减少"公安"经费给地方和人民带来的沉重负担。观其呈报的《整理警政三年计划》分6期,计划内容相对翔实,在涉及"裁团改警"方面,主要体现在办理警政经费方面的困难。裁团后的经费应全数用于保甲和警察建设,保甲占去绝大部分经费,余下用于警察的部分,不区别省会城市和县以下,提出对省款县款之用途,不做显明之划分,符合实地情况,具备可操作性。

而甘肃省、宁夏省和青海省呈报《整理警政三年计划》均较为简单,因设立保安团队的地方较少,因此在计划中多不涉及"裁团改警"内容。从"内政部"的批复来看,对各省整理警政计划的意见多涉及"裁团改警"的具体实施方案,极大展示出"行政院"及"内政部"对"裁团改警"工作的重视。

除以上所列各省之外,浙江省于1936年11月上报《整理警政计划》。① "裁团改警"政策在浙江省的落实得到了省长朱家骅和保安处处长宣铁吾的支持。浙江省改警后的县保安警察队指挥权归各县县长,保安警察队长的委任权收归省府,但是县长有罢黜之权;而省保安处享有各县保安警察队的统一调配权。② 由上可见浙江省的"裁团改警"工作兼顾了省政府与保安处双方的利益需求。

而安徽省较为特殊,安徽省位于中心腹地,抗战地位重要,且日军侵占华北,形势紧张,安徽省政府遂请求行政院和军委会,暂缓裁改省保安团队,得到批准。1937年6月,因国民党军队移驻安徽省,"裁团改警"政策继续推行。省主席刘尚清是"裁团改警"的支持者,在其主导下,安徽省推出一系列"裁团改警"实施细

---

① 警政情报:浙保安处长谈改进本省保安制度[J].警察杂志,1937(34):78-79;浙省整理警政充实警力[J].浙江自治,1937(29-30):15.
② 浙十五保安大队决改编保安警察队:由县指挥由区调度,定四月一日起实行[J].警察杂志,1937(36):73.

则,无论是改编程序,还是编余人员的安置,抑或经费整理,均严格按照行政院、军委会以及内政部规定办理,较为典型。

为减轻人民负担,减少摊派之弊,安徽省决定仿照浙江办法,按省款县款为划分之标准,其原由省款编练之保安队第1、2团,暨1个特别大队,仍予保留,暂不改编。此外第3团至第12团,均出于县款,一律改成保安警察队,归还各县,划清界限。为贯彻落实"裁团改警"工作,安徽省拟定《保安队改编警察队各款办法表册》《保安队编余人员安置办法》及《结束以前保安经费办法》3种,并定于1937年7月1日实行改编。

办法一:《安徽省保安团队改编保安警察队办法》

《安徽省保安团队改编保安警察队办法》共13项内容,其中规定省府"除第一第二两团及一特务大队系属省款暂不改编外,其余原有保安各团队一律按下列步骤改为保安警察队"。在改编步骤上,明确了保安警察队平时仍受县长指挥调遣,遇事则由区保安司令部指挥调遣。另外将保安警察队的人事经理事项交由省保安处负责处理,实质上仍赋予省保安处极大权力。但作为救济,规定"各专员县长对于各级队长之不职者,得随时呈请撤换"①。该办法与浙江省改警办法类同,最大程度顾全了省政府的权利,杜绝了地方士绅把持操纵保安警察队的可能。综上,安徽省此次改编办法,一部分留省,一部分还县,给予各专员指挥调遣权,此乃均衡省县双方利益,以达既能巩固地方防务,又能实现权力集中于省的目的。经改编,安徽省共编设保安警察10大队,52个中队,分驻各县,受区司令及各县县长指挥,维持治安。其保留了保安1、2两个团及1特别大队,仍直辖于各省。此次改制,编余官佐600余人,士兵数千人,年节省经费百余万元。

办法二:《安徽省保安团队编余人员暂行安置办法》

按照中央颁布的《各省市保安编余人员暂行处置办法》,安徽省结合本省实际情况,编订《安徽省保安团队编余人员暂行安置办法》,共7项内容。其中,第4条规定了各级人员除成绩不良或精力已衰者,除了按照中央文件规定进行遣散之外,其余"在本省设置警官训练班,或保送中央警校,分别受训,毕业后仍分派警察队,按照原资优先任用"②。安徽省非常重视编余人员的安置,除了按照中央规定办理,将安徽省各保安团团长安置,对其余各军官亦予以尽量安置。同时,安徽省组设训练班,和中央警训班共同承担保安团队转警训练。但对于士兵之编余者,救济方法未做详细规定。

---

① 纪事:本省定期实行保安团队改警[J].安徽政务月刊,1937(29):146-148.
② 纪事:本省定期实行保安团队改警[J].安徽政务月刊,1937(29):146-148.

办法三:《结束以前保安经费办法》

安徽省还对保安团队改警工作结束前的保安经费办法做出详细规定,遵照1935、1936年度的预算规定,由稽核委员会依章审核。对于未收款项限期扫解,盈收款"一律准予留县"。[①] 按照规定,1937年之前的保安团队薪饷由省核发,自1937年1月起,保安经费由各县支给。该办法相对明确地规定了保安团队经费的来源去向,各省应当于1936年底前一律结清保安团队应发饷项。

虽然"行政院"颁行《整理警政原则》要求各省3年内完成"裁团改警",但各地实施情况不同,且因为抗战所需,大体分为4种情形:第一种是政治核心区,坚决并迅速落实,如苏浙等地;第二种是地方政府出于自身利益考虑,赞同"裁团改警"计划,如鲁、豫、皖等地;第三种为如期推行,但执行上大打折扣,如贵州、两广、甘肃、青海等边陲地区。贵州省保安团队自1935年成立以来,抽取绅富捐作为保安经费,问题很多,已于1936年7月停收,并经讨论,未来1年,由行营拨发5万元作为资助。但由于资金所限,行营准予贵州省在1936年度暂缓裁减。[②] 而两广地区,民团等民间自卫武力根深蒂固,且"裁团改警"也为节约经费,因此他们只能因地制宜。第四种由于主政者的政治倾向,从主观上就从未计划落实该政策,如湖北省。1936年11月底,黄绍竑被调任湖北省主席,黄绍竑本就是"寓警于团"的支持者,甫至湖北省,立即召见民政厅、财政厅、建设厅厅长,指出"湖北省保安团队达18团之多,每年军费亦在400万元以上,以如此大军与巨饷,如果还不能担负湖北全省治安责任,诚为湖北保安团队之耻",并要求整理湖北保安团队,担负湖北地方治安重任。[③]

"裁团改警"政策一出,因牵涉人数众多,在社会面引发了广泛关注,不赞同的声音很多。对于各省行政官员而言,用地方的资金来办理国家警察,而地方无指挥调度权限,是对地方权力的分化,由此加重了"中央"与地方之抵牾。对于各地民众而言,未经百姓同意,而勒索老百姓用来办理地方自卫组织的资金办理警察,擅自对本属地方财政的款项进行调配,实属悖论。各地议论不断,矛盾冲突加重,一些官方对此发声,如安徽省主席刘尚清公开解释:"此次团队之改编,乃改团为警,而非裁团设警是也。即就固有之团队,妥为分配,还之各县,编为保安警察队,俾其担任一县治安之责,并非将原有之团队,悉行裁撤,另行添招新警,一经详查本府规定办法,即可明了。若漫不加察,以改警为裁团,则大误矣。"[④]按此解释,

---

① 纪事:本省定期实行保安团队改警[J].安徽政务月刊,1937(29):146-148.

② 警政:保安团队改组事项[J].内政公报,1937(3):145-147.

③ 鄂省府改组成立黄绍竑等宣誓就职[N].申报,1937-01-20(4).

④ 刘镇华.专载:主席对团队改警案发表谈话[N].安徽政务月刊,1937(29):13-16.

保安团队改为保安警察队,除了保留保安团队原有武装属性,作机动性剿匪之用;
同时还可充实警察组织,奠定维持治安的基础。

五、小结

"行政院"十省地方高级行政人员会议上,从会议之初带有"寓警于团"倾向性的
议题抛出,到会上绝大多数代表支持"寓警于团",再到散会前的突然逆转,将"寓警于
团"议案作废,决定"裁团改警",这一骤转让人备感荒谬。史学家黄仁宇曾说过,学术
研究的意义不在发现和批评荒谬,而在挖掘和解释荒谬背后的逻辑。"寓警与团"是各
省主席、中统、军政等部门联合起来,对不断觊觎地方治安权力的复兴社特务处进行的
"狙击战"。最终该战役因蒋介石依托情报工作控制警权,以实现国家行政权力向基层
社会下沉的需求而宣告失败。表面上看,"裁团改警"是内忧外患下,统治者节约财政
经费、巩固地方防务、完善警察制度、统一治安事权的一种策略,但究其本质,"裁
团改警"是近代警察制度在中国乡村地区"本土化"的必由之路。

南京国民政府在连年反共、与地方军阀战争频繁、内部派系斗争不断、国内经
济不振以及日本不断进犯的情况下,仓促推行"裁团改警"政策,试图抢在日本全
面侵华之前完成国内治安武力的调整,为应对战争做好内政准备。其出发点虽然
不错,但由于判断有误、政策执行缓慢及政权的"软弱",直至全面抗战爆发,南京
国民政府根本无暇提供安定的施政环境以供政策实践,即使在苏、浙、沪、皖、赣等
国民党统治的核心区域,"裁团改警"亦无法全面落实。

从"裁团改警"政策的提出,可以看出南京国民政府试图统一警权,建立国家
警察和现代化警察制度的决心和魄力。一定程度上也反映出时由力行社特务处
控制的警政高层,试图将地方分散的警权重新集中,以实现中央政府对地方警权
控制的野心。虽然"裁团改警"政策的出现是复杂的,有许多相关的制约因素。然
而经历"寓警于团"到"裁团改警"这一过程后,"内政部"和支持设立国家警察者
开始深刻反省,意识到必须用科学化和现代化来寻求警政发展和生存的空间。在
此规划下,戴笠立即召集在警界任要职的特务处成员,如首都警察厅厅长王固磐、
督察处处长李国俊、浙江省会警察局局长赵龙文、"内政部"警官高等学校校长李
士珍、首都警察厅保安总队队长徐为彬以及听从戴笠指挥的"内政部"警政司司长
李松风等,共同商讨警界未来改革要图,以完成蒋介石对于警察事业的期望。① 随
后,警政高层开始着手布局改革,并大力宣传警察在国家建设和发展中的重要作
用,一定程度上推动了警政现代化建设。

---

① 台湾"中央警官学校". 六十年来的中国警察[M].台北:"中央警官学校",1971:122.

第四章　全面抗战时警团并存的
二元格局(1937—1945)

"裁团改警"政策的出台并未从根本上改变警团并存的二元格局。警察制度作为"国家现代化"的标志,在国家治理过程中有着保安团队无法比拟的制度优势。但随着全面抗战爆发,抗战救亡成为首要急务,各地保安团队重新整编,形成了全面抗战初期"全面复团"的局面。然而,南京国民政府当局并未放弃"裁团改警",在重要会议及计划文件中屡次提及。太平洋战争爆发后,抗战形势发生逆转,南京国民政府筹谋战后国家建设之际,"裁团改警"政策再次被提上日程。

一、全面抗战初期的"全面复团"

淞沪会战失利后,沪、宁、杭等大城市接连失守,苏、浙、皖诸省大部分沦陷,华中岌岌可危。由于国力不强和军力落后,兵源紧缺的状况在全面抗战初期就凸显出来。战区各省恢复保安团队整编,以补军力不足。

(一)"全面复团"的政策依据

"全面复团"是将已经改编为警察的保安团队恢复保安序列,属于全面抗战特殊时期对国家治安力量和警团关系的一种暂时调整。南京国民政府在法律法规等制度层面上对此有明确的指向性。

1940年2月9日,军政部会同内政部等有关部门和由各省保安处处长组成的"特设保安议事组",拟订《保安团队调整办法》。该办法明令"保安团队编制依照《各省保安制度改进大纲》第3章第12条及第13条之规定"①,恢复至"裁团改警"政策实施前的建制。同时,此办法还明确保安团队性质为"绥靖地方、推进政

---

① 《各省保安制度改进大纲》第3章第十二条规定"区保安团及省保安团均由3个保安大队编成,每大队辖4中队,如有机关枪、迫击炮等特种武器,应视其数量或各编一中队或合编特务中队直属团部,其各部编制如附表四、五、六之规定"。第十三条规定"各县保安队改编区保安团及各区保安团、队改编省保安团时,除照保安团编制成若干保安团外,其不足一团数目者,得另编成独立大队或中队,其独立大队部之编制与县保安大队部之编制同"。

令之地方武力,应归行政督察区保安司令(专员)与县长统辖,非有特殊情形不得改编为正规军或游击队"。抗战期间,保安团队除绥靖地方推行政令的一般任务外,在战区应担任守备要点、封锁交通经济、铲除汉奸、防止反动及协助军运等任务,必要时并应协助抗战。[①] 此为"全面复团"的重要界限。

此后,保安团队恢复原有建制,除原本维护地方治安之责,增加了守土抗战的功能。但由于此办法是由军政部与"内政部"共同参与讨论制定的,军政部并未争取到保安团队的指挥管辖权。为顾全"内政部"及各省地方利益,保安团队仍然作为地方武力,归各省管辖使用。

按照规定,各省保安团队整编从 1940 年 3 月 1 日开始,限 3 个月完成。[②] 截至 1940 年 12 月,陕西省有 13 个保安团,1 个保安大队;福建省有 10 个保安团,1 个保安大队,2 个保安中队(中队数内有 1 个高射炮队);甘肃省有 7 个保安团;湖南省有 9 个保安团,3 个保安大队;江西省有 11 个保安团,3 个保安大队;广东省有 11 个保安团,3 个保安大队,2 个保安中队;安徽省有 6 个保安团;四川省有 9 个保安团,20 个保安大队,16 个保安中队;西康省有 11 个保安大队;贵州省有 4 个保安团,6 个保安大队;浙江省有 5 个保安团,10 个保安大队;湖北省有 11 个保安团,1 个保安中队;河南省有 2 个保安团,1 个保安中队;山西省有 9 个保安团;宁夏省有 3 个保安团;山东省有 4 个保安团;广西省有 14 个保安大队。[③] 直至 1941 年 12 月,四川、福建、浙江、安徽、山西、陕西、西康、甘肃、宁夏、湖北等 10 省整编完成;江苏、山东、广东、湖南、河北等 5 省缓编;其余省未编。1942 年春,江苏省未沦陷各县编成 8 个保安团,山东省 45 个团、江西省 16 个团、湖北省 22 个团、陕西省 13 个团、福建省 11 个团、广东省 10 个团、甘肃省 7 个团,四川省、山西省、安徽省各 9 个团,贵州省、浙江省各 4 个团,河南省 2 个团,湖南省 18 个大队,广西省 14 个大队。未沦陷 17 个省共编 169 个保安团,44 个保安大队。[④] 其后各地虽仍有少数省份保安团队继续依照"裁团改警"政策改编为保安警察的计划,但因抗战军兴的大环境,无法继续为之。

---

① 中央警官学校编审处,中华警察学术研究社. 通行警察法规汇编[M].上海:警声印刷厂,1946:91.

② 中央警官学校编审处,中华警察学术研究社. 通行警察法规汇编[M].上海:警声印刷厂,1946:91-93.

③ 内政部秘书处编纂组. 第三次全国内政会议报告书[M].南京:内政部秘书处,1941:69-81.

④ 中央警官学校编审处,中华警察学术研究社. 通行警察法规汇编[M].上海:警声印刷厂,1946:91-93.

(二)"全面复团"的地方实践

战端一开,战区省份行政机关缩减,各级警察机关相继被裁编。有的省份停办各县警察,重设保安队;有的省份将已改编的保安警察队划归省保安处或国民兵团自卫队管辖;而战区的县警察局多被裁撤,官警改编为警卫队、保安警察队等半军事化武装。

四川省保安处处长刘兆黎、副处长王元辉汇报1938年6月至1939年2月间四川省保安团队整编情况时称,1938年全川最初共有20个保安团,保安队编制每连战斗兵为90人,可以担负全川剿匪的责任。1939年,因保安团兵薪饷不多又多有折扣,每月都出现不敷伙食的情形,所以团兵中常有逃亡者,几乎每连缺额都在10人以上。加之,前保安处处长王芳舟奉命出川抗敌时,将较好团队尽数抽调出,留川保安团队虽尚有20团,但每中队抽调30名补充军队后,大都仅剩四五十名,且多老弱,贩烟庇匪,百弊丛生,分驻于川境,不敷分派,更无力清剿股匪。川省保安处曾召集团长会议,要求各团限期将缺额补足,从数量和质量上整编保安团队,加以训练,改进兵力装备,以充国防之用。经过整饬,保安团队得到重大改进,能够承担固定勤务、剿匪以及出川参加抗战的职能。川省保安团队出川支援抗战的保安团队两年共13团之多①,四川省保安团队是否因暂停改警,便整训成精兵强将,这里并未明说,但川人抗日有口皆碑。"四川人民对于正面战场,是尽了最大最重要的责任:直到抗战终止,四川的征兵额达到3025000多人。"②仅从这些数据,即可见在抗战期间,四川省保安团队在后方兵源的补充中起到的重要作用。

全面抗战爆发后,为保护地方和协助军事起见,江西省依据军政部颁布的《全国人民动员办法规定》,将原有6个团扩编成28个团,另设工兵、通讯各1大队,高射炮、特务、监护各1中队。次年9月,为补充国军,除保留20个保安团队外,其余保安团拨归军管,行政督察区司令部编为壮丁训练团。又因赣南各县抗敌,民众纷集枪支,请求收编,又于8月间收编4个团,共计24个保安团。1939年1月,鉴于中央需要兵员,根据军委会之令,拨派8个团补编为陆军第4、第6两预备师。1940年5月,因保安第12团拨归第23集团军改编,全省仅有15个保安团分配各行政督察区,担任游击与维护后方治安双重责任。③

陕西省因迫近战区,1938年7月制定《陕西省各县保安团队计划报告书》呈

---

① 四川省保安处呈报整理保安团队经过情形[A].中国第二历史档案馆藏,档号:773-1090:4-10.
② 社论:感谢四川人民[N].新华日报,1945-10-08(2).
③ 江西省政府咨送内政年鉴资料之警政篇[A].中国第二历史档案馆藏,档号:12-6-20156:4.

交军政部。该计划书中,陕西省依旧按照《各省保安制度改进大纲》,从统一教育、经费收支、人事整理、武器装备、政治训练5个方面进行改进。[①] 至1944年,陕西全省保安司令部辖13个团,1个独立大队,1个特务大队,人数共计22609人,其编制和架构颇具战时之典型性,具体情形如下表。

表4-1 1944年陕西省保安团队人员统计[②]

部队别	共计	中将	少将	上校	中校	少校	上尉	中尉	少尉	准尉	士兵
统计	22759	1	6	28	44	174	336	406	707	258	20677
司令部	292	1	4	11	27	88	25	23	10	22	131
第二守备区第五分区指挥部	156		1	2	2	3	6	6	4	4	128
陕北保安指挥部	109		1	2	1	2	5	6		3	88
第一团	1735			1	1	6	25	28	54	18	1602
第二团	1735			1	1	6	25	28	54	18	1602
第三团	1735			1	1	6	25	28	54	18	1602
第四团	1735			1	1	6	25	28	54	18	1602
第五团	1735			1	1	6	25	28	54	18	1602
第六团	1735			1	1	6	25	28	54	18	1602
第七团	1441			1	1	6	22	25	45	15	1326
第八团	1785			1	1	6	25	28	54	18	1602
第九团	785			1	1	6	25	28	54	18	1602
第十团	1785			1	1	6	25	28	54	18	1602
第十一团	1117			1	1	6	19	22	36	12	1020
第十二团	1441			1	1	6	22	25	45	15	3261
第十三团	1117			1	1	6	19	22	36	12	1020

① 陕西省保安处呈送该省各县保安团队计划报告书[A].中国第二历史档案馆藏,档号:773-885:2.
② 陕西省统计资料:保安团队人员 表二十九(民国三十三年)[J].统计月报,1945(103-104):41.

续表

部队别	共计	中将	少将	上校	中校	少校	上尉	中尉	少尉	准尉	士兵
独立大队	522					1	7	7	16	5	486
特务大队	799				1	2	8	18	28	8	734

抗战期间,第六战区司令长官兼湖北省主席陈诚以"保安团队负有保国卫民重大使命,值此抗战时期,前方军事固然重要,而后方治安,尤须严密维护"①为由,健全保安团队组织,将全省保安团队轮流集中训练,使之成为正规军的辅助。1938年7月4日,陈诚在外国记者招待会上宣传保卫大武汉之御敌阵容时,把保安团队列入军事武力的重要组成部分,着重介绍了湖北省保安团队在省保安处的领导下的改进成果。② 可以看到,在国统区各省,中止改警的保安团队已经成为抗战期间必不可少的重要武力。

1938年11月,受内政部兼派到云南视察的中央警官学校专任教官杨瑞麐呈报的《整理云南省全省警政意见书》中提到应裁撤保安团队,推广乡村警察,以一事权,与"裁团改警"和李士珍《抗战建国期间整理全国警政意见》基本一致。内政部转咨云南省后,滇省民政厅回函答复称"推广乡村警察,以期警权之贯彻,增置特务警察,以弭后方之乱源,均属应办之事。惟查当此抗战期间,省库既甚拮据,各属筹款亦复不易,唯有拟请暂从缓议"③。反映出全面抗战时期,由于全国的重点在于抵制日本侵略,全部人力、物力、财力投入抗战。在抗战形势严峻、经费拮据的大前提下,各地"裁团改警"以及警察整理相关事项都必须为抗战御敌让路。保安团队由于对抗战救国有重大且直接的帮助,自然比维护战时治安的警察机关更加重要,也更受重视。

(三)保安团队投入抗战的简况

抗战时期,国家既需要战争物资储备,更需要上阵杀敌的战士。地方保安团队作为素有训练的民众自卫武装力量,虽是民众集资豢养,但在国家危亡之际,比其他团体和个体更适合作为国防军后备兵源的补充。随着全面抗战爆发,保安团队在支援前线、抗击日伪和武装协助维护后方安定秩序、协助政令推行方面都发挥了重要作用。④ 按照军政部所颁《全国人员动员办法》的规定,地方保安团队应

① 陈诚令保安处拟定办法[N].申报(汉口版),1937-07-31(1).
② 陈诚招待记者报告,保卫武汉阵容严肃[N].申报(汉口版),1938-07-05(2).
③ 滇黔绥靖公署、云南省政府训令[J].云南省政府公报,1939(1):23-24.
④ 1939年新县制实施后,各地民众之组织训练,户口调查登记,潜逃零匪之肃清,汉奸乱党异动的防止、抚缉流亡等有关地方治安工作的推进事项,复又由各县保安团队负责履行。

为国军后备力量。参加抗战的保安团队,按其战绩,陆续编为陆军或补充作战缺额。① 如冀、晋、鲁、豫、皖、苏、浙等战区都有大批保安团队直接补充到前线部队,编入正规军序列直接参加战斗。陕、黔、川等后方省份也有大量保安团队调派前方战区。

实践证明,保安团队确在抗战中起了十分重要的作用。如在江西战场,保安团队在进袭都昌梅家山敌据点、湖都鄱游击等游击战中,歼敌寇甚多,屡建功绩。② 时任庐山警察署署长的军统要员刘汉东与江西省游击总指挥部副总指挥杨遇春在庐山孤军作战,指挥所辖两个保安团和庐山警察署的百余警察,坚守庐山,打击日军③,得到国内外舆论的高度赞扬。据江西省保安处统计:抗战爆发至 1939 年 1 月,江西省所辖保安团先后与日寇作战 172 次,击毙敌官 20 员,敌兵 1718 名,夺获步枪 732 支,驳壳 7 支,手枪 17 支,迫击炮 4 门,轻机枪 17 挺,步枪弹 21564 发,手榴弹 523 枚,迫击炮弹 127 发,军用品 200 余担,另外破坏敌人载重汽车 30 余辆。④ 作为一支民众自卫武装,使用低劣武器,缺少正规训练,有这样的战绩,可谓不易。

1938 年 5 月,日军攻陷徐州后,积极准备扩大侵略战争。次月国军举行武汉会战,打击了日军嚣张气焰。会战中,靠近战区的陕西省自会战打响至同年 12 月间,共抽调 9 个保安团,万余保安团队官兵补充参战的国军 24 师、177 师、25 师、34 师及 17 军团,保守团队为打胜此役发挥了重要作用。⑤

1941 年,撤退浙东四明山区的宁波保警总队与鄞县保安团队被浙江省第六保安区司令俞济时改编为四明山游击司令部,在防守四明山的过程中,击毙大量日军,包括日军镇海地区司令大津和郎少将。⑥

毋庸讳言,在抗战过程中,参战的各省保安团队在对日作战中有不少英勇表现和战绩,其为国献身的勇气和精神并不亚于正规军。单就战时发挥的作用而论,保安团队远胜于未经军事训练的行政警察。

二、"裁团改警"并未中辍

原定 3 年的"裁团改警"计划因全面抗战的爆发被迫中断,但这些并不意味着

---

① 　参照军政部颁行的《参战保安团队编并陆军实施办法》。
② 　本省简闻[J].江西地方教育,1940(172-173):46.
③ 　胡颂平 . 朱家骅先生年谱[M].台北:台湾传记文学出版社,1985:213.
④ 　江西保安团战绩统计[J].江西统计月刊,1939(6):50.
⑤ 　徐经济 . 抗战三年来本省保安工作概况[J].陕政,1940(33-36):286-288.
⑥ 　政协新昌县文史委 . 新昌文史资料:第六辑[M].绍兴:政协新昌县文史委,1995:189.

"裁团改警"政策如一些学者所说"终结""停止""流产"抑或"夭折"。相反,无论是顶层设计,抑或地方实践,"裁团改警"政策都未曾离开过执政者的视线。太平洋战争爆发,加大了日本战败的概率,蒋介石在配合盟军对日作战的同时,开始筹划战后重建工作,"裁团改警"配套措施相继出现,以"裁团改警"为基础的警政建设重新被提上日程。

(一)"裁团改警"的宏观设计

在宏观层面,"内政部"仍将"裁团改警"列入年度工作计划。第三次全国内政会议上,"内政部"多次用"既定国策"来表述"裁团改警"。而有"民主政治摇篮"之称的国民参政会议也将"裁团改警"问题列为重要议案加以讨论,可见国民党高层在战争期间也未曾停止对"裁团改警"的顶层设计。

一是《基层政治建设三年计划》。1941 年 4 月,根据国民党五届八中全会决议,内政部制定《基层政治建设三年计划》,将基层政治建设分解为管、教、养、卫 4 个部分。其中"卫"包括充实警卫、充实国民兵团、推进卫生、肃清烟毒、奖励生育 5 项内容。在"充实警卫"中,提出"全国各级警察机构由中央以至省县在警务工作指挥上使其灵便,县警卫力求其一元化"①。计划指出现有非警察的警卫力量,如保安团队、国民兵团自卫队等,共约警察人数的 6 倍。照此设计,各县警察经费210 万元,来源于各省保安经费之中;警察枪械 26000 支,来源于"改团为军,移械实警"。同时"内政部"制定《"裁团改警"表》,规定以下内容:"一是关于保安团队之调整由中央令省办理,所需人员经费等应由省统筹;二是关于保安团队官长,加强警察教育,其警察师资就各省现有警务人员兼充,无须另行造就,其余由省主管部门统筹;三是关于士兵之训练,系就原有建制及设备,实施警教师资由各地现有警务人员兼充,无须另行造就;四是拟由本部编印保安警察教本,分发各保安团队,以为各队士兵实施警察教育之标准。"②此时,按照《保安团队调整办法》,已经调整的川、闽、浙、鄂、皖、赣、甘、晋、陕、宁、湘、粤、康 13 省,约有 120 个保安团,尚有一些省份正在调整。"内政部"在此背景下想要推行"裁团改警"政策,只能在不影响抗战大局的情况下,保留保安团队原有建制,并积极进行警察训练,以完成战后改警基础。

二是《内政部三十二年度施政计划》和《内政部三十三年度施政计划》。在抗

---

① 内政部检送加紧基层政治建设三年计划案[A].中国第二历史档案馆藏,档号:12-1-1598:13.

② 内政部检送加紧基层政治建设三年计划案[A].中国第二历史档案馆藏,档号:12-1-1598:13.

战迎来胜利曙光之时,面对社会经济困难、地方治安混乱的现状,内政部认为地方治安的维护需要依托地方武力。而各县市出现的各种名目的地方武力,"管理训练既不统一,指挥运用又欠灵活"①。在此状况下,内政部在三十二年、三十三年施政计划中,均将"整饬各地自卫组织"列为重要内容,试图通过改善整理各省县市自卫组织,继续推行战前的"裁团改警",以便控制抗战胜利前夕的国统区各省县市地方治安。

三是《西北十年建设计划》。在太平洋战争爆发、战程加快的背景下,国民政府开始着手西北大后方建设工作。1942 年,行政院颁布《西北十年建设计划》,对未经战火,但经济落后的陕、甘、宁、青、新 5 省进行第一年度(1943 年)和第二年度(1944 年)的设计。该计划中警政部分,大体上是遵照蒋介石"对外唯军,对内唯警"及"警察行政应与自治行政相辅而行"的训示,力求警察建制的统一。在 1943 年计划中,仅对原设有县政务警察及自卫队或其他分歧警卫组织施以整训;对于保安团队,仍依照《各省保安部队整理大纲》之规定整理。而 1944 年计划明确提出了"一切地方治安武力,应归并统一于警察组织之下,现有保安团队之省,应即依法调整,汰弱留强,设编为保安警察。俟警务处成立,保安处即予撤销"②。两年计划的设计,体现出南京国民政府对"裁团改警"政策态度的变化,以及"裁团改警"在后方地区的分阶段开展。但由于西北地区资源贫瘠,启动资金难以着落,中央财政补贴杯水车薪,该计划多停留在宣传上,落实困难。

四是第三次全国内政会议提案。1941 年,第三次全国内政会议召开,蒋介石重申建设警政的重要意义和作用,强调从国家建设的长远规划上考虑,仍要坚持"裁团改警",引起了与会代表的深思和热议。此次会议收到有关警政的专门提案 63 件,"裁团改警"也是提案之一,被称为"关乎基层政治建设和推行地方自治的重要问题"。

表 4-1 "裁团改警"相关提案

提案方	提案名称
"内政部"	《保安团队改编国军,移款建设警察以贯彻"裁团改警"计划案》
"内政部"	《健全地方自卫组织案》

---

① 内政部呈请行政院核定各省县市地方治安武力整顿原则三项:民国三十三年八月十一日[M]//赖淑卿. 警政史料:第三册. 台北:台湾"国史馆",1989:207-208.

② 内政部战后复员计划项目及国防警察之建设训练计划[A].中国第二历史档案馆藏,档号:12-2-460:15-19.

续表

提案方	提案名称
湖北省民政厅厅长朱怀冰	《拟请贯彻二十五年废团改警成案》 《撤销省保安团,以原有保安经费移充建设警察经费案》
国民政府训练总监部周亚卫	《地方团队与警政案》
陕西省会警察局局长刘汉东	《改编各省保安处为警务处,以利建警案》

　　"内政部"《保安团队改编国军,移款建设警察以贯彻"裁团改警"计划案》中主要针对各省保安团队改编国军后,其节余经费的拨充使用问题提出改进办法:(一)各省保安团队以改编国军为原则,经改编补充国军以后,即将经费移为办理警察之用。(二)各省保安团队之合于警察标准者,得经整训后,改为保安警察队,其编组训练管理指挥,均由各省警察主管机关办理。(三)保安警察队之编组,以大队为最大单位,其编制及组织由内政部定之。(四)保安警察队之训练办法如下:警士警长(保安警察队之班长)由各省警察训练所或分所负责训练,由内政部依例指派人员予以帮助。分队长以上官佐之训练,为贯彻中央统一警官教育精神,并顾及战时交通,节省用费起见,得由中央分区办理。(五)保安团队原有枪械装具,应即拨归警察应用。(六)省保安司令、保安处及区保安司令部裁撤后,各省应即依法成立警务处。(七)警务处人员得尽先以省警务主管机关,并保安处及其所属人员之合于《警察官任用条例》规定之资格者任用,编余人员呈请军事委员会甄用。(八)裁撤保安团队补充国军,建设警察实施计划,应由各省政府拟订。①此案既是在战时布置全国改警工作,又暗示军政部兑现团队补军时退还结余经费的承诺,但这无疑是与虎谋皮,难以实现。而《健全地方自卫组织案》②则是针对各县国民兵团自卫队与警察冲突频发现象,建议依照"县警卫力量求其一元化"以及国民党五届八中全会"警卫合一"之决议,务求警卫力量在组织、人事、训练上的一致,实质上是对县一级自卫武力和警察权限及隶属关系的确定。

　　除"内政部"之外,在"抗战必先建军,建国必先建警"的政策下,部分行政官员认识到国家警察权统一对于内务行政的重要意义。因此,他们在第三次全国内

---

　①　内政部秘书处编纂组．第三次全国内政会议内政部有关警政之提案及决议[M].南京:内政部秘书处,1941:27-41

　②　内政部秘书处编纂组．第三次全国内政会议内政部有关警政之提案及决议[M].南京:内政部秘书处编纂组,1941:27-41.

政会议上提出很多和警政建设有关的提案，直接涉及"裁团改警"有关的提案计3项。① 在他们的提案中，大都有以下建议：一是各省保安处改为警务处；二是保安团队改为补训部队，或编选为保安警察；三是改编为警察的保安团队官兵，如未受警察训练者，应由中央警官学校及各省警察训练所，分别调训之。他们均认为在抗战建国并举之际，继续落实"裁团改警"既定国策，将保安团队原有经费移充建警使用，既能充实抗战力量，又有利于警政建设。

此外，"内政部"对已实施"裁团改警"地方的建设和考察验收情况做如下报告：

> "鉴于近年来警察行政已渐由散漫而归于统一，由凌乱而归于整肃，显有相当进步，惟地方治安武力，至今尚未确立，初则以保安团队代替保卫团，继则以县治安力量空虚，别建壮丁队、义勇壮丁队及国民自卫队，以资补救；最后除属省之保安团队外，县又组自卫队隶之兵役系统。变革频繁，成效少著。惩前毖后，继兹必须建立经常性、固定性之地方治安武力，以辅助警察力量之不逮，而收警卫联系之实效，盖为今日亟待解决之问题。"②

对于战时地方武力混乱无章的现象，"内政部"主张完善县级警察力量，并统筹地方警卫实力：

> "地方警察应属官治行政，不列入自治行政范围。应即将各县、各乡镇现有有给职之武力，如保安队、自卫队、警备队、保安警察、政务警察、自卫班、警备班等等一律改为普通警察，凡征兵、征工、征粮、征物、捕盗以及稽查户口等工作，先使警察协助乡镇保长办理，减轻乡镇保长责任，俟经过相当时期，警察与当地人民熟习之后，即由警察替代乡镇保甲长为之，使乡镇保甲长成为地方自治人员，并可逐渐由人民选举，完成地方自治系统。"③

第三次全国内政会议是国民政府在大后方实施新县制④的背景下召开的。按

---

① 内政部秘书处编纂组．第三次全国内政会议内政部以外会员有关警政之提案及决议［M］.南京：内政部秘书处编纂组，1941：12-23.

② 内政部秘书处编纂组．第三次全国内政会议内政部有关警政之提案及决议［M］.南京：内政部秘书处编纂组，1941：27-41. 此为内政部政务次长张维翰在报告十年来内政部施政情况时的发言。

③ 内政部秘书处编纂组．第三次全国内政会议报告书［M］.南京：内政部秘书处，1941：86-92. 此为内政部常务次长雷殷在会议上报告1941年4月至11月间视察西南东南十省县政及落实《县各级组织纲要》情况时的发言。

④ 新县制是指国民政府为加强对基层政权的控制，从1939年起开始推行的《县各级组织纲要》及一系列法令，时人称之为"新县制"。

照新县制的要求,为简化县政、提高行政效率,县警察局降格为警佐室,乡镇警权移交民团、保安团队和国民兵团自卫队,严重制约了基层警察发展,遭到"内政部"以及军统的强烈反对。为此,此次会议上,"内政部"根据"县警卫力求其一元化"及"统一充实警卫力量"的要求,再次提出要贯彻落实"裁团改警"既定方针,意在保留县级警察机构完整性。

五是国民参政会第三届一次大会议案。1942 年 10 月 22 日,为解决国内严重的经济危机,国民参政会三届一次大会召开。蒋介石在致词中宣称:现在不只是"军事第一",也是"经济第一",①号召各界为复员战后经济做准备。该会议《应速着手建立地方警察网》的提案中,提到"目前所有保安团、县自卫队等,似应逐渐裁撤,酌编武装警察队驻县,事事遵照警察法规,协同乡(镇)公所人员办理。举凡一切调查、登记等,今日所要求于保甲而不可能者,相信此后必有可能;举凡一切窃盗、庇毒、囤积、逞凶、密码结社等,今日县府之无法侦查禁制者,相信此后亦必有法办理;尤其是与抗战胜利至关重要之征兵购粮问题,相信必赖警察网之确能建立而后始有公平之可言"②。该案提及应将地方自卫武力逐渐裁撤,改编武装警察队,所有保甲不能实施的调查、登记等事项均应由警察办理,建立全面覆盖的乡村警察网。此案虽然提及"裁团改警",但是不难看出这是在太平洋战争爆发后,蒋介石在华中和华北地区对共产党发动袭击,并对边区实行军事封锁和经济封锁以及破坏抗战的背景下,蒋介石试图发展遍及乡村地区的"特务警察网",以实现打击中共、破坏统一战线的目的。

六是国民参政会第三届二次大会议案。1943 年,反法西斯同盟国军队在太平洋战场、苏德战场和北非、地中海战场取得了一系列胜利;中国军队也在中国战场消耗和钳制了大量日本陆军主力,敌后战场的抗日军民逐步开始了局部反攻。③面对国际局势的重大变化以及共产党的不断发展壮大,国民党在美、英、苏 3 国一致反对中国政府发动内战的情况下,打着"政治解决"和"实行宪政"的幌子,与中共和其他民主党派进行政治协商,谋划战后秩序的恢复。同年 9 月 18 日至 27 日,第三届二次国民参政会召开,会议中各参会代表提及的议案中,涉及"裁团改警"的内容颇多,主要体现在以下两项提案。

《请确实建立地方警察制度并撤销保安团队案》提议:"一是请政府撤销各地

① 秦孝仪. 先总统蒋公思想言论总集:卷十八:抗战的新形势与全国努力的方向[M].台北:国民党中央委员会党史委员会,1984:443.

② 国民参政会三届一次大会提案速着手建立地方警察网案:民国三十二年一月[M]//赖淑卿. 警政史料:第三册. 台北:台湾"国史馆",1989:195-196.

③ 潘泽庆. 抗战时期中国大国地位的确立[J].文史精华,2006(7):32-39,1.

保安团队之组织,并从速编组保安警察。二是将现有保安团队官兵,划编为补充部队。三是保安团队现在所有枪支,仍留原地,作为充实警察实力之用。四是保安团队改编之后,减少壮丁征派数额,以增强后方生产劳力。"①此提案提出撤销保安团队应遵循两项原则:一是"以团改军";二是"裁团改警"。此建议在国民参政会上原则通过,但提出在地方警察未普遍设置前的过渡时期,对于保安团队应严加训练,整饬纪律,以巩固地方治安。

《请改善警政充分发挥警察职权以保护安宁秩序培养国力案》提出改善警政的建议十项,其中第四项提到"训练保安队以警察学识"。② 提案中指出,抗战后沦陷区的警察,多未逃出,剩余依照 1938 年 3 月 7 日行政院颁布的《战区警察人员安置办法》均已改业。战后重建时期,现有警察数量肯定不敷分配。如若专办训练所训练,会极大加重国库负担。为节省饷粮并充实警察人才,建议在保安队内附设训练班,将队员分班轮流训练警察学识,以备战后改充警察。此建议符合"裁团改警"政策的精神,在战时如果保安团队不便改警,可先用保安团队的经费,在保安队中训练警察学识,以备收复区"裁团改警"的快速推行。

在全面抗战过程中,无论是从国民党中央高层的设计规划或者是代表民意的国民参政会议议案中均未停止对"裁团改警"政策的坚持。随着战争后期"抗战建国"的提出,蒋介石因"裁团改警"政策有利于县一级警政的完善,同时减少重叠设置,提高行政效率,加之节约经费开支的需要,所以给予大力支持,"裁团改警"政策继续得以推行。

(二)"裁团改警"的配套措施

抗战中后期,随着战争形势的变化,各地警察机关逐步恢复,"裁团改警"政策继续推行。为弥补新县制对县一级警察组织的削弱,行政院和内政部相继颁布相关制度,进行有利于"裁团改警"和战时警政的规划。

一是《县警察组织大纲》。1939 年 9 月 19 日,国民政府颁布《县各级组织纲要》,宣布实行新县制。此纲要规定"县政府组织规程所无关之机关,不得设立"③,大幅度削减县一级专门的警察组织,严重破坏了警察组织系统的完整性,引发警界强烈质疑。

---

① 国民参政会三届二次大会请改善警政充分发挥警察职权以保护安宁秩序培养国力案:民国三十二年一月[M]//赖淑卿. 警政史料:第三册. 台北:台湾"国史馆",1989:202.
② 国民参政会三届二次大会请改善警政充,分发挥警察职权以保护安宁秩序培养国力案:民国三十二年一月[M]//赖淑卿. 警政史料:第三册. 台北:台湾"国史馆",1989198.
③ 中央警校. 警政高等研究班讲演汇编[M].南京:中央警官学校编审处,1946:167. 现藏于南京图书馆.

1939 年 11 月 8 日，中国警察学会发表《县警察行政组织刍议》，指出《县各级组织纲要》忽略警察的特性，"规定警佐为县政府的警卫指导者，乡（镇）设警卫股，设主任干事，处理警卫事宜，保以下警卫人员更为含糊"①。"内政部"警政专家李承谟发表《县各级组织纲要中县警察制度问题》，建议"明定县警察局（或警佐）有指挥全县区乡（镇）保之警察权，以完成县以下之警察体系，进而完成全国警察之体系"②。《县各级组织纲要》颁布的次年，省域大部分为日军占领的江苏省在布置实施新县制的专员县长讨论会上，认为大纲将"地方警卫工作，大部分委诸民众，以军事人员为其指导"，脱离实际。因苏南、苏北有沦陷区和中共领导的解放区，无法按照国民政府规定从次年起在敌后、前方、后方普遍实行，因此提出暂缓办理，根据实际需要充实县级警察组织。③ 可见，新县制实施后，县以下负责治安的机构存在多头管理的现象，除警察局外，国民兵团各级队和县政府军事科对于地方治安均负其责，然而在业务上如何联系，权责上如何划分，联系方法如何确定，在实施过程中疑点重重。

1941 年 3 月 21 日，行政院公布施行《县警察组织大纲》，作为《县各级组织纲要》的完善和补充。这是"裁团改警"政策推行过程中的一个重要文件，可以看作对抗战中继续施行"裁团改警"政策的再次明确。大纲对县警察组织的制度和职责范围进行补充，规定"县政府设警佐，办理全县警察事务；但在地域冲要、人口众多之县，得设警察局；区署所在地得设警察所，承县政府之命及区署之指挥监督，办理全区警察事务；未设区署地方必要时得设警察所，直隶县政府；乡镇公所设置警卫股主任，以曾经训练合格的巡官或警长充任，受乡镇长指挥监督，办理警察事务，其对外文书以乡镇长名义行之；保办公处设警卫干事，以曾经训练合格之警士充任"④。大纲明确警察为县警卫的主体，"县特务警察队（包括旧称政务警察）应一律予以整理训练后，改编为警察队；保安队应逐渐予以整理训练，改编为警察队；承县政府之命，受警佐或警察局长之指挥，办理全县警察事宜，其队长由警佐或警察局长兼任。"⑤可见，该大纲不仅满足孙中山在《国民政府建国大纲》中"全县警卫办理妥善为完成县自治的必要条件之一"的政治设计，同时延续了"裁团改警"既定方针，也是"警卫合一"原则的重要体现。

二是《各省县市三十年度整理警卫原则》。《县警察组织大纲》施行后，"内政

① 郑勉知. 怎样健全全县警察行政组织[J].中国警察,1940(2):42.
② 李承谟. 县各级组织纲要中之县警察制度问题[J].中国警察,1940(2):35.
③ 台湾"中央警官学校". 六十年来的中国警察[M].台北:"中央警官学校",1971:12.
④ 县警察组织大纲及公布施行有关文书[A].中国第二历史档案馆藏,档号:4-9350:4-5.
⑤ 县警察组织大纲及公布施行有关文书[A].中国第二历史档案馆藏,档号:4-9350:4-5.

部"斟酌各地需要,对"警卫力量整合"进行原则性规定。大纲明确规定"县属特务、保安、政务、侦缉等警察队应一律改隶于县警察机关;其不属于警察系统下之省市水陆警察机关,一律改隶于该管省市警察主管机关。各机关团体自行设置之警卫,该管警察机关应依照驻卫警察派遣办法规定,切实调训管理之"①。《各省县市三十年度整理警卫原则》恢复了因抗战等原因被废除的区警察所,尽力将被分割的警察力量重新整合,要求各县在区署所在地恢复设立派出所,地方自卫武力等一律归属警察局管辖。可见,《各省县市三十年度整理警卫原则》与《县警察组织大纲》对"裁团改警"政策是一以贯之的。

三是《统一各省保安部队转任警察干部训练办法》。为确保"裁团改警"政策在战争后期的落实,保安团队"改警"官兵的教育训练工作至关重要。"裁团改警"工作与李士珍正在拟定的战后建警计划关系密切,且按照抗战前"裁团改警"规划设计,中央警官学校对转警训练工作责无旁贷。1943年4月7日,李士珍向蒋介石进言,认为保安团队转警教育工作"事关建警百年大计,自应权其缓急,早日举办"②,并拟具《统一各省保安部队转任警察干部训练办法》,请求其中拟任中高级警官者由中央警官学校负责训练。

《统一各省保安部队转任警察干部训练办法》有9项内容,包括分期调训现任保安团队军官,按照军官级别区分训练地域与训练时间。总队长以上军官分期调入本校高等研究班,3个月为1期,每期50人;保安处处长、警务处处长或保安司令部参谋长,均以高等研究班指导员名义参加研究;中校以下、上尉以上军官,视各省交通情形,就近调入警校本部及东南、西北两警官班,以6个月为1期,每期共调1000人;中尉以下军官,由警务处(或保安处)于省府所在地设保警干部补训班,或并入各省乡镇警卫人员补训班调训之。同时规定了各省保安警察干部补训班之经费,由各省保安经费项下拨支。③

按照以上办法规定,1944年,中央警校开办警政高等研究班④,培养"裁团改警"实施后改警军官中上校以上人员。李士珍意在对保安部队施以正规、专业的警察培训,从而将其纳入中央警校体系中,以待日后从中考察遴选拟在战后建警

---

①　各省县市三十年度整理警卫原则[J].福建警察,1940(6):35.

②　李士珍. 建警文稿备忘录[M].南京:中国国民党"中央"政治学校,1944:10.

③　张鹏程. 国大代表李士珍先生夫人九秩华诞荣庆录:建警计划草拟经过之简述[M].未刊:79.

④　中央警校开办警政高等研究班第一期研究内容分别为警察体制、省警机构、警察人事、警察教育、警察官制、警察经费、警察设备、警察服装、外事警察、卫生警察、政治警察、"裁团改警"、警察与复员、警察与地方自治、警保联系、警察与宪兵、警察与户籍等课程。

中担任各省警务处、警保处处长和院辖市警察局局长的高级官员。李士珍对保安部队转任警察干部的训练，清晰地呈现出李士珍希冀实现警察机构系统化、警察人事专门化、警察教育统一化的目标。

四是《各省保安部队整理办法》。随着日本在战场上的不断失败，国民党中央对保安团队的态度随之发生重大变化，"裁团改警"的力度有所加强，对地方上没有改警的保安部队再次进行整理。1943年3月2日，南京国民政府及行政院以"为确定各省保安部队数量，调整保安系统，健全编制经理，加强警察教育起见"为要旨，会颁《各省保安部队整理办法》，要求各省于同年年底完成保安部队转警工作。由于该文件牵涉甚多，行政院、军政部、内政部多方研提意见建议。1944年2月9日，修正后的《各省保安部队整理办法》出台。

该办法主要从4个方面落实"裁团改警"政策：一是保安团队必须裁减。该办法规定各省保安部队的数量应按照军委会、行政院核定数量，裁并现有员额1/5至1/3。二是参战团队择优补充军队。战区各省参战团队，应按其战绩，参照《游击队配属国军办法》，陆续编并为陆军或补充缺额。三是6个月内完成各省保安团队整编。该办法规定各省保留用以维持地方治安的保安部队编制以及应编国军之编制。四是整编后的保安团队加紧警察训练。1944年年底，内政部派员检阅考验各省保留的保安团队人员，其中已具备保安警察知识和能力的立即改组为保安警察大队，并改换服装，在领章及襟章上标明"保警"二字以示识别。

《各省保安团队整理办法》为尚在抗战之中的保安团队改编提供了不同的选项。对保安团队员额的安置，主要遵循"重质不重量"的原则，汰弱留强，"以团补军"为主，"裁团改警"为辅。保安团队经费是否留给对方并未提及，但区别于《裁团改警办法》中规定的"保安团队之素质优良，武器完备，教育完善者，可改编为保安警察队，归入警察系统之内，作为特种警察"①。而是将绝大部分优质保安团队官兵补充军队，可谓"裁团改军"，而未被军队选中的"保留"人员才施以警察训练，淘汰给警察机关。此可谓战时"裁团改警"政策新的形式，凸显了"内政部"与军政部出于各自目的对保安团队这一暴力武装组织的争夺。

五是《整理各省地方治安武力原则》。抗战胜利在望，警察作为现代法治国家的必要设施，其建设迫在眉睫，在各地警察机构健全充实的过程中，地方自治武力仍为亟须解决的事项。1945年5月18日，内政部拟具《整理各省地方治安武力原则》三项："（一）各省县（市）自卫队及其他治安武力一律改编为保安警察队，隶属

---

① 行政院为地方高级行政人员会议决定限期裁撤保安团队以及经费办理保甲及警察之密令 [A].中国第二历史档案馆藏，档号：773-831；3.

于县(市)警察机关,并加紧予以训练。(二)修改国民兵组训法令,关于自卫队及
维护治安等规定,各级兵役机构,只有协助警察维护治安之责,以一事权。(三)各
省县(市)为加强维护治安力量,应扩充健全各级警察机构,不得于警察以外,再有
任何名目之组织,以期逐渐充实警政基础,树立一元化之警卫制度。"①1945 年 7
月 7 日,行政部函令立即在后方各省(川、康、滇、黔、陕、甘、宁、青)实施,战地各省
暂不更动,俟收复后再行逐步推进。② 此项原则确立了各省县(市)自卫队及其他
治安武力在战后一律改编为保安警察队,隶属于县(市)警察机关,加紧训练,并扩
充健全各级警察机构,是对"裁团改警"政策的再一次明确。

以上相关政策的出台,表明南京国民政府将保安团队纳入正式国家警察体系
的初衷未变,而警察在战时作用的发挥,更加坚定了蒋介石掌握国家警察权,建立
"一元化警卫制度"的想法。

(三)"裁团改警"的地方落实

在世界反法西斯战争发生根本转折,日军失去战略主动权,抗战胜利已现的
形势下,国民政府开始将战后国家建设提上日程,保安团队的裁改势在必行。随
着警界对"裁团改警"政策的坚持,以及警察在抗战时期的优秀表现,各地"裁团改
警"呼声日盛,四川、湖南、福建、贵州等省在抗战中后期已开始按照《各省保安部
队整理办法》进行保安团队改警工作。

1939 年,为适应战时警察勤务的需要,贵州省在省会不断扩充警察数量,取消
由保安队代行警察职务,重新在各县筹办警察。按照国民政府颁布的《警长警士
教育规程》和《警官补习班规程》,建立隶属省民政厅的省警察训练所,调训省会警
察局及各县在职员警以及新招的警士。③ 1941 年,贵州省推行新县制,再次明确
将取代警察职责的各县保安队裁减归并,逐步恢复建立警察局或警佐室。贵阳、
安顺、遵义、毕节、黄平等 5 县市设立警察局,有 33 个县设立警佐室,全省还设有
22 个警察所、5 个派出所,有警长 162 名、警士 1496 名;同时对县保警队进行重新
核定,全省有保警分队 195 个、特务分队 23 个、特务班 29 个,有保警官兵 12323
名。次年,贵州省政府决定裁撤各县的警佐室,组建县警察局或警察所。④

1940 年 9 月,四川省政府编订《四川省各县自卫队改编乡村警察办法》报内

①　内政部呈请行政院核示各省地方治安武力原则四项:民国三十四年五月十八日[M]//赖
　　淑卿. 警政史料:第三册[M].台北:台湾"国史馆",1989:219-220.

②　行政部函指令内政部整理各省地方治安武力原则除第四项外余准照办:民国三十四年七
　　月七日[M]//赖淑卿. 警政史料:第三册. 台北:台湾"国史馆",1989:224-225.

③　贵州省地方志编纂委员会. 贵州省志·公安志[M].贵阳:贵州人民出版社,2002:30.

④　贵州省地方志编纂委员会. 贵州省志·公安志[M].贵阳:贵州人民出版社,2002:14.

政部、军政部备案，内有"各县自卫队分期改编为警察队或乡村警察，三十年度光就财力充裕之县着手改编"。次年4月20日，内政部通令各省政府学习四川省，拟具计划，将各县自卫队改为乡村警察。①

1940年12月，福建省战时各县警察网已发展到点线，省主席陈仪仍提出需要加快，"警察不能做到面的发展，就不能发挥警察功用，并且连原有的点线布置，也大大损失了价值"。认为"现在省里有保安团队，就是以前所谓省防军，这是一种军不军，警不警的组织，在国家体制上，是不合理的，只要警察能够负起全部治安的责任，我将逐渐裁减保安团队，以其经费办好警察；县设警察局，各区设警察所，重要乡镇设派出所，每个管区警员管理户口3000人，如人口密集之区或偏远山区，则管理1500人，总局设保安警察队及侦缉队，平均每县150人至200人，管区警员配脚踏车1辆，户口册1本，急救箱1个，不便骑车山区，则配马1匹，不必带手枪，专办户口查察，推行政令，管区警员可以在管区之内，自选义勇警察10人，以资帮助；必要时可以动员义警，以肃清宵小之徒；平地之处，须同时发动民众，修筑乡村之道路"②。此计划虽因1942年陈仪与军统矛盾调往重庆而搁浅，但从省主席提倡"裁团改警"，可见警政建设作为内政一端，地方民政推行的重要一环，警政的建设发展很大程度影响着地方安定秩序和战后重建工作的开展。

1942年12月20日，湖南省第4次行政扩大会议议定"健全县制完成自治"，省各保安队改编为警察队，主要职责为防敌、防空、防匪、防毒、防乱、防火、防疫等；省府机关只留民政、财政、教育、建设4厅，秘书、会计、警务3处，保安处改为警察大队，隶属警务处。1943年，湖南省警察机构调整基本完毕，全省设立警务处，掌管全省警卫事宜。③ 1942年，流亡苏北的江苏省政府在对保安团队进行缩编整训的同时，对尚存各级警察进行整顿，设置县警察队以强化坚持敌后的县乡政权警卫。④ 1944年，湘、川、甘、赣、陕等省将全省各县自卫队改编为乡村警察或警察队，普设分驻所、派出所；浙江省所有接近游击区各县，着重推行乡村警察；湖北省则以健全县区乡镇警察机构为三十三年施政准则，逐渐恢复战前警察编制，为使地方警卫力量一元化起见，增设11个县警察局，还改编国统区的28县自卫队为警察；安

① 四川省各县自卫队改编乡村警察办法[M]//国家图书馆出版社．民国时期内政公报三种：第四十二册．北京：国家图书馆出版社，2012：239.
② 林超．胡所长武灵公追思录[M]．福州：福建省警官训练所旅台同学联谊会，1981：24.
③ 国民政府行政院．国民政府年鉴：第二册[M]．重庆：国民政府行政院，1944：145；民国丛书续编编辑委员会．民国丛书续编第一编年鉴专辑22[M]．上海：上海书店出版社，2012：204.
④ 国民政府行政院．国民政府年鉴：第三册[M]．南京：国民政府行政院，1944：11.

徽省将各县乡镇旧有之清乡队一律改编为乡镇警察队,以充实警卫力量。①

抗战后期,为减轻人民负担,落实中央"裁团改警"政策精神,国统区大部分省市均有将保安团队改编为警察队的计划或举措。

(四)"裁团改警"的战时效果

抗战全面爆发,"裁团改警"中途停滞,其最重要原因是警察安内作用大于攘外,保安团队在军事上的作用大于警察。戴笠作为警察实权的掌控者,绝对不希望警察因抗战将治安管理控制权让位于保安团队及地方民众自卫武力。为延续"裁团改警"政策,建立警政改革基础,提升和宣扬警察抗战作用势在必行。随着"裁团改警"政策在抗战中后期的继续推行,战时效果显著。

第一,警察作战力量不断增强。《裁团改警办法》实施后,一些地区的保安团队陆续编为保安警察队。随着全面抗战的爆发,虽然战区已经改警的保安警察队大多"复团",但是仍有一些地区延续保安警察队的建制,接受省保安处、保安司令部抑或国民兵团指挥,守土抗战。不能否认,新的武装力量的加入,使得警察作战力量得到增强。

淞沪会战后,上海、南京接连失守,沦陷地区不断扩大,战区警察与军事相配合,在抗战中发挥了重要作用。自全面抗战以来,各地警察人员因抗战而殉难者为数甚多,如上海市警察局员警保卫上海,首都警察厅员警捍卫首都,各战役均有大多数员警壮烈牺牲,其他地区亦然。因战区的扩大,基层警政大都难以坚持,根据内政部规定,各地警察局残存人马相继改编为同级政府直辖的特务警察队,部分补充国军,参加抗战,情况如表4-3。

表4-3　各省市警察投入抗战情况②

省份及城市	警察投入抗战情况
南京	首都警察于1937年11、12月两月间与国军分担抗战任务,保卫首都,牺牲甚为壮烈,一小部分随军渡江转进者,业编为内政部警察总队,其余一部分散充游击,一部分归附难民区内,嗣亦陆续归渝③

---

① 国民政府行政院. 国民政府年鉴:第三册[M].南京:国民政府行政院,1944:112;民国丛书续编编辑委员会. 民国丛书续编:第一编:年鉴专辑22[M].上海:上海书店出版社,2012:107.

② 赖淑卿. 警政史料:第五册[M].台北:台湾"国史馆",1989:4-7.

③ 1938年1月15日,因首都警察厅"员警协助正规军抗战颇著勋劳",经内政部转奉国民政府行政院核准,将南京保卫战中首都警察厅撤退武汉的官警编为内政部警察总队,调驻重庆,担任中央各部院会警卫。暂编两大队、一特务队,任命方超为总队长、徐为彬为副总队长、乐干为总队附。之后不久,又有百余名从南京保卫战中突围脱险的首都警察厅员警前来报到,加入警察总队之中。

续表

省份及城市	警察投入抗战情况
上海	上海警察死守南市牺牲尤为壮烈,其生存者一部分参加游击与锄奸工作,一部分收容于法租界内
北平	北平警察一部分随同国军转进,一部分仍留故城
天津	天津警察一部分编入保安队,英勇抗战,牺牲如巨,一部分补充国军,一部分投效租界
威海卫	威海卫警察由局长领导全体从事游击,在胶东一带抗敌
青岛	青岛警察全数随市长沈鸿烈转进编为山东省政府特务队
江苏	该省省会警察改编为省政府特务警察队及第三战区第四游击支队,其他战区各县警察则一部分改为第五游击队,一部分仍留原县参加游击,一部老弱给资遣散,其他非接战区概保持原有建制
安徽	该省警察一部分改编为省政府特务警察队,一部分补充国军,一部分遣散
江西	该省庐山警察协同省保安团死守庐山牯岭,牺牲至为壮烈;九江警察改编为警察大队,省会警察改编为省会警察总队,水警总队则保持原有建制,均于敌后作战,开驻指定地区整理服务,其余各县建制仍旧
湖北	该省武汉等地警察,于抗敌作战后连同所在地义民组合游击,受第二区行政督察专员公署之指挥,省会、汉口警察及水警于努力抗战后分别改编为湖北警卫第一、二、三总队,其余各地如宜昌、沙市等警察有改为警卫大队或游击队与别动队者
湖南	该省岳阳、临湘等县警察均编入各该县民众抗日自卫团,其余省县各级警察机关亦有进展
福建	该省厦门警察经协同国军及自卫壮丁抗敌作战,后改为厦门市警察队,其余省县各级警察机关均有进展
广东	该省省会警察于参加抗战后,已随同省政府移驻改编为广东省警察总队,其余各县亦分别编队
河北	该省警察一部分补充国军,一部分参加游击,一部分保护省府行署
河南	该省驻马店警察几乎全部殉职;省会警察改为河南省保安警察总队;各直辖警局其属战区者,均改为某地警察大队或中队,概直辖民政厅;其不在战区则仍旧建制
山东	该省警察一部分补充国军;一部分参加游击;一部分与青岛警察合编为省政府特务队
山西	该省省会警察编为第二战区司令长官警卫队;其余各县一部分参加游击,一部分补充国军

续表

省份及城市	警察投入抗战情况
察哈尔、绥远	警察一部分补充国军;一部分参加游击

因警察队伍损失惨重,1938年6月,内政部、军政部会同公布《公私立医院优待保安警察队伤病员警暂行办法》,规定"公立医院留医保安警察队员警限于3等病室,住费、手术费减半收取""私立医院留医保安警察队因公受伤员警,住院及手术费一律8折收取""特殊区域内保安警察的因公受伤之员警,暂由公立医院免费留医,仍照半价基准,按月报请该特殊区域高级主管机关设法拨还"。① 同年年底内政部出台的《抗战伤亡员警奖恤金分配办法案》,对抗战伤亡员警分发奖恤金,各省上报伤亡员警人数如表4-4。

表4-4　1939年各省上报抗战伤亡员警人数表②

省别	死亡人员			残疾人员			受伤人员			备考
	警官	警长	警士	警官	警长	警士	警官	警长	警士	
浙江	8	9	139				4	10	42	
江西	3	1	5			1			3	
湖南	6		5	1			2	3	20	
湖北	1		5				2		5	
河南			9		1			1	10	
福建			4						2	
合计	18	10	167	1	2		8	14	82	

参照1939年3月28日内政部部长周钟岳批交的《各省抗战伤亡员警人数表》,浙江省死亡长警人数为150,而该表中为156,可推断上表统计数据并不准确。因参战各省市均有员警直接参与抗战,据估算各省伤亡数字应远大于此数。随着"裁团改警"政策的落实,警察队伍中补充大量武器装备健全且具备一定作战常识的保安团队官兵,对于警察作战能力的提升大有裨益。

第二,战时警察职能充分发挥。1938年,戴笠在《警察向导》上发表文章《抗战中的警察》,指出"在目前抗战的状态下,警察的任务,绝不仅在于保护民众与维

① 公私立医院优待保安警察队伤病员警暂行办法[J].警察向导,1938(2):56.
② 各省抗战伤亡员警人数表、奖恤金清单、各省情报补助费分配表及有关文书[A].中国第二历史档案馆藏,档号:12-1-816:4.

持治安。警察在今天应该居于军队与民众中间的一环，这个环必须要做到切实有力，而后民众与军队才可以打成一片，换言之，亦即是军事与政治的合拍"①。戴笠提出警察不仅可以和军队一样守土抗战，同时在后方还起到稳固秩序、联系军民的重要作用。

抗战期间，警察队伍除了执行国家法令、安定社会秩序这些日常工作任务之外，还要在战场或后方协助军队，承担部分军队职能，如后方对间谍汉奸活动、匪徒趁机劫窃、危险分子煽动活动的制止；对空袭进行警戒；对外国使领及外侨的监护；征工、征兵、征发物料统制的调查和执行；民众组织及训练；伤害者、中毒者、难民的救济；必要时对足资敌用道路、桥梁、通信设备，防御工事、军需工厂、飞机场等民用设施的破坏；等等。② 综上，警察职能在战时扩大为"责任安内，协助攘外"，其作用之大不言而喻。

第三，警察队伍凝聚力持续增强。抗战初期的"全面复团"让警界高层意识到警察在战争时期的薄弱地位。抗战期间日本召集警察部长会议，计划扩大并加强义勇警察官制度③，这让以戴笠为首的军统提出效仿日本，发挥警察在国难时期的重要作用。在军统有意识地诱导下，蒋介石耳闻目睹警察在抗战中的上乘表现，从而对军统整理警察以及警察在抗战中发挥的作用抱有一丝希望。蒋介石曾说："前方军事之胜利，关乎后方秩序的安定，而一切人力物力之补充，更有赖于组织有方，管理得法，交通无所阻滞，征发得以进行，此种艰巨之责任，我警察人员实以一身肩之。"④1940 年 9 月 19 日，蒋介石主持中央警官学校成立 4 周年校庆暨正科第 6 期毕业典礼，对全校师生训话中强调："警察的地位，不仅同军人一样重要，而且他要有高尚的人格和丰富的常识，一定要比军人高一等。警察不仅在抗战中居重要地位，即在全部建国工作中，亦具有决定力量。"⑤不管其是鼓动宣传还是真的如此考量，这对抗战时期警察队伍有一定的鼓舞作用。抗战期间，戴笠组织军统分子撰写文章，大力宣传警察在国家危亡之际奋勇报国的精神，用以回报蒋介石对警政的关心，从而彰显出军统的组织和领导能力，在一定程度上对于警察地位的提升及警察队伍凝聚力的增强都有裨益。

第四，县级警政组织机构更加完整。抗战时期，县以下基层治安管理机构设置的名目和规格随意性较大，且机构名称混乱，各机构之间叠床架屋现象屡见不

---

① 戴雨农. 抗战中的警察[J].警察向导,1938(1):7.

② 司延南. 抗战与警察[J].警察向导,1939(8):20-23.

③ 国内外警察见闻录[J].现代警察,1933(1):182.

④ 司延南. 抗战与警察[J].警察向导,1939(8):20-23.

⑤ 湖北省公安厅. 历代警规辑录(卷九):警察服务须知[M].未刊稿:177.

鲜。"裁团改警"明确警察为县警卫的主体,指挥机构为县一级政府,由省监督,减少了县政务警察、保安队、自卫队、警备队等杂乱无章的警卫组织多头指挥的乱象,推动了县一级基层警察权和治安管理权的统一,也符合孙中山"全县警卫办理妥善为完成县自治的必要条件之一"的政治设计。

抗战爆发后,很多地方的警察队伍由于保安团队的并入,在保卫地方、抵御外辱中发挥了重要作用。当然,其中有军统刻意在蒋介石面宣扬"裁团改警"成果的因素,但保安团队平日的训练和组织架构与行政警察不同,合并后的确给警察组织带来了新鲜空气,增强了其战斗能力与国家保卫精神,尤其是保卫地方政府机关和民众、游击作战、应付突发事件的能力加强。且"裁团改警"后,警察机关的经费较之以往更加充裕,客观上对警察的武器装备有较大的补充。由于战争爆发,已经开始"裁团改警"地区的警察机关警务活动发生变化,由过去一般的行政警察到具有武装性质的战时警察。在沦陷区、游击区的警察大部分都演变为游击队、保安警察队等军事组织;在后方国统区的警察,则协助军队在战场或后方维持治安秩序,同时承担部分军队职能。可以说,"裁团改警"后,警察在抗战中的表现是中国警察创建以来从未有过的。

三、战时警团二元格局

综观全面抗战时期警团存废之争,无论是"全面复团"和"裁团改警"政策的博弈,抑或内政部与军政部的针锋相对始终没有停息,学者也围绕"裁团改警"展开文字论战。

(一)军政部与内政部的博弈

这一时期,军政部和内政部对于警团关系意见不一,势如水火。虽然抗战初期,因战时需要,"裁团改警"为战时征兵让位。但是战争中后期,"裁团改警"随着战后建警工作的开展继续实施,而军政部既不想放弃对地方自卫武力的统辖权,也不希望已经受过战争历练的保安团队优秀官兵改警。因此双方不断拉锯,以求更有利于己方的政策。

1. 对自卫武力统辖权的争夺

1938年11月,军事委员会在长沙召开最高军事会议,决定采用国民兵团制度。1939年9月7日,内政部警政司就壮丁队与警察保甲联系的内容,草拟《县壮丁各级(或国民兵团)组织规则草案》《警保及壮丁队联系办法》《县壮丁各级队维持治安办法草案》,送至军政部兵役署征求意见。适于此时,军政部公布《国民兵组织管理教育实施办法大纲》,因此,将这3项法案合并,重拟为《县国民兵团组织规则草案》《警察保甲及国民兵联系办法草案》及《县市国民兵团各级队维持治安办法草案》,并送内政部召开的地方自治设计会议上征求意见。后经内政部警政司、军政部兵役署详细研究后,将《县国民兵组织规则草案》修正为《国民兵团区乡(镇)保各级队部组织规程草案》共25条,由军政部公布;《警察保甲及国民兵联系办法草案》16条,由内政部公布;《县市国民兵团各级队维持治安办法草案》15条,由内政部会同军政部公布施行。① 3项法规制度的变化过程制如图4-1。

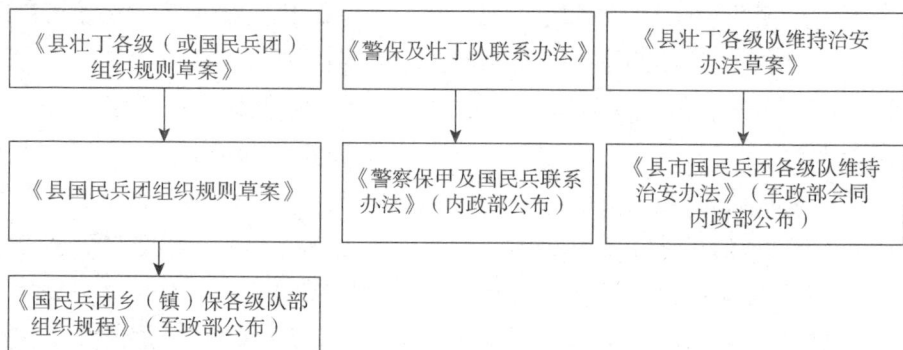

图4-1 警保及国民兵团自卫队法规变化表

值得注意的是,《警察保甲及国民兵联系办法》规定在战争状态下建立的准军事组织国民兵团自卫队有协助警察机关维护国统区县以下地区的治安秩序的职责,此与警察机关以及因抗战"全面复团"的保安机关有所冲突。三者之间的权力分割,成为军政部与"内政部"争夺的焦点。

按照军政部于1939年9月20日颁发的《保安机关与兵役机关职权划分办法》,"所有国民兵团自卫队,在维持地方治安及举行剿匪自卫等勤务时,应受全省保安司令直接指挥,并将保安制度列入国民兵团行政系统表内"②。此举令人颇感诧异,抗战前原是将地方民众自卫武力全部并入保安团队体系,复团后又将保安制度列入国民兵团系统,军警民界限混乱。同时在规定保安团队和国民兵团自卫队执行维持地方治安时,应受全省保安司令直接指挥,又与行政督察专员和县长职权相冲突,与国民政府颁布的地方自治法规相悖。1940年6月,军事委员会会同行政院对该办法进行补充,颁布《各省保安团队与国民兵团自卫队职权划分办法》,其中规定:"凡关全省或具有长时间性的警备职权,应概归省保安团队"

---

① 内政部会同军政部拟定《县(市)国民兵团组织暂行条例》及《国民兵团区乡(镇)保各级队部组织规程》的有关文书(附国民兵团筹措经费案)[A].中国第二历史档案馆藏,档号:12-2-2103:24-26.

② 法规:保安机关与兵役机关职权划分办法[J].浙江兵役,1940(25):5.

"在执行一县以上之警备任务时,自卫队应归省保安团队之指挥督导""在施行仅关一县之警卫时,自卫队秉承国民兵团团长、副团长之命令,并得商请驻在该县之省保安团队协同办理"。① 其组织系统及关系如图4-2。

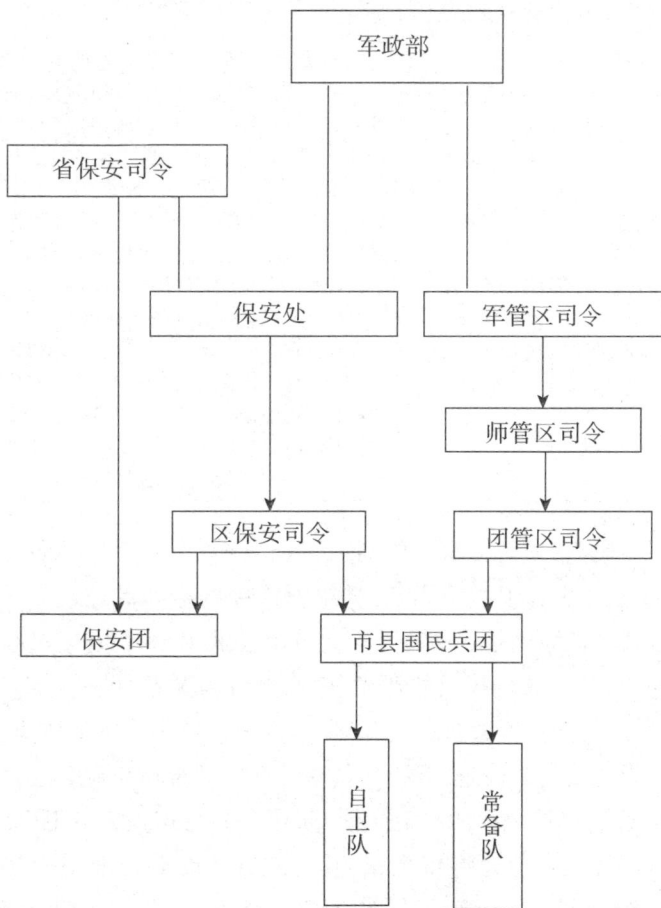

图4-2　兵役、保安指挥系统表②

此图说明,承担维持地方治安和警卫任务的国民兵团及自卫队,其直接指挥权都归属省保安司令部。战区县以下警察行政机关多不复存在,在维护县以下地方治安秩序方面,主要依靠保安团队和由民众自卫武力转变的国民兵团自卫队。

太平洋战争爆发后,蒋介石多次提出"战后国家警察的建立",表明将保安团队纳入正式国家警察体系的初衷未变。为落实1943年5月10日行政院关于充实健全

①　法规:保安机关与兵役机关职权划分办法[J].浙江兵役,1940(25):5.
②　法规:保安机关与兵役机关职权划分办法[J].浙江兵役,1940(25):5.

县市警察的训令精神,1944 年,"内政部"研讨《各省县市地方治安武力整理原则》。

表 4-5 内政部《各省县市地方治安武力整理原则》与军政部意见①

内政部《各省县市地方治安武力整理原则》	军政部意见
(一)各省、县、市地方治安武力,凡组织不能经常存在及无固定经费者,属民众自卫组织,保留其原有隶属系统 (二)经费固定、组织经常存在者,应即改编纳入各该县市警察机关系统之下,斟酌情形,集中或分散使用 (三)所有县市地方治安武力,统由各该县市警察机关统一管训,指挥调遣,并负县市地方治安全责,其组织应使之充实健全	(一)临时组织及无固定经费之地方武力多有其特殊任务,一俟其任务完结后,即须裁撤,故不必改隶警察机关,仍以保留其原有隶属系统为宜 (二)地方武力中如两广、浙江等省自卫队多筹有的款,如将自卫队改为乡村警察,则可利用自卫经费改作警政经费,达成建警目的。惟自卫队除改为保安警察外,均未便集中使用,恐改隶后,未能担任自卫队原有协助国军作战任务,且自卫队官佐多系军人,不适用于警官,改隶后反使失业,而走入歧途,似应予考虑 (三)国家武力除正规军及补充部队外,其余地方治安武力自应由警察机关统一管训,指挥调遣,以符建警原则。惟此项武力划分,似须俟之战后,战时恐有未便。因现在若干地方武力大率由战列部队指挥官指挥调遣,一旦改属,必致影响作战

《各省县市地方治安武力整理原则》是"内政部"为达到县以下"警卫一元化"的目标,试图将县以下警卫经费固定,将组织常存的地方治安武力编入地方警察系统之下的方式。该原则规定所有县市地方治安武力由警察机关统一指挥调遣。而军政部于同年 10 月 8 日提出的意见,表面上看为军方对战争期间"裁团改警"的忧虑,欲于战后再归并警察机关,实际是对内政部整理原则的坚决否认,也是争夺地方自治武力统辖权的表现。最终,行政院对内政部和军政部的不同见解给出了"和稀泥"的答复:"国民兵团自卫队依照《统一各县市地方自卫组织办法》之规定,原为地方自卫武力,应暂维持现状,其他地方治安武力准予一并纳入警察系统,惟何省设有清乡队、保卫营、警备队、特务队等名目,仍仰查明具报,以凭办理,所拟原则三项免议"②,可见,"行政院"为均衡军政部与"内政部"的利益,虽驳回了"内政部"提交的《各省县市地方治安武力整理原则》,但是在一定程度上允许了除国民兵团自卫队以外的其他治安武力一并纳入警察系统。

国家建设进入战后整顿阶段,后方各省保安团队正拟继续整理,实施裁改。因规定自卫队归属地方,可维持现状,此时一些省市以维护治安为由,试图扩编各

---

① 内政部呈请行政院核示整理各省地方治安武力整顿原则案:民国三十三年十一月三十日[M]//赖淑卿.警政史料:第三册.台北:台湾"国史馆",1989:213.
② 内政部呈请行政院核示整理各省地方治安武力整顿原则案:民国三十三年十一月三十日[M]//赖淑卿.警政史料:第三册.台北:台湾"国史馆",1989:213.

县市自卫队。如四川省呈《加强人民自卫武力办法》、贵州省呈《各县市国民兵自卫总队组织暂行办法》、重庆卫戍区呈《自卫队督练办法》、甘肃省呈《自卫队调整办法》，这些增加了战后建警阻碍。同年 11 月 30 日，内政部再次向行政院呈文，提出安徽省设有清乡队、云南省设有保卫营、河南省设有警备队、浙江省设有特务队，除清乡队、特务队外，一为兼负国民兵训练任务，一为临时民众自卫组织，可以按照原拟定的整理原则第一项，仍保留原隶属系统。但为了纠正当前各省地方治安武力系统复杂、指挥运用失灵的不良现象，拟请行政院通令各省，"凡组织健全之县市(院辖市除外)警察机关，得统一指挥各该地方治安武力，以维护地方治安，各该地方治安武力不得以非隶属予以拒绝，以为过渡时期之变通办法"①。

"内政部"提出《整理各省地方治安武力原则》的原因不外有 3 个：第一，国民兵团自卫队虽隶属国民兵团系统之下，但是在具体落实过程中，仅仅是名称的改变，实际情况和之前无区别，仍属于地方自卫武力。第二，各地自卫队裁撤改编为县保安警察队，可以先从后方各省实施，如若担心自卫队改为警察造成兵源缺乏，必要时，警察也可参战。第三，其他临时性的治安自卫组织，可以赋予警察机关指挥调用权力，有事召集使用，不必有固定组织。且依照《县各级组织纲要》及《县警察组织大纲》，地方自卫事项，也应由县政府或警察机关主管。结合上述理由，1945 年 5 月 18 日，内政部拟具《整理各省地方治安武力原则》4 项如下。

表4-6　"内政部"《整理各省地方治安武力原则》与军政部意见②

"内政部"《整理各省地方治安武力原则》	军政部意见
(一)各省县(市)自卫队及其他治安武力一律改编为保安警察队，隶属于县(市)警察机关，并加紧予以训练 (二)修改国民兵组训法令，关于自卫队及维护治安等规定，各级兵役机构，只有协助警察维护治安之责，以一事权 (三)各省县(市)为加强维护治安力量，应扩充健全各级警察机构，不得于警察以外，再有任何名目之组织，以期逐渐充实警政基础，树立一元化之警卫制度 (四)各地警察机关于必要时，得就现有国民兵、乡(镇)队、保队、甲班召集指挥运用之，俾得协助维护地方治安	(一)自卫队系隶属于国民兵团，为兵役基层单位之一，目前战事正在紧要关头，兵员之补充重要，该队似未可行遽行改编为保安警察 (二)所请规定各级兵役机构只能协助警察维护治安之责，以一事权，似尚可行 (三)所请扩充健全各级警察机构及一元化之警卫制度，原则可行。惟目前各省情形不同，对于事实上颇有困难，似应于复员后办理 (四)国民兵乡(镇)队、保队、甲班等有协助维护治安之义务，警察机关于必要时，似可请国民兵团长酌派队(班)协助维护地方治安，似不可归警察指挥

① 内政部呈请行政院核示整理各省地方治安武力整顿原则案：民国三十三年十一月三十日[M]//赖淑卿. 警政史料：第三册. 台北：台湾"国史馆"，1989：213.

② 内政部呈请行政院核示各省地方治安武力原则四项：民国三十四年五月十八日[M]//赖淑卿. 警政史料：第三册. 台北：台湾"国史馆"，1989：219-223.

由于《整理各省地方治安武力原则》关乎战时兵员和战后建警,涉及诸多部门,行政院于6月13日召开有关地方治安武力问题会商会,讨论内政部呈拟《整理各省地方治安武力原则》4项。出席者为军委会办公厅何政涵、内政部警政司司长酆裕坤、军政部胡宗宜、兵役部萧作霖、行政院邓介松。经审议决定,除保安部分非内政部范围外,关于各省县市自卫队战区部分,仍暂其旧,后方各省则应改编为保安警察队,隶属县市警察机关。① 从军政部回复"行政院"的意见中可见,军政部不完全赞同"内政部"收回地方自治武力的主张,理由仍为战时兵员补充尤为重要,各省县(市)自卫队及其他治安武力不可贸然改编保安警察队。警察无权指挥国民兵团,必要时国民兵团可以调遣其协助维护治安。由于日本已是强弩之末,军政部态度已不再坚决,对于各省县(市)自卫队及其他治安武力一律改编为保安警察队予以认可,但时间需俟战后。

2. "团改军"与"团改警"之争

太平洋战争期间,抗战局势逐渐扭转,蒋介石亦开始为战后国家重建做必要的准备,内政部中心工作也随着战后经济改革的需要进行重心转移。"内政部"认为裁团后的节余经费,按照规定本应移作办理保甲和警察之用,而保甲经费已划由自治财政系统支给,无须此项经费补助,而保安团队既然必裁,也无须使用这笔经费。因而此项经费可用于"建设百年治安大计之警",对地方财政也大有裨益。而军政部则对保安团队的去向持有异议,认为"以团补军"更利于现实需要。此时,军政部与"内政部"之争主要集中在对保安团队的安置上,到底是"改军"还是"改警"。虽然内政部极力争取,但军政部毫不退让,二者多次在会议及政策制定上屡生纷争。

第三次全国内政会议上,内政部部长周钟岳在会前提出要将警卫力量的充实调整工作提上议事日程。② 与会警界代表认为"地方治安的维持,端赖于警卫两者的联系"③,主张贯彻中央"裁团改警"计划,实现"警卫统一"。而军政部则提出《三十一年度各省保安团队调整待遇及保安团、国民兵团经费处理案》,表面上也

---

① 有关地方治安武力问题会商记录:民国三十四年六月十三日[M]//赖淑卿. 警政史料:第三册[M].台北:台湾"国史馆",1989:222-223.

② 在第三次全国内政会议召开之前,《国防周报》邀请内政部部长周钟岳撰写《第三次全国内政会议之使命》一文,此文即周部长在第三次全国内政会议上所致开幕词,对过去施政方针以及此次内政会议的使命做了指示。其中在关于此次内政会议的使命内容中提到"关于地方警卫力量之充实调整"一项,将警卫力量的充实调整工作提上议事日程,除了警察机关外,也重视了地方自卫武力的调整。

③ 周钟岳. 第三次全国内政会议之使命[J].国防周报,1941(1):9-10.

赞成中央"裁团改警"计划,但其本质是"以团改军",仅以原有经费移充建警使用,也就是保安团队官兵由军方接收,地方上供养团队的经费留给建警使用;团队官兵上前线的所有开支还需国民政府另外支付。因此,"团改军"与"团改警"有重大差异,保安团队改军后,其经费虽由国库开支,但来源还是搜刮的民脂民膏,何况团队留下的维护地方治安的职责,还需另招募大量警察填补,又要增加民众负担。这样的"裁团改警"与抗战前夕蒋介石批准施行的《整理警政原则》《裁团改警办法》不符,是靠再增加税收来维持,势必会加大民众负担。

由于国民党中央有关部门、社会各阶层对警察和保安团队的意见颇多,根据蒋介石的批示,军政部被迫对保安团队的管理放手,另成立兵役署,管理兵役事务。1942年5月19日,军政部召开"继续调整保安团队会议",明确将保安团队送回到"裁团改警"时的位置。会议确定保安团队是武装警察性质,将保安事务划回内政部主管,但指挥权和兵源补充之权仍在军政部,具体由省保安司令部、保安处调遣。也就是军只只责保安团队的使用调度,其他则由"内政部"依法办事。实际上就是保安团队甩掉赋予其维护地方治安的责任,抛弃民众集资看家护院、保卫乡梓的初衷,成为单纯的军事组织。该会以后,关于保安团队事务及案件,改由内政部或省民政厅主办。为加强对保安团队的管理,将原专办保安行政的"内政部"警政司第四科扩充,对外仍称保安科,同时受军政部的指挥监督,专管地方治安及保安行政事务。保安业务重新回到警政司的职能范围。①

1943年,国民参政会三届二次大会议案上提出"裁团改警"相关提案,建议保安团队在战时不便改警的情况下,可先用保安团队的经费,在保安队中训练警察学识,以备收复区"裁团改警"的快速推行。国民参政会议高度重视,并提交军政部、内政部等有关部门审核。军政部对此刻提出"裁团改警"的意见如表4-7。

表4-7　国民参政会议建议"裁团改警"案(军政部)审核意见表②

	提案及决议原文	审核意见
参议院提案办法	(一)请政府撤销各地保安团队之组织,并送速编组保安警察	(一)查各省保安部队整理办法本年二月即已颁行,似因后方治安不良,从缓实施,现已签请三十三年度开始施行(该办法即系裁团建警)

---

① 内政部一九四三年度施政计划及中央设计局审查意见[A].中国第二历史档案馆藏,档号:12-2-2586:3.

② 军政部电送行政院秘书处审核各省保安部队整理办法意见:民国三十二年十二月三十日[M]//赖淑卿.警政史料:第三册.台北:台湾"国史馆",1989:205.

续表

	提案及决议原文	审核意见
参议院提案办法	(二)将现有保安团队官兵划编为补充部队	(二)查各省保安部队整理办法已有规定各省参战战绩较优之团队,编并为陆军或补充缺额,其余改编为保安警察
	(三)保安团队现在所有枪支仍留原地,作为充实警察实力之用	(三)查内政、军事、军令三部会订之参战团队编并陆军实施办法已有规定,编并为陆军之保安团队,其枪械亦得随同编并
	(四)保安团队改编之后,减少壮丁征派数量,以增强后方生产劳力	(四)查保安团队缺额,素为各省府自行统筹配拨,例不抵额,惟以参战之保安团队缺额,得视同国军专案指拨补充,准予抵额。值此抗战急需兵员之际,似有将保安团队一律改为补充团队之必要,既可以减少人民负担,又可增加兵员,且可增加后方生产力
国民参政会决议文	原则通过,送请政府筹划办理,惟在地方警察未普遍设置前,对于保安团队应严加训练,整饬纪律,以巩固地方治安	查本部与内政部会订呈核中之各省保安团队素质、风纪、训练改进办法已有详细之规定,其概要略举入后:(一)各省保安团队应汰弱留强,并严格整饬军风纪;(二)各省已设保安团队干部训练班者,充实之,未设者,应即依法设置,经常轮番抽调官佐及优秀班长施以训练

以上可见,军政部的主要意见是将"团改警"改为"团改军"。无论二者倾向选择哪一种,战后保安团队被裁改的结局已经注定,"裁团改警"既定方针在全面抗战后期已被要求继续推行。

"团改军"与"团改警"之争的本质是保安团队如何裁撤的问题。蒋介石最初仅考虑汰弱留强后,保安团队大部并入警察体系,少量可并入兵役体系中。后经"行政院"研究,认为保安团队人数众多,警察机关难以容纳,其出路似可有两种,既可改警,亦可改军。改警的主要考虑有二:一是以前保安团队,素质较差,良莠不齐,"军政部不主张改军";二是军队本身数量过多,尚需整编,"自难容纳团队"。抗战军兴后,团队改警停顿,等待国民党中央新的指示。军政部一反常态,积极要求接收保安团队,一则因战争消耗极大,需要大量兵员补充;二则保安团队经过调整训练并参与抗战后,其水准已能担任战斗任务;三则保安团队正在大规模改警,此时转为改军较为便利。

但无论如何,保安团队的裁撤在战后已成定局。在一定程度上我们可以认为,保安团队制度的产生只是在农村破产、民不聊生、经济拮据、内忧外患的状况下实行的一种明知弊端很多但无可奈何之举。该制度仅为战时所需,正如吉登斯(Anthony Griddens)评价"凡是传统国家,就都在其版图内要求对暴力工具实施正规化的垄断"①,一旦建立现代民族国家被提上日程,将暴力工具集中改造为国家所有则是每一位统治者的必然之举。

(二)警团存废之争的文字论战

《裁团改警办法》出台后,从形式上看主存派赢得了阶段性胜利,警察在国家行政体制和治安管理中的地位由此确立。但在国民党中央内部,废止基层警察的声音一直不绝于耳。虽然他们此举在蒋介石支持"裁团改警"政策的大形势下如"蚍蜉撼树",但从"民主"和"民意"的角度,也未能禁止。然而从事警察理论研究和警界专家却从未停歇从思想上、文字上对"裁团改警"政策各抒己见。

"内政部"拟定《县警察组织大纲草案》后,各方意见纷纭。其中,县政专家胡青门在《关于民财建教在县政上的几点意见》一文中,做出有关警政建设的评论:"按新政之移自欧美者,以普设各县之警察最具文而缺乏实效,原以此种制度,为资本高度发展之产物,在市廛栉比,烟囱林立之场合,人口密集,奸宄朋兴,有喧嚣的市面,有暴露的巨货,惟赖行政力量,难资维持平安秩序,而军事又未便久隶于政治范畴,于是由军事政治二者变态混为警察制,资本发达愈高,则警察组织愈密,若德国之有政治警察,秘密警局,盖无往而非警察势力之所及,今普设于我国各县则何所取义。"②故而提议:"除已工业化之县份外,所以维持地面治安之警察制,实应予以调整。普通既于警察局之外,各县皆有团队武力,谓当于警察预算并入团队之中,而于团队下置有侦缉职能的负责小队,平时巡逻侦察,遇有案件,仍仿照军宪兵协助司法之例,听受检察官指挥,其所防范于事前,摘发于事后,及影响社会人民之视听者,必非形同骈枝之警察局所所能逾越。"③胡青门将取消县以下警察的原因归纳为三点:"(一)警察是欧美舶来品,华而不实,中国应有选择地接收;(二)警察是工业社会的产物,中国农业社会不适宜;(三)农业社会犯罪非警察所能制止,还是需要保甲和团队。"

此文一出,立即引起外界人士对县以下警察制度是否应裁撤的大讨论,在警

①　吉登斯.民族—国家与暴力[M].胡宗泽,赵力涛,译.北京:生活·读书·新知三联书店,1998:145.
②　胡青门.关于民财建教在县政上的几点意见[J].行政评论,1940(3):5.
③　胡青门.关于民财建教在县政上的几点意见[J].行政评论,1940(3):5.

界掀起轩然大波。由于该文章影响很大，且代表了一部分人的意见，戴笠、李士珍等以警界名义组织人员撰文反击。最具代表性的是军统成员刘浑生，该人曾在军统东南训练班任教，后为闽南站站长。其在《福建警察》第一卷第二、三期发表《报胡青门君论地方警察制度的存废》，展开针锋相对的驳斥和反击，从警察类别、警察职能、犯罪方式等方面分别论述警察的不可取代性。其中提及"权力"作用是警察的特质，基于警察权力是保持国权与社会的秩序，对于人民具有直接限制其自由的绝对权力，"警察权力，与人民权利，所具的范畴是紧密的，偶尔不当，就可以影响人民自由，或社会的安宁。所以国家绝对不能将此种职责，赋予于毫无专门智识之人。此世界不论古今中外，警察总是专业的"①。在体制上，他指出："警察是内务行政的主要工具，其内涵实包括一切消极行政都属警察范围，绝非外行如胡君所指之防缉盗匪，或逮捕罪犯等保安警察、司法警察的狭义内容。他除消极的保持秩序安宁而外，尚具有助长其他积极行政之功能，此更非以任何武力可得而代替其作用，其不能以团队代替其理至显，不特团队之无代替警察之可能，在行政体制上，团队根本无干预国家行政之理由。"②除了刘浑生，还有陈玉辉、刘璠、卢振纲、林超等一批警界人士加入了反驳的行列，一场文斗之后，军统和警界高官在认识到警政建设及改革警政的必要性外，更加谋求对危及警察事权统一的保安团队及地方自卫武力的裁撤。

此时，被日军进犯的福建也出现与"裁团改警"相悖的警团关系调整。1940年，由于军统与福建省政府的矛盾，福建省主席陈仪在施行新县制时，根据福建抗战危局以及"剿共"后社会治安、乡村经济等方面情形，全面裁撤由军统把控的各级警察机关，警官和长警均并入保安团队，省民政厅警务科、警训所等并入省保安处，县警政移交保甲团团。军统要员胡国振、谢国寿等在戴笠支持下在《福建警察》上提出异议，认为根据蒋介石"军队对外，警察对内"的训示，社会治安无疑应由警察承担，不能削弱警察力量。他们建议："（一）建立有政治军事学识的保安警察队，以防剿零散土匪，维持社会治安。（二）建立乡村警察制度，组训民众及义勇警察、教育民众、侦察民众、指导民众，排除纠纷，推行政令。（三）组建警察网，以警管区为基本单位（每警管区约等于1个国民学校范围，即2保至3保为度，派1警士负责之，5个警管区为1责任区，或即警察驻在所，指定一警长负督导之责，合3个至5个责任区派1巡官设立警察所或警察分驻所。为着要使警察负起警管区的责任，必须提高警察人员的程度与智能，警察教育也须适合于此种任务的需

---

① 刘浑生. 报胡青门君论地方警察制度的存废（下）[J].福建警察，1940（3）：17.
② 刘浑生. 报胡青门君论地方警察制度的存废（下）[J].福建警察，1940（3）：18.

要,最适当的办法是招收初中程度的青年,加以相当时间的训练,而派充为警士,待遇当然亦要跟着提高)。(四)建立警察指挥机关,统一协调户籍、卫生、交通、消防、矿业、政治等各种警察分力合作。"①此事在国民党中央和"内政部"协调下,最终以恢复县级警察机关了事。由上可观,警察存废两派之间的争论旷日持久且逐渐升级,从单纯的学理层面逐渐向意识形态层面演变,其背后亦充斥着深层次的政治斗争。其关涉基层警察未来命运及存亡,随着国民党政权高层的介入,该论争背后各方势力博弈变得扑朔迷离,值得磋议。

四、小结

卢沟桥事变发生后,蒋介石在庐山曾言之凿凿:"如果战端一开,那就地无分南北,人无分老幼,无论何人皆有守土抗战之责,皆应抱定牺牲一切的决心。"②在抵抗外来侵略的战火中,战斗力是衡量一切队伍存在意义的标尺。保安团队本身的"武装属性"使其在战时发挥的守土责任更加突出。虽然民间对保安团队怨声载道,诸如"兵如梳,匪如篦,团阀犹如刀刀剃"③之类歌谣流传甚广,但不可否认,在抵御外侮中,武装警察性质的保安团队比警察更有作用,并且可做军队的预备队和补充兵源。因此,随着全面抗战的爆发,保安团队再次回到政治舞台。但在治内维护社会治安、打击匪盗、清查户口等方面,警察也有较大的优势,且在沪、宁、浙、闽、粤等地的抗战中,警察参加作战,成绩斐然。在保安团队强大的竞争压力下,面对不利于警政建设发展的大环境,军统不断宣传警察战时"责任安内,协助攘外"的作用,蒋介石也逐渐认可警察在内政中的重要性。

太平洋战争的爆发,加速了日本战败进程,形势利于中国,蒋介石提出抗战与建国并举,开始筹划战后重建工作。"裁团改警"政策不仅能统一警察事权,将地方武力收归中央,最重要的是能够解决警政建设的经费问题,因此,"裁团改警"政策屡次出现在内政计划和建警设计中。"民族—国家是统治的一系列制度模式,它对业已划定边界(国界)的领土实施行政垄断,它的统治靠法律以及对内外部暴力工具的直接控制而得以维护。"④由于现代民族国家军事垄断的本性,"私人的

---

① 谢国寿. 如何建设现阶段的福建警察[J].福建警察,1940(1):55-56-56.
② 司延南. 抗战与警察[J].警察向导,1939(8):23.
③ 高孟先. 四川保甲之今昔[J].北碚月刊,1937(8):2.
④ 吉登斯. 民族—国家与暴力[M].胡宗泽,赵力涛,译. 北京:生活·读书·新知三联书店,1998:147.

地方性军事武装是不能在政治和意识形态的死角中长期存在下去的"①。国民政府为将地方控制的暴力合法化,保安团队在战后势必以"改军"和"改警"两种形式为改革方向。虽然在保安团队的归属问题上,军政部和"内政部"屡生冲突,但在国家机器和意识形态的强制下,"裁团改警"政策在抗战后期的继续推行已成必然。在现代化国家建设的话语体系下,警察制度建设在与保安团队等"内生秩序力量"的博弈中,逐渐占据主动地位。

---

① 孔飞力.中华帝国晚期的叛乱及其敌人:1796—1864 年的军事化与社会结构[M].谢亮生,杨品泉,谢思炜,译.北京:中国社会科学出版社,2002:216.

第五章 抗战结束后"裁团改警"的异变
（1945—1949）

抗战胜利后，国民政府转入战后复员和国家重建时期。蒋介石明确提出"在建国期间，我认为警察工作更比什么都来得重要，因为如果没有警察力量的支持，建国工作就不能走上轨道"①。从政治、行政以及情治机关等多种关系平衡的角度，蒋介石将战后建警工作分解为设计和实施两部分：建警路径设计由李士珍负责；而建警的具体组织实施仍交由军统承担。由此，军统及其控制的警界内部产生分化，以李士珍为首的"警校派"和以唐纵为代表的"军统派"在争夺战后警政主导权的过程中都将"裁团改警"作为建警基础。1946 年 8 月，内政部警察总署成立，警察总署署长唐纵组织专家拟订《警政建设五年计划修正草案》，布置战后警政建设，"警保合一"成为"裁团改警"政策在战后的新形式。后由于国共和谈失败，国民政府宣布"戡乱"，"裁团改警"工作告缓。"警保合一"也因新组建的国防部明令各省恢复保安司令部，将各省警保处从原隶属省政府改为由保安司令部管辖而发生变化。此时，不仅是已成为保安警察的保安团队恢复原建制，划归国防部指挥，且各省警察机关也随着省警保处，被编入省保安司令部的序列。尽管军方称警政与保安平行管理，互不交叉，但实际上警政已被军方接管。"裁团改警"实质上变为"改警为团"，其性质再次发生逆转。

一、计划中的"裁团改警"

抗战结束后，按照"警卫一元化"的既定方针，裁并警察以外的治安机构，以一事权，奠定战后建警基础成为"内政部"首要工作。"裁团改警"作为警政建设之基，在战后警政计划中频频出现。

---

① 蒋介石．主席训词[J].警察向导,1947(9):45.1945 年 11 月 30 日,蒋介石对中央警校第十五期毕业生训示,将警政建设列为战后国家政治建设的重要组成部分。

(一)《警卫调整计划》中的"裁团改警"

抗战结束,国民政府在布置收复失地、惩处汉奸、复员还都等急务的同时,按照新县制和"警卫一元化"方针,整理 8 年抗战中出现的各类地方警卫组织,恢复原有警察体系,推动"裁团改警"和战后警政重建工作。

此时,各地警卫机构除警察机关、保安团队外,还有国民兵团自卫队以及众多民众自卫组织:"有省府所设警卫团、营或特务团,担任省府各厅处警卫任务者,如浙、湘、粤、甘、川、鲁等省;县市未设自卫队,而设其他组织者,有云南各县之保卫营、安徽各县警保队;更有因辖区沦为战地,组织其他地方武力者;此外尚有未设省保安团队而由军队维持治安者,如青海省;亦有军队协助维护治安者,如宁、康、滇等省。"①截至抗战结束,设全省保安司令部者有苏、皖、豫、陕、甘、晋、鄂、新、粤9 省;于省政府下设保安处者有鲁、冀、青、宁、浙、闽、赣、川、康、黔 10 省,省辖之各行政督察区大都设区保安司令部,由行政督察专员兼区保安司令。战区省份多将行政督察专员公署与区保安司令部合并办公。现有保安团队组织者,计有川、康、黔、陕、甘、宁、晋、新、鲁、皖、苏、闽、浙、赣、粤、桂等 17 省,总共约 139 团又 77 个大队、26 个中队,其中以山东数量为最多,有 10 万余名,因该省远处敌后,情形特殊,故团以上尚保有师、旅等建制。② 其中隶属各级自治组织为极少数,大部分隶属省、县政府和保安司令部。内政部对此复杂情况进研究后,拟订《警卫调整计划》,1945 年 11 月 29 日由行政院通令各省市政府遵办。

《警卫调整计划》的初衷是理顺包括警察、保安警察队、自卫队在内的县级警卫力量,实行一元化领导,为战争结束后警政重建铺平道路。该计划规定依托现行行政区制,由行政督察专员公署充当省、县之间的警卫监督机关,同时充实县级的警卫力量,区分区域设置县警察局及依照"裁团改警"的方针编组的保安警察队。在县一级警察机关的设置中,由保安团队改编成的保安警察队,多被派驻经济、文化落后,交通艰阻,民生困苦,治安不靖的地域;而县警察机关仍设在相对发达的县境区域。

该计划规定警卫调整的一般步骤,"一是各省警察网的建立,由城市渐次扩及乡村;二是先设置保安警察部队,控制要点,集中并流动使用,以确保地方治安,进而改设警察局所"③。并按照后方区、收复区和光复区不同情形进行警卫调整。

---

① 内政部警政司拟警卫调整计划[A].中国第二历史档案馆藏,档号:12-2-462:12.

② 内政部警政司拟警卫调整计划[A].中国第二历史档案馆藏,档号:12-2-462:12-13.

③ 司法警察条例、警政司警卫调整计划、刑事警察须知等有关文书[A].中国第二历史档案馆藏,档号:12-2-2215(2):59-61.

后方区要求在复员期1年内按照本计划调整完毕。收复区在情况许可的情况下按步骤进行调整。

在警员的充实和补充上,该计划规定"重要都市、口岸,如上海、青岛、北平、天津、武汉等地,就内政部警察总队及中央警官学校各班员生中拨调相当警力,于失地收复时,率领进入维持秩序,并以之为恢复警察建制之主干。一般市县由各省就省、县警察队扩编,或省警训所编练之警力,或保安部队中拨调相当警力,遴派合格警员。如若全境被敌伪占据,毫无警卫基础,如辽、吉、黑、热及冀、察等省,除在后方编练之长警,商请'内政部'适时遴派合格干员率领进入主要地区外,应于国军驻防掩护之下,一面就编余陆军或该省民军部队中挑选编练必要之保安警察部队,一面得就伪警中甄别挑选,加以训练后,妥密配合部署使用"①。由于战时各省警官和长警的大量流失,各地警力的补充对于战后警政的恢复和重建有重要意义,此计划规定了警力的补充,除中央警校、各省警训所编练之合格警力外,还可就编余陆军和保安部队中甄别挑选补充至保安警察队,此办法实质系为"裁团改警"原方案的一部分。

在各级警政机构的设置上,将警察以外的其他自卫武力改编为保安警察,归警政部门统辖为该计划最主要的目的之一。该计划还专列"各省保安部队之整理及其他地方自卫武力之调整"一项,包括各省保安部队的整理和县(市)地方自卫武力的调整。计划规定"现有保安部队,战时呈准暂缓整理者,应即依法切实整理,一律改编为保安警察部队,依情况除部分控制省会郊区及其他重要据点外,大部应配置于各区,受专员之指挥监督,集中流动使用,担负保安任务。省政府警卫团(营)及特务团等,概行裁撤,统筹改编为保安警察部队,所有省政府及各机关之警卫,悉依《驻卫警察派遣办法》办理。县(市)属警察以外,为维持治安而设之各种武装组织,一律裁撤,汰弱留强,重质减量,改编为县保安警察队。民众自卫组织,凡属保安性质者,一律撤销"②。此内容是"裁团改警"政策在战后落实的具体表现形式。

在人事及经费方面,规定省保安部队等裁减之官兵,除依《各省保安部队整理办法》办理外,并得挑选拨编县保安警察队。同时规定"将裁减保安机关部队等所余之经费,应全部移作警卫、警察经费;各省(市)警卫机构调整后,所需之警卫经费以现有保安及警察全部支出,统筹支配,必要时得由中央酌予补助"③。同时还

---

① 司法警察条例、警政司警卫调整计划、刑事警察须知等有关文书[A].中国第二历史档案馆藏,档号:12-2-2215(2):59-61.

② 内政部警政司拟警卫调整计划[A].中国第二历史档案馆藏,档号:12-2-462:16-17.

③ 内政部警政司拟警卫调整计划[A].中国第二历史档案馆藏,档号:12-2-462:17.

在教育训练、素质装备上对警卫调整做出充分说明。

值得注意的是，按照《警卫调整计划》统计，在对各省县保安部队及地方自卫武力实施整理后，估计可按照新县制的标准，编成省保安警察队320大队，警官9920人，长警155520人，县保安警察队约1975中队，警官13825人，长警306125人，省县保安警察队共需要警官约23745人，长警约461645人，除现有各省保安部队官佐26118人，士兵330152人外，计官佐尚余2373人，长警则差131493人。① 但保安官佐士兵素质低下者需要淘汰很多，而各省保安警察队缺额又多，因此在实际运行中，保安官佐数量不敷分配。且在该计划所附《警卫调整计划说明》中，估计全国所需警察人员共877525人，其中警察部队人数为485390人，占总数60%。在原有警卫体制之下，保安团队及各地自卫武装力量的人数占绝大多数。而这次警卫调整计划中，专有警察人数期待达到60%左右。②

至1947年国共和谈失败，该计划实施的外部局势发生变化，内政部又拟具《警卫调整计划实施情形检讨》共计8项，主要针对省警保处和保安警察队的设立，做部分调整和补充。按照原《警卫调整计划》的规定，各省保安司令部（保安处）裁撤，民政厅警务科（股）裁并，改设省警务处。但国民党六届二中全会又决议在各省设警保处，将现有保警机构裁并，因此需要修正原计划。后因内战爆发，"裁团改警"工作、《警卫调整计划》及《配合国军整理各省保安团队实施方案》都暂为缓议。③

《警卫调整计划》实施后，一些地方开始继续"裁团改警"工作，如河南省。在抗战期间，河南省人力物力贡献巨大，且灾情迭承，兵匪交困，战后保安团队及名目不一的地方武力，所有经费、粮饷、服装均大都直接取之于民，且素质低劣，缺乏训练。因此，河南省政府为统一事权，减轻民负，建设现代警察，巩固地方治安，响应中央"裁团改警"号召，制颁《河南省裁团建警计划大纲》，期冀由完善警察制度

① 内政部警政司拟警卫调整计划[A].中国第二历史档案馆藏，档号：12-2-462:17.
② 司法警察条例、警政司警卫调整计划、刑事警察须知等有关文书[A].中国第二历史档案馆藏，档号：12-2-2215(2):59-61.
③ 内政部警察总署一九四七年度工作计划表，战前战后警察概况及将来计划比较表，新县制中警察制度之检讨等警政建设资料[A].中国第二历史档案馆藏，档号：12-2-650(2):2-5.《配合国军整理各省保安团队实施方案》规定各省保安团队依照核定编制整编为保安总队，不足之数，由编余国军补充，除了早在1943年、1944年已经"裁团改警"的湘鄂两省外，计划分为两期实施：第一期五至七月，为宁青苏川粤皖浙闽滇黔豫13省；第二期七至九月，为甘康新冀晋陕等7省。整编县市地方治安武力为保安警察队，隶属于县警察局，各地正在落实，已整编者为川湘赣陕甘桂粤7省，正整编者有浙鲁鄂3省，其余各省当斟酌情形督促办理。

基础来达到地方政治稳定。该大纲从省、区、县3级警察机构出发,根据河南省状况,详细规定"裁团改警"程序及期限如下:"(一)省保安司令部裁撤,其业务移交省警务处,1个月内完成;(二)省保安团队改编为省保安警察总队,3个月内完成;(三)加强各直属警察局组织,2个月内完成;(四)区保安司令部裁撤,成立警卫处,2个月内完成;(五)区自卫总队改编为区保安警察队,3个月内完成;(六)县保安团队改编为县保安警察队,3个月内完成。"①

表5-1 《河南省裁团建警后人员经费估计表》②

项别	省级			区县级		
	官佐(人)	警兵(人)	经费(元)	官佐(人)	警兵(人)	经费(元)
建警后之情形	900	9000	31680000	4912	67300	93875600
现在之情形	290	2626	9600000	1404	12756	17106276
待补之情形	610	6374	22080000	3508	54544	76769324
裁余之情形	202	2380	158560000	4650	58577	80893376

同时呈报的还有配套的《河南省裁团建警计划大纲说明》,根据统计,1947年河南省保安团队包括保安司令部直属团队以及区县人民自卫总队,总计官佐8158人,士兵113121人,枪支67873支,经费共计338292700元。此经费不包括膳食、服装等费用。全省官警人数计17076人,每月经费为26706276元。二者相较,就兵额而言,警察尚不及保安团队1/7,而经费更不及其1/12。此等状况和蒋介石当时提出的"安内唯警"的立国通则相违背,这也是《河南省"裁团改警"计划大纲》提出的原因。上表中"裁余之情形栏"所列系"裁团改警"后编余之官兵数计有65809名,节余之经费共计239453376元。河南省欲通过"裁团改警",按照行政区内每千人设1个行政警察,计划全省应增加警察万余人。因此,计划将省直属保安团队改编为保安警察总队,区、县人民自卫总队改编为区保安警察队,分布全省重要地区,每县平均各设保安警察2个中队,为机动武装,共计亦不过7万余人,相当于现有保安团队兵额1/2,其余所谓名目不一之地方武力将悉予裁撤。③ 河南省欲通过"裁团改警"的落实,达到事权统一、提高警察素质、减轻民负的效果,也改善了警力仅集中于省会及重要城镇,而乡村少警或无警的情况。

《警卫调整计划》是内政部为施行战后建警工作而筹划的最早方案。从设计

---

① 河南省裁团建警计划说明[A].中国第二历史档案馆藏,档号:12-2-2223:1-12.

② 河南省裁团建警计划说明[A].中国第二历史档案馆藏,档号:12-2-2223:15.

③ 河南省裁团建警计划说明[A].中国第二历史档案馆藏,档号:12-2-2223:14-16.

上看,该计划虽然仍坚持"裁团改警"政策,但思路与李士珍《五年建警计划》并不完全一致,反映了军统在建警上的不同想法,客观上该计划成为战后建警屡生变异的开端。"内政部"和战后建警的决策者认为《五年建警计划》有其局限性,仅仅简单裁并保安团队,充实警察队伍,不能从本质上解决警政事权分散的问题,而是寻求从机构设置、人事经费、教育训练各个方面进行详细系统规划,为"裁团改警"政策在战后的"落地"拉开序幕。

(二)整军计划中的"裁团改警"

抗战胜利后,国民政府为节省经费,按军委会在抗战后期制定的《军事委员会陆军整理计划》大量裁军,将原有军官适当训练,予以转业。但由于国民政府行政官员编制有限,难以安置大量编余军官,军方考虑战后建警各地警察机关增加的警官编制较多,希望将部分军官转入警察队伍,贯彻"裁团改警"政策无疑是选项之一。

1946年3月22日,时任参谋总长兼陆军总司令的何应钦为增强地方自卫实力,召集来渝出席国民党六届二中全会之各省主席、各战区、各绥靖区及有关各部主管官,研讨议决方案4种,即《配合国军整理各省保安团队实施方案》《配合整军计划实施建警方案》《收复省区民众自卫队组织方案》《收复地区党政会报实施方案》。[①] 其中,因国军整编已经开始,为配合实施起见,行政院复员官兵安置委员会决议,"国军整编第一期编余军官十五万人,内转业警官者四万人,按现有全国警官约为二万七千人,欲安置四万转业军官,自非实施建警,普遍设立警察机构,扩充警察员额不可"[②]。因此,内政部会同国防、财政等部数度商讨,拟定《配合整军计划实施建警试行警员制方案》,并于1946年4月24日,将其与《配合整军计划实施建警方案》会呈行政院。至此,复员军官转警和建警工作被强行捆绑在一起。将比全国在职警官总数还多的4万名复员军官转业至各级警察机构,已然是对警界的巨大冲击,战后建警计划也因此发生质的转变。

为使"裁团改警"工作向符合战后建警方向转化,亦为安置转警军官的顺利进行,《配合整军计划实施建警方案草案》以"延续六届二中全会决议""配合整军计划,建立现代化警察,维护地方治安,使国家建设工作得以顺利进行,将整军和建警相配合,以达最大化效果"的理由,提出"警保统一运用"和"以不影响提高警察

---

① 内政部档案《参谋总长何应钦为整军方案实施后增强地方自卫力量,强化民众组织呈报各项议决方案四件》[M]//赖淑卿. 警政史料:第五册. 台北:台湾"国史馆",1989:244–245.

② 内政部档案《参谋总长何应钦为整军方案实施后增强地方自卫力量,强化民众组织呈报各项议决方案四件》[M]//赖淑卿. 警政史料:第五册. 台北:台湾"国史馆",1989:284.

素质及地方财政的情况下尽量容纳复员军官"两项原则。

草案首次提出"裁团改警"后的警保统一的架构："省政府下设警保处，主办全省警察及保安部队事宜；省设保安总队若干个，就现有保安团队整编之，隶属省政府，专负清剿股匪及镇压重大变乱之任务。""县政府设警保科，掌理全县警察及保安之行政事宜；县设警察局，分3等，执行全县警察及保安事务。"对于复员军官转警工作，要求转警军官需经过严格甄选与训练，按照专业特长，主要转任行政警察、保安警察、外事或国境警察，其中保安警察为绝大多数。在经费和待遇方面，"军官转任警官者，其原有之新给补助等费全部拨充警察经费""保安警察长警之待遇比照陆军士兵之给予办理"。在教育与训练方面，规定"各省保安队长官仍应继续轮调中央警官学校训练；中级以下之干部及保安警察队干部之警训，由省市警察训练所依法设班办理"①。该方案，基本与国民党六届二中全会关于"裁团改警"的决议精神相一致。似可感觉到，"警保统一"是"裁团改警"在战后的新的表现形式，也是施行战后建警、建立国家警察的前提步骤，还可视为"整军建警"量身定做的特殊模型。

1946年5月7日，行政院对内政部与国防部、财政部会呈的《配合整军计划实施建警方案及试行警员制修正案》进行审核后，从国家体制等角度，提出异议，几乎都牵涉保安团队改警的问题。

第一，"行政院"认为"警保统一"这一原则词句使用不当，"内政部"随即修改为"为配合地方行政之实际需要，以求政令法令推行有效起见，应即健全各地警察与保安部队组织，加强其力量，并普遍增设必要之警察机构，以确立国家管理之警察体制"。

第二，按照"行政院"意见，"内政部"将原建警方案第二项机构里面的"省设保安总队若干"，修改为"省设保安警察总队若干个"。此意味着一旦设立省警保处后，各省保安团队不应再保留，需统改为保安警察队，此与"裁团改警"精神完全一致。

第三，"行政院"意见"保安团队与保安警察之用人行政与经费，必须由警保处统一办理为原则"一节，"内政部"拟在原建警方案第四项人事部分，增列一项为"保安团队整编为保安警察队时，各级人员之任免，由省警保处依法处理之"。在第五项经费及待遇部分，拟增列一项为"保安团队整编为保安警察队时，其经费由

①　内政部警察总署关于建警工作的计划、办法、报告［A］.中国第二历史档案馆藏，档号：12-4-851：23.

省警保处核列支给"。①

　　以上修改方案中,"行政院"认为此保安团队改警,之所以是"改",并非简单地将两个机构合并,而是将保安团队的人员优胜劣汰,真正充实进警察队伍之中,健全警察体制,因此"警保统一"远不如"警保合一"更为贴切。该方案中,建警为配合整军而提上日程,可见,"建警"是手段,"整军"才是最终目的。另外由"行政院"的批示中,国民政府中央的意见是彻底取消保安团队这一称谓,变更为"保安警察队",这也就意味着保安团队制度从发展趋势上注定消亡。无论从何种方面,都可以看出战后,从中央层面上将"裁团改警"政策作为建警的重要组成部分,推进落实。该方案是国民党六届二中全会中"裁团改警"决议的落实,将"裁团改警"、整军建警作为战后建警的重要组成部分,解决了部分转业军官的安置,表面看是军政"双赢"的局面,但真正落实并不易。

　　1946 年 7 月,国共和谈破裂,内战爆发。蒋介石接受白崇禧关于全国各省市均应实施民众自卫办法,以协助军队防卫乡土的建议,令内政部参照同年 6 月 17日行政院颁布的《收复区民众自卫队组训方案》,在华北中共控制各省实施,意欲用民众自卫武力对抗中共。为此,有"安内"职责的内政部拟具《加强后方各省市警察办法》,以图在国统区各省加强警察武力和治安力量,开展清查户口等,借以控制社会情形和地方秩序。

　　该办法包括健全机构、充实员额、改善设备、执行业务四方面。在健全机构中,规定"省设警保处,市县一律设警察局,直隶县政府,掌理全县警察及保安事务"。并明确规定各级警察机关应设装备齐全之保安警察队,专负"清剿匪盗及镇压变乱"等任务。保安团队改为保安警察队体制规定为:"(一)省设保安警察总队若干,就现经核定之保安总队改编之;(二)省会设一个总队;(三)院辖市设一至三个总队;(四)省辖市设总队或大队;(五)县及设治地方设一中队或一大队,就地方武力改编之。"同时规定充实员额,"保安警察队除就保安部队及地方自卫武力改编外,并就编余国军甄选补充。"在改善设备一项,规定:"保安警察应备长枪,就现有枪械统筹支配,并调整口径式样以求划一,保安警察队应求火力充足,运动敏捷,各级警察机关枪械装具如有不敷,以编余国军及接收敌伪之装备拨发使用。"在执行业务方面,区分行政警察和保安警察,规定"保安警察队以控制据点

────────────

① 　行政院档案《内政部呈请行政院鉴核修正配合整军计划实施建警方案》[M]//赖淑卿. 警政史料:第五册. 台北:台湾"国史馆",1989:342-343.

集中使用为原则,并得依实际情形施行散在守望或集体巡逻"①。

内政部将该办法提交行政院后,同年8月8日行政院转奉蒋介石口谕:"应由内政部与国防部、财政部并同《配合整军计划实施建警方案》详慎研究"等因,将该办法连同《配合整军计划实施建警方案》交3个部门重新研究,形成《加强后方各省警察力量办法》,核议调整的意见如表5-2。

表 5-2 《加强警察办法摘要及核议意见表》②

原办法摘要	核议意见
甲、健全机构 一、省设警保处	查行政院召集审查警保处组织条例会议时,虽已决议各省保安司令部一律裁撤,改设警保处,惟该案尚须经立法程序,本项似应俟警保处组织条例公布后再办
乙、健全机构 三项之一、省设保安总队若干,就现经核定之保安总队改编之	查各省保安部队,经奉钧座第九二四五号手令,饬训练补充兵,并奉已洽府军孝第六九一号代电指示:"各省保安团队,规定改为保安总队在案,在地方警察制度未确立与健全前,以暂不取消为宜";又奉第九五九九号手令,为保安部队配合国军运用,饬拨发归各行营绥署,负责整训指挥,各有案,均经遵办,在建国建军"剿匪"期间,各省保安部队,拟仍应遵照钧座手令及代电之指示,予以整理充实,达成任务,似未便即行改为警察
丙、充实员额 三、保安警察队员额就编余国军甄选补充	查编余国军,已奉钧座卯座鱼府军孝第一八四二号代电核定,拨编为保安总队有案,目前因"剿匪"关系,尚未实行,俟情况许可时,即行拨编似未便再甄补警察
丁、改善设备 一、保安警察武器如有不敷,以编余国军及接收敌伪之武器拨发	各省(湘鄂)市已有之保安警察队,如武器确须补充者,似可准专案报请本部核办

由表5-2可明确看到,国防部不支持内战期间"裁团改警",但由于警保处的设立是国民党六届二中全会既定决议,无法改变,于是本着"能拖就拖"的原则,建议等《省警保处组织方案》颁布实施后再行设立警保处,实际在等内战爆发保安团

---

① 行政院档案《国防部电复行政院加强警察力量办法及建警方案意见》[M]//赖淑卿. 警政史料:第五册. 台北:台湾"国史馆",1989:299-300.

② 行政院档案《国防部电复行政院加强警察力量办法及建警方案意见》[M]//赖淑卿. 警政史料:第五册. 台北:台湾"国史馆",1989:296-297.

队可以重新"披挂上阵",为各省保安司令部争取了"苟延残喘"的机会。而对于保安警察队的设立,也建议不予执行,建议充实保安部队继续配合军队使用。

8月21日,财政部在"财地字第二七四号"公函中对于内政部提出的各省保安部队凡经整编为保安警察总队者,其经费、枪械拟由中央负担一节,提出"除整编后枪械由中央负担外,关于省(市)应支出之该项经临各费,现在财政既经改制,自应列入省(市)预算开支。又县市同项经临各费,应就各该县(市)地方总预算原列警保经临各费,按整编后所需之数额,分别办理追加追减预算,以资因应"①。其认为"裁团改警"的经费支出,除枪械之外,其他应归各省(市)自理。根据此情况,"内政部"不得不退而求其次,将《加强后方各省警察力量办法》4项内容中的前3项(健全机构;充实员额;改善设备)并入建警方案当中。但第4项"执行业务"的内容为各级警察机关一般勤务,不便并入建警方案中,因此"内政部"会另案通令各级警察机关切实办理。最终,《加强后方各省警察力量办法》4项内容,其中3项与《配合整军计划实施建警方案》合并,另外一项由"内政部"通令各省市警察部门落实。总体来看,这一办法未得到落实。

(三)建警计划中的"裁团改警"

抗战后期,在蒋介石的安排下,李士珍设计以"裁团改警"为基础的《五年建警计划》被批准战后实施。1946年11月9日,新成立的内政部警察总署未对《五年建警计划》的实施做出具体安排,而是在内政部原订,中央设计局审定的《警政建设五年计划》基础上,拟定《警政建设五年计划修正草案》,将此作为战后建警基本框架。内政部警察总署的机构设置、运行模式与原有警政司有不可比拟的巨大变化,其建警思路也与李士珍主导的《五年建警计划》有重大不同。但无论是何种建警计划,"裁团改警"的基础性地位均未发生改变。

1. 李士珍的《五年建警计划》

李士珍是"裁团改警"的重要支持者,全面抗战期间,李士珍也从未停止过对"裁团改警"的规划设计。虽因战争原因,"裁团改警"推动不利,但战时李士珍对于建警的规划设计使其充分认识到,"裁团改警"能从根本上解决建警经费不足问题,为"改革警政之根基"。几经周转,战后以"裁团改警"为基础的《五年建警计划》成形,经国民党六届二中全会通过,正式成为国家政治建设的一部分。

1938年7月间,李士珍在"裁团改警"政策的基础上,先后拟订《改进中国警

---

① 行政院档案《财政部函知内政部有关加强后方各省警察力量办法意见》[M]//赖淑卿.警政史料:第五册.台北:台湾"国史馆",1989:303-304.

察建议》①《中央警官学校二十八年度教育计划》《整理后方警政计划》等战时警政改革建言。其中,《改进中国警察建议》的立足点在"整理后方、组织民众"与"全国警察改进",试图找出制约警政改革发展的经费等问题的解决办法。它提出"利用各省保安团队经费,整理一般警察,编组保安警察队,树立乡村警察制度"②,从侧面号召继续落实"裁团改警"政策。时值战局紧张、武汉会战即将开始之际,后方兵源的补充为重中之重,保安团队指挥权已交由军政部控制,"以团改军"正在大张旗鼓地进行。因李士珍的意见与国防最高委员会"各项建设应以与国防有关"的基本原则不符,因而被"内政部""束之高阁",未批加意见。③ 在此建议书中,李士珍注意到改进警察的窒碍主要是经费不足,而"裁团改警"可用裁撤保安团队的经费来建设国家警察,能从根本上解决警察经费问题。

1939 年 3 月,李士珍将原拟的《整理后方警政计划》进行修改补充,撰写《抗战建国时期整理警政意见》,分别就战区、接近战区以及后方之警政陈述整理意见。同时,李士珍还拟订了《整理全国警政六年计划》呈交蒋介石,作为配套设计方案,其中有一节专门论及"以团队经费,移充整理警政之用"。④同年 8 月,蒋介石在批示中明确提出:"惟查抗战期间,'裁团改警'计划,尚有窒碍难行之处,因之吾国各地乡村警察,一时势难普遍设置;则运用警保联系及以保甲与壮丁队代行一部分警察职务,自为目前唯一之过渡办法。"⑤次月,第一次长沙保卫战打响。保安团队的武装性质,使蒋介石更倾向于使其转化为战斗部队。由此,李士珍战时"裁团改警"的建议再次因"不合时宜"而被否定。

1941 年 12 月,太平洋战争爆发,随着美英对日宣战,抗战形势开始好转。在此情形下,蒋介石提出"抗战建国并行"的口号,开始规划战后政治、经济、军事、教育等重建工作。李士珍抓住此时机,组织人员草拟《建警意见》(《原始五年建警计划草稿》),并于次年年底完稿,呈交蒋介石,图谋战后警政建设的主导权。《建警意见》的主要目的是建议改革各省警政机构,实行"裁团改警"。李士珍建议"设立省警务处,由各省民政厅之警务科、户政科与保安处、社会处合并成立,如因抗战关系,保安处有保留必要,则按各省实际情形,分别办理",受到蒋介石重视。

① 又称《改进中国警察建议书》。

② 虞亚梅. 李士珍拟改进中国警政建议计划三种[J].民国档案,2004(1):8-9.

③ 虞亚梅. 李士珍拟改进中国警政建议计划三种[J].民国档案,2004(1):6.

④ 李士珍. 抗战建国时期整理全国警政意见书[M].南京:中央警官学校,1939:22.

⑤ 内政部呈"渝警字第三七七六号"《内政部呈请行政院核令警察保甲及国民兵联系办法草案》:民国二十八年十一月十一日[M]//转引自赖淑卿. 警政史料:第三册. 台北:台湾"国史馆",1989:76-90.

蒋介石批阅后,大体赞同李士珍的建议,尤其是"裁团改警"的部分,认为均可采纳。可见蒋介石对规划各省警务处建置,继续实施"裁团改警"的支持态度。《建警意见》虽有蒋介石批示,但后续情况并不乐观。行政院秘书长张厉生、政务处处长蒋廷黻呈蒋介石签复中称:"警察必须经过特殊之训练,实非短期内所能完成。值兹保安团队尚须酌量保留之时,设专管机构,恐不易达到建警之目的。"①综合各方面意见,"行政院"赞同成立省警务处,但认为保安处已归并省保安司令部,与警察无关,因此没有采纳"裁团改警"的请求,其主要原因还是军方对"裁团改警"有保留意见。②

1943年4月24日,经蒋介石点拨的李士珍,以战后建警为抓手,组织中央警官学校有关人员草拟《五年建警计划》,并面呈蒋介石。该计划将"裁团改警"列为警政建设的"先决问题"。在经费部分,李士珍再次提出"裁团改警",希望在抗战结束前,裁撤保安团队,将原有保安经费全部拨充战后建警。在实施步骤中,李士珍分别就警察机构的建立和都市警察的整理进行设计。设计分战区和后方地区,按照"各省保安部队一律遵照军委会、行政院于本年三月二日会颁整理办法,分别整训,改为保安警察队,负肃清盗匪之责"③的原则,对不同的区域有不同的进度安排。如黔、陕、甘、闽作为后方重区,应于1943年年底完成"裁团改警";而赣、浙、皖、豫四省属于战区,保安处可斟酌情形,于1944年内改为警务处。在干部来源与训练部分,分别就行政警察干部,保安警察干部,收复地区警察干部,赤区、苗区及边区警察干部制订详细的训练计划。④ 这个设计较为接近蒋介石所想,为蒋介石认可。

1945年8月16日,蒋介石闻知日本投降的消息后,立即批准李士珍再次修正

---

① 张鹏程. 国大代表李士珍先生夫人九秩华诞荣庆录:建警计划草拟经过之简述[M].未刊:73-77.

② 李士珍. 建警文稿备忘录[M].南京:中国国民党"中央"政治学校,1944:1-2. 1942年10月12日,李士珍向校长蒋介石递交《警务处方案》,在"拟请将各省保安处改为警务处"的同时,规定"省警务处处长即由原有保安处处长改充,必要时亦得由民政厅厅长暂行兼任"。可见,李士珍为夺得战后建警指挥权,获取军方支持,将省警务处交由军方把持,这是李士珍的无奈之举,也注定其警政改革计划难以取得真正的成功。李士珍上呈蒋介石后,蒋介石即将该方案交"行政院"核议。而"内政部"以"李教育长原方案拟即并案办理"的方式,将《警务处方案》化之于无形。此后不久,保安处非但未被裁撤,反而升格为保安司令部。

③ 张鹏程. 国大代表李士珍先生夫人九秩华诞荣庆录:建警计划草拟经过之简述[M].未刊:78-79.

④ 警校学员对于建警应有之认识和努力及全国县政检讨会议有关文书[A].中国第二历史档案馆藏,档号:12-2-548:32.

《五年建警计划》,指示李士珍与新任各省省政府主席、院辖市市长洽商在中央警官学校警政高级研究班学员中保举省警务处处长、市警察局局长,这既是暗示李士珍有成为战后实施建警负责人的可能,也给了李士珍推荐重要警察干部的机会,树立了李士珍在建警上的权威,此举大有深意。此时正值蒋介石对戴笠在抗战中势力渐大,牢牢把控军统并控制全国警政心怀芥蒂,从而在一定程度上支持李士珍,以达到互相牵制、便于驾驭的效果。在此背景下,李士珍也达到了通过设计《五年建警计划》,将大量"警校派"和亲信官员安插进全国警政重要部门的目的。①

　　由上可见,李士珍是"裁团改警"政策的重要支持者,其对警团关系有较为深刻的认识。一是李士珍本人北伐告竣后曾被编余,回家乡充任浙江省保安第五团团长,对保警之间的关系、保安团队的腐败以及民众疾苦有更加深刻透彻的认识。他曾在日本内务省警察讲习所留学,考察过德、奥等法西斯国家的警政,积极主张警察国家化、警察体制军事化、治安事权统一化。他在《警政改革之我见》等文中,就向蒋介石提出"保安队与警察任务一致,同属警卫地方,维护社会秩序,因而必须同属于同一机关,以达事权统一",以及"将各省市保安处一律改为警务处,所属保安团队一律改为保安警察队"等建言。二是李士珍全程参与了1936年"寓警于团"向"裁团改警"政策转变的过程,是列席行政院十省高级行政人员会议,并在"寓警于团"已成定案后,连夜觐见蒋介石的重要成员之一。不仅如此,他还参加了《整理警政原则》和《裁团改警办法》的起草,也是欲以保安团队经费充实警察、发展警政的谋划者,因此更加理解"裁团改警"政策是县级以下警察机关"浴火重生"的希望,继而引申为战时和战后建警的重要前提条件。在李士珍向蒋介石和国民政府有关部门呈送的《改进中国警政建议》《整理后方警政计划》中,都以"裁团改警"方案的实施为基调。三是李士珍与其他复兴社骨干一样,坚决主张"一个国家、一个政党、一套警政系统"。他赞同军统以警察为搜集各种情报掩护机关的设计理念,极力主张借情报机关之手完成对警政体系的重新洗牌,建立名为警察国家化,实为警察特务化的"现代警察系统"。以上思想在《五年建警计划》设计

① 1945年8月25日,蒋介石批准李士珍先后几次推荐的接收沦陷地区警察局局长:首都警察厅厅长韩文焕,副厅长乐干,上海市警察局局长宣铁吾、副局长俞叔平,北平市警察局局长陈焯,汉口市警察局局长任建鹏,青岛市警察局局长黄佑;天津市警察局局长李汉元,广州市警察局局长李国俊,沈阳市警察局局长毛文佐,浙江省会警察局局长陈纯白,江苏省会警察局局长傅肇仁,山东省会警察局局长林凤楼,河南省会警察局局长齐惠吾,湖南省会警察局局长刘协德,连云市警察局局长潘玉珣,江苏省警务督导陈季雄,浙江省警务处处长王云沛,等等。

中展示无余，李士珍以裁团所节省的经费移作建警预算，一是表明"裁团改警"政策的延续，二是将"裁团改警"作为在战后建警的前提之一，从理论上解决了制约战后警政建设的瓶颈。

2. 中央设计局、"内政部"编订的《警政建设五年计划草案》

李士珍的《五年建警计划》在转交中央审批、流转过程中，阻力重重。该计划除了被修正为《十年建警计划》拖延实施外，又因与国民党中央的政治设计矛盾较多，且有歧义，遂由中央设计局指派曾在日本研究警察制度、熟谙警政的李英等委员重新拟订建警思路不同的《五年建警计划初稿》。

在该计划的总则部分，提到国内各种保安团队，名目分歧、组织庞大、权责不清，虽虚耗无数人力财力，而社会地方秩序治安混乱如故。而战后复员期间，实施"裁团改警"计划，建立全国治安制度一元化体制，则是该计划的先决条件。该计划参照各国警民比，在原则上对市镇和乡村警民比例进行规定，同时规定"各省市县酌设保安警察，以辅助行政警察力量之不及"。

该计划中设计 5 年内"建立行政警察 45 万人，保安警察 30 万人，其中保安警察包括省警备队 6 万名，县市警备队 14 万名，水警队及消防队各 5 万名"。而按照战前统计数字，苏、浙、赣、鄂、湘、豫、陕、甘、粤、黔 11 省保安团队概算为137917名。但按照"内政部"复员计划所列，不包括东三省及伪政府保安部队，"复员士兵人数已达到 313922 名，其数目之大，必须根据'重质不重量'之原则，裁弱留强。在建设初期，以编足各省市县所需警备队 20 万为度，以节余经费为建立行政警察之用"。在枪械方面，规定"以战后地方政府原有枪械、保安团队编并之枪械加以整理，其不足之数，由中央缩编陆军所余枪械拨给补充，以增强维持地方治安秩序之力量"①。

1946 年 1 月 8 日，中央设计局秘书长吴鼎昌与内政部部长张厉生通过信函对《五年建警计划初稿》进行多次讨论，在机构设置等部分达成共识。同月 23 日，两人会呈修正后的《警政建设五年计划草案》，并言明该草案是由中央设计局汇集资料，参酌各方意见拟具，并约集内政部及中央警校代表数度开会探讨决定。可见，《警政建设五年计划草案》是由中央设计局与"内政部"之间反复磋商决定的，与李士珍《五年建警计划》以及李英《五年建警计划初稿》有关，是在国民党中央尚未通过《五年建警计划》的政治及法律程序之前，"内政部"先行布置的对战后建警做铺垫的指导性方案。

---

① 李英. 五年建警计划方案[M].广州：正大书局，1947：44-46.

从文字和内容上分析,《警政建设五年计划草案》①是以李英的《五年建警计划初稿》为基础,主要反映中央设计局对战后建警的规划思路,其中既有李士珍的《五年建警计划》的部分精神,也有军统及所控制的"内政部"警政司意见,还有国民政府行政及警政专家的考量,与李士珍的《五年建警计划》相比主要有以下方面不同。

一是主张均权警察体制。该计划草案认为,一国警察制度应与政治制度相配合。国家警察体制与以县(市)为自治体的体制不符,如此县(市)自治体无警察权,则势难执行国家政令与事务。② 警察一向具有全国统一性,因此自治警察体制也不适宜。与此同时,中央设计局依据蒋介石"对外惟军,对内惟警"的主张,建议裁撤国内名目分歧、组织庞大、权责不清的保安团队,以警察负责维持地方治安,实现国家治安制度一元化。由是可见,中央设计局既不赞成施行德国式的国家警察体制,也不同意施行英美式的自治警察体制,主张探索施行均权警察体制的中间道路。

二是主张横纵混合的管理体制。该计划草案认为警察机构应尽力避免直线型的组织,以纵横混合为基本组织原则,将省、市、县警察组织纳入同级政府行政系统之内,成为一个完整的系统,增加行政效率。该计划中,省级警察机构的设置则未再提及将民政厅户政科合并至警务处;县(市)、区的警察组织,设计县(市)

---

①　《警政建设五年计划草案》包括原则、实施项目及办法、需要条件及数字、分年进度表4个部分。其中,在机构设置方面,将李英主稿中的省警务处的设置取消,规定"各省设警保处,直属省政府,按各省行政区域大小及事务之繁简,分甲、乙、丙3种编制",并制作《五年警政建设计划各级警察机关组织系统表》,表中以警保处代替警务处,并受省政府监督指挥。在数字统计部分,比之前李英主稿的建警计划内容更加丰富,包括警察行政机关目的数字估计表;警察教育机关目的数字估计表;警务人员及夫役目的数字估计表;警务人员及夫役需要与可能估计表;警务人员及夫役5年平均每年增加数字分配表;警察枪械设备目的数字估计表;警察枪械设备需要与可能估计表;警察枪械设备5年平均每年增加数字分配表;5年所需警察经费估计表9项内容。在分年进度表中,将"整编保安团队为保安警察队"列入中央第一年建警计划进度表中;在南京、上海、北平、天津、青岛、哈尔滨、大连、重庆、广州、汉口、长春、台北地区,第一年完成保安警察队之整训工作。在江苏、浙江、河北、山东、广东、湖南、湖北、四川、辽宁和安东省,第一年提前整训或成立保安警察队,第二年完成保安警察队之整训。在福建、台湾、安徽、江西、云南、广西、河南、陕西、松江、嫩江、辽北,第一年提前整理或成立保安警察队,第二年完成保安警察队之整训。在山西、甘肃、新疆、贵州、黑龙江、合江、兴安,第一年提前整训或成立保安警察队,第二年完成保安警察队之整训。在热河、察哈尔、绥远、西康、宁夏、青海,第二年提前整理或成立保安警察队,第三年完成保安警察队之整训。

②　十年建警计划五年政治建设警政计划异点比较表[A].中国第二历史档案馆藏,档号:171-2-10:24.

设警察局,下设分局、分所、支所与哨所,并得设特种警察局。就乡保警察组织,设计乡保设警备队,代行行政警察职务,后再逐渐改设警察机构。另外,提出设置行政督察区警察组织,即设警务局,裁并区保安司令部。①

　　1946年3月7日,国民政府代电府交字第1694号,批准《警政建设五年计划草案》,令由内政部按照计划规定各项分别切实筹议,呈行政院核定施行。② 但因种种原因,该计划未能及时推行,主要原因如下:"(一)国民政府各院部会正利用航空、水运、汽车、火车等交通工具分别还都南京,政府日常工作在行途中无法办理;(二)战后建警的'内政部'警察总署成立在即,各省也有改设省警保处的安排,其业务、经费、人事等还在研究,还需一并列入此计划;(三)大批复员转警军官已安排在中央警官学校及分校受训,在职官警训练计划也需一并列入;(四)建警经费巨大,国民政府无力承担,还需研究分步施行计划。"综上原因,张厉生并未立即布置落实,而是不断催促警察总署尽快成立,并接手实施。警察总署1946年8月成立后,署长唐纵立即将修正建警计划列入了1946年8月至12月警察总署的工作计划中,并组织人员研究《警政建设五年计划草案》,战后建警工作的落实越发复杂起来。

　　3. 警察总署制定的《警政建设五年计划修正草案》

　　1946年8月15日,内政部警察总署在南京成立,军统代局长、内政部次长唐纵出任署长,全权负责战后建警。唐纵在得知自己调任警察总署署长一职后,就在笔记中写道:"建警之要领,第一,必须有计划,计划确定之后,预算即确立不摇;第二,各省保安经费,如能划拨警察,则补益非小,但须领袖有决心;第三,将来警保处成立,以警察领导保安团队,建警始有望,如果仍以带兵官领导警察,则警察永久建立不起来;第四,警察系统必须依附于固有行政系统始能建立,否则不易成功。"③可见,唐纵是以建警计划作为上任之后的第一个抓手,这与李士珍《五年建警计划》的初衷是一致的,但他在实施建警上也有自己的考虑和利益。唐纵上任伊始,就草拟《建警办法》,由内政部部长张厉生签呈蒋介石:"查目前奸伪之作战方针为以运动战困扰我野战军,而以其他各种武力,用游击战强制我兵力,动摇我

_____

①　十年建警计划五年政治建设警政计划异点比较表[A].中国第二历史档案馆藏,档号:171-2-10:24.

②　国民政府电核内政部五年建警计划可准照办[M]//赖淑卿. 警政史料:第五册. 台北:台湾"国史馆",1989:222-242. 这里国民政府电文中称"五年建警计划",但由内容里面称为内政部于1月23日呈交的,可推断此"五年建警计划"实则为中央设计局会同内政部提交的《警政建设五年计划草案》。

③　公安部档案馆. 在蒋介石身边八年:侍从室高级幕僚唐纵日记[M].北京:群众出版社,1991:197.

民心士气,破坏我地方组织,我以现有之国军部队,到处分散担任清剿之责,前则薄后备左则薄右,此剿彼窜,处处追随,则处处薄弱,非特击灭不易,且若奸伪流窜之行动扩大,后患堪虞。为巩固后方安定社会计,必须在积极实施建警之名义下,以全力充实警察武力,加强地方防卫力量。"①

唐纵长期在蒋介石身边服务,且负责全国重要情报的综合传递,对蒋介石的建警思想和治警手法有所研究。此时国共虽在和谈之中,但前景并不乐观,唐纵未雨绸缪,以建警为契机,目的直指不断壮大的中共,深得蒋介石心意。他主导的《建警办法》内容围绕保安警察力量的建设,其实质是延续军统对"裁团改警"的坚持。由此可以看出,唐纵似有与李士珍《五年建警计划》切割的意味,暗示战后建警是军统重起炉灶,与李士珍的《五年建警计划》没有直接关系。唐纵深知建警方案的实施牵动国家政治、行宪等方面,也涉及国防部、财政部等各相关部门利益,推动难度极大。因此,他贯彻以法建警的思路,以《警察法》为引领,配合实施宪政,以此来减少建警中的随意性。唐纵认为,为对抗中共,应充实警察力量,在警察力量不足时期,尤其是在中共活动的乡村地方,仍应借助保安团队改编的保安警察队等地方武力。又为落实整理改编保安团队的既定政策,因此提议加强省、省会、院辖市、县的保安警察力量,这些堂皇的提议下掩盖着军统淡化、分解《五年建警计划》的用心。此时战后建警已不是蒋介石思考的重点,已被内战屡败的焦虑所代替,党国存亡远高于警政建设,皮之不存毛将焉附? 加之战后建警已交付于军统,这些提议,均为蒋介石所认可。

不久,以《建警办法》为基础的《警政建设五年计划修正草案》出台,基本容纳了唐纵上述的想法。值得注意的是唐纵并未出台《五年建警计划》的修正案或施行细则,而是以中央设计局和"内政部"拟订的《警政建设五年计划》为战后建警的起点。在此基础上修正实施,既是表示遵从国民党中央和"内政部"的设计方案,又可绕过李士珍《五年建警计划》,既确保了军统既得利益,也避免与李士珍的正面冲突。

《警政建设五年计划修正草案》从机构、人事、教育、装备、经费五方面入手,内容则万变不离其宗。机构方面规定"各省设警保处,直属省政府;各省省会所在地,设省会警察局,直隶省政府警保处,如省会设有市政府者,并兼受市政府之监督指挥;省设保安警察若干队"②。该处与原拟定《警政建设五年计划草案》相比,

① 内政部警察总署关于建警工作的计划、办法、报告[A].中国第二历史档案馆藏,档号:12-4-851:3-5.

② 警政建设五年计划修正草案说明[A].中国第二历史档案馆藏,档号:12-2-658:2.

主要是增列省警保处条文,并将各保安警察队的指挥权统一到省。相比之前李士珍的《五年建警计划》和中央设计局拟定的《警政建设五年计划》,更加注重中央集权和省对建警中原保安系统的指挥。唐纵试图将警察业务的职权都集中于中央也就是指挥建警的"内政部"警察总署,各地若要因地制宜,需要得到警察总署授权,以此实现警察制度的完全划一和军统对各省市警政控制。

《警政建设五年计划修正草案》也对《警政建设五年计划草案》中的一些不足进行修正。如在机构设置方面,原案未将警察总署、"内政部"警察总队以及警保处规定在内,在此对这些内容进行了补充。经费方面,在修正草案中对经费标准给予补充。但需要说明的是无论是中央设计局和"内政部"共同拟定的《警政建设五年计划》和警察总署拟定的《警政建设五年计划修正草案》,均未经过国民政府的立法程序批准,仅可作为行政法令施行。

蒋介石对《警政建设五年计划修正草案》曾有明示:"(一)关于建警方案内有关'警保统一'及'警管区'等词名称,应酌改为配合基层行政组织及其他适当名称,以免误会,而利进行;(二)保安团队与保安警察之用人行政与经费,必须由警保处统一办理为原则;(三)两方案之实施所需经费甚巨,应视中央及地方财政情形,分区、分期办理。"①"行政院"也对修正草案提出研究的意见:"查修正案与原案不同之点,大致系《配合整军计划实施建警方案》及《配合整军计划实施建警试行警员制方案》而来,现该两方案奉国防最高委员会指示尚有应行修正之处,已由院令饬该部遵照所示原则,将原方案修正呈核在案,原草案拟俟修正方案核定后,再行参照审核。"该草案在研究酝酿之中,尚未定型,就因战后形势的变幻而变化。同年7月10日,行政院召开修正警政建设五年计划审查会,内政部及警察总署与财政部、国防部、农业部、经济部、交通部、中央设计局等有关部门出席会议,主要讨论在当前财政吃紧的状况下,削减《警政建设五年计划修正草案》中的有关项目。会上财政部代表提出"警察补助经费不能单独核列专款",国防部也有不同意见。而警察总署竭力说明此计划与《配合整军计划实施建警方案》的异同,在代表中斡旋,最终勉强通过。②

1947年10月1日,警察总署印发《警政建设五年计划草案补充修正条文》,对《警政建设五年计划草案》再次进行修正:将原则部分的"警察之体制,以国家警察为原则,应求其完整与划一"修正为"警察制度,依宪法规定,由中央立法

---

① 国民政府主席蒋中正电示行政院建警方案[M]//赖淑卿. 警政史料:第五册. 台北:台湾"国史馆",1989:333.

② 陈鲲等奉派出席修正警政建设五年计划审查会报告[M]//赖淑卿. 警政史料:第五册. 台北:台湾"国史馆",1989:353-354.

制定之,并应求其完整与划一,以确立国家管理之警察体制"。其重点在于将原有"国家警察制度体系"变更为"国家管理制度体系",意在指明警察制度只是国家行政管理制度的一部分,不是与行政管理、国防军平行的独立体系,不再单独提出。在实施项目与办法中,增加"省辖市,除省会所在地照 4 项之规定办理外,设市警察局,分甲、乙两种编制,直隶市政府。地势冲要,人口稠密,工商繁盛地方,得呈准设置警察局,直隶省警保处"①,给地方自治保留一定的警察权。这样的修改还有多处。

为落实《警政建设五年计划修正草案》,警察总署还出台配套文件《警政建设五年计划修正草案说明》,主要对机构和经费事项进行修正,并对财政部可能提出之问题予以回应,其一为"统一警保预算科目之必要性?"警政总署的回答是省警保处成立后,必须统一警保预算,此系"'裁团改警'必然之结果"。② 可见警察总署的《警政建设五年计划》中关于警保处的设立及相关经费预算的内容,其实质是"裁团改警"政策的延续,唐纵的"警保合一"方案也应是"裁团改警"政策推行十年来的最终结果。

二、形式上实现"警保合一"

1946 年,为实现"警卫一元化"建警方针,行政院颁行《省警保处组织条例》和《省保安警察队组织条例》,要求各省原设的保安司令部保安处与民政厅警务处或警务科合并,成立省警保处;并分期分区整编保安团队,改编为保安警察队,以期达到整合治安武装力量,集中警察事权之目的。至此,警团关系在形式上实现了"警保合一"③局面。

(一)省警保处的设立

自 1929 年 6 月,国民政府公布《省警务处组织法》,规定省警务处负全省警政监督指挥之责,至抗战结束后,设警务处者只有山西、河南、河北、贵州、甘肃、云南等省,并未健全。1946 年 3 月,国民党六届二中全会决议要求将现存的省警务处、

---

① 内政部警察总署《建警法案备览》和警察法规及警察法修正草案[A].中国第二历史档案馆藏,档号:12-1-2517:28.

② 警政建设五年计划修正草案说明[A].中国第二历史档案馆藏,档号:12-2-658:11.

③ "警保合一"是抗战胜利后,南京国民政府对于警察和保安团队关系的调整,在省设立警保处,掌管各省警察和保安事务,并将各省保安团队逐批裁汰改编为保安警察队,直隶警保处并受驻在地行政长官指挥监督。"警保合一"政策实质上是"裁团改警"政策在战后的新形式。这里的"保"指的是保安团队,区别于国民政府时期"警保联系"中的保甲制度。

民政厅警务科(股)及保安司令部(保安处)统予裁并,各省成立警保处,以达到统一各省警保机构,加强地方治安力量,以建立现代警察,同时配合整军建警的目的。

　　1946年6月1日,根据国民党六届二中全会决议,内政部呈请各省设警保处,得到蒋介石批准。随后,内政部会同国防部拟定《各省警保处组织条例草案》,拟就"各省保安司令部(保安处)及民政厅警务科(股)合并成文以一事权,所需经费由原有保安及民政厅警察经费移拨应用,若经费确有不敷时由省另拟概算至请中央追加,如为特殊情形尚有必要时,各省保安司令名义得暂缓裁撤,其他已设警务处之省并拟改组为警保处,籍资划一"。此草案迅速得到蒋介石批复。蒋介石认为"各省警保处应从速设文,本案所拟组织条例大体可行,即希迅予核定"。同时指出各省保安司令部应令一律裁撤,唯有特殊情形之省份准暂缓成立警保处,但应预先指定。① 可见,蒋介石支持警保处的设立,是出于统一事权、建立现代警察的需要,此时,"警保合一"势在必行。同年11月9日,该草案通过,行政院即训令各省设立警保处,同时详细规定了警保处的5个科室及职责,各部门、人员的编制、员额、职级的设置及其职务要求。并附《省警保处员额编制表》,将各省警务处、省民政厅警务科(股)及省保安司令部(保安处)裁并,按照编制数量将警保处分为甲、乙、丙3种:"直属机关、部队人数在8000以上或全省县、市、设治局在80个以上者设甲种警保处,内设5~6个科,编制146~219人。直属机关、部队人数在5000~7999以上或全省县、市、设治局在50~79个以上者设乙种警保处,内设4至5科,编制114~176人。直属机关、部队人数在4999以下或全省县、市、设治局在49个以下者设丙种警保处,内设3~4科,编制84~133人。"②

　　1947年5月27日,国民政府颁布《省警保处组织条例》,与之前草案相比,变动不大。除与国防部协调,将防空机构列入警保处组织之内,在科室设置和职务上予以增设。③ 同年,内政部警察总署制定的《警政建设纲领草案》中,也将有关防护、防空的事项均编入警卫支出之中。

　　1947年年初,国共谈判破裂,内战在中原、苏北、陕北、东北等处全面爆发,国民政府积极推进警保处的成立,用以配合国军承担对收复地区治安管控和攻击解放区人民政权的任务。同年3月,因各省实际情况不同,特别是战区人力、财力供

　　① 中央设计局关于各省警保处组织案[A].中国第二历史档案馆藏,档号:17-1-24:1-2.
　　② 中华警察学术研究社台湾分社,台湾省警务处编译室. 各省警保处组织条例草案[J].台湾警察,1947(3):24-26. 另载于内政部档案《行政院训令各省警保处组织条例草案》[M]//赖淑卿. 警政史料:第五册. 台北:台湾"国史馆",1989:87-91.
　　③ 省警保处组织条例[J].警政导报,1947(6):30-33.

应困难,无法在短期内全部设立警保处,警察总署不得不同意各省视情而定,分期成立警保处。首期成立的有浙、赣、闽、粤、湘、鄂、滇、桂、黔9省,并提出简任警保处处长的人选名单。同年5月,行政院通过内政部警察总署所提、蒋介石圈定:湖南省警保处处长李树森、副处长谷喜一;湖北省警保处处长杨啸伊、副处长黄潘初;福建省警保处处长严泽元;浙江省警保处处长竺鸣涛、副处长王云沛;广西省警保处处长甘竞生;云南省警保处处长邱开基;广东省警保处处长陈沛、副处长李国俊;辽宁省警保处处长钟继兴;辽北省警保处处长王兴泰;安东省警保处处长张恒;吉林省警保处处长黄炳环;合江省警保处处长李飞龙;松江省警保处处长曹树钧;嫩江省警保处处长张维仁;河南省警保处处长杨蔚;山东省警保处处长刘紫剑;河北省警保处处长杨桂清。虽然其中一部分省份尚在中共手中,蒋介石仍同意后发表,至于是否能够上任,就看战局了,其中东北9省中因战事失利,有5名警保处处长未能到任。① 此名单与李士珍在日本投降之际向蒋介石推荐的名单相比,有了较大变化,其中大部分有军统背景。此为李士珍在图谋内政部警察总署署长及内政部次长位置失败后的连锁反应。其后,李士珍只能通过警察教育将触角伸向各地。同年9月,李士珍再次向蒋介石建议,将中央警官学校警政高等研究班第3期毕业学员派赴各省任职,以阻止共产党扩大之势,获得蒋介石批准,指示国防部派员会同协办。② 但该人事建议最终因内政部警察总署"未予切实试行"而失败,但可以看出以唐纵为首的"军统派"和以李士珍为首的"警校派"在战后建警中的博弈。警察总署成立后,李士珍"警校派"屡屡失利,逐渐被排挤出战后施行建警的核心圈。

1947年5月底,第1期警保处处长正式由行政院任命,次月分行首期将省保安司令部(保安处)、警务处(民政厅之警务科)裁并成立警保处,并将省保安部队改编为省保安警察队(省主席兼保安司令的名义暂仍保留)的浙、赣、闽、粤、湘、鄂、滇、桂、黔9省。同年8月1日,浙江省政府撤销省民政厅警务科,成立省警保处,统辖全省警务。为加强县级警察机构建设,颁布《各县市警察整顿计划》和《各县市警察应行整饬令》,要求各县依照省政府核定标准,健全各级警察机构,平均每3个乡镇须设1个分驻所或派出所,补足长警名额;各县保安警察队一律划归县警察局统一指挥调遣③,而省保安团队仍由省主席控制。8月29日,云南省政府决定,省警务处改为警保处,统一指挥全省警察和保安部队。④ 截至1947年年

---

①　东南九省警保处业已成立[J].台湾警察,1947(2):17.

②　徐锦堂.李士珍先生年谱[M].未刊,未编页码.

③　浙江省公安志编纂委员会.浙江警察简志[M].杭州:浙江人民出版社,2000:48.

④　昆明市公安局.昆明公安志[M].昆明:昆明市公安局,2005:14.

底,除贵州省、广西省未落实外,其他7省均已将省警务处改为警保处:除上述的浙江省、云南省外,福建省于7月16日成立;湖北省、江西省、广东省均为7月1日成立;湖南省为9月1日成立。

省警保处成立过程中阻力和困难重重:一是部分地方主政官员反对。部分省主席需要掌控地方武装力量作为政治资本,不愿撤销保安处,以"如将保安处划归警保处,则请中央负责经费"为拒绝之理由。如唐纵到浙江、福建等省商谈,希望有几个省率先合并,结果处处碰壁,只好以警保处仅掌握各县保安队为让步,竟又引起警察与县保安队之间矛盾。警察总署无奈之下,只好草拟《警保自卫队职务划分办法》,经蒋介石签批后,以"内政部"通令形式命令各省施行。二是"警""保"冲突矛盾依旧。各省推行"警保合一"的过程中,"警""保"双方并存一个体系之中,必然会出现职权冲突和矛盾,尤其是在保安团队干部和原有警察系统干部的安置问题上。为平衡关系,警察总署拟定《省警保处正副处长权限划分原则》,对各省警保处正、副处长权限进行明确划分。① 三是转警军官安置问题难度较大。在各地警保处成立之际,转业警察人员和专业警察人员人事上如何配合对于警保机构合一非常重要。在各地实际运行过程中,大量抗战有功的军官转业警察或专业警察经过培训后源源派出各地,但各级别警察机构尚未普遍建立,因此有大量专业或转业官警无处安置。为解决这一问题,同年6月10日,内政部警察总署拟定《各省警保处办理人事注意事项》。其中,保安警察人员任用资格中明确增加"复员军官转业警官曾受转业训练者"一项,可见保安警察人员除了具备警察条件者,还包括军队、保安团队复员军官转业警官以及正式军官学校毕业,经考核认为优秀之人员。可见对于保安警察人员的选择还是汰弱留强,优中选优,经"内政部"警察总署按照各地需要通盘筹划,考察盈虚,适当派用。

因警保处推行阻力较大,警察总署不得已,退而求其次,除第1期改编的9省外,处于内战的河南等14省警务处及江苏等13省民政厅警务科因动员戡乱关系,暂缓实施改制。② 由于蒋介石忙于内战,筹组警保处,又未废止《省警务处组织法》,以致政令难以畅通。有的省既有保安团队,又设有警务处,有的遵命设立保安团队和警务处合并的省警保处(如江苏、浙江等省),还有的仍是在民政厅下

---

① 内政部警察总署一九四七年度工作计划表,战前战后警察概况及将来计划比较表,新县制中警察制度之检讨等警政建设资料[A].中国第二历史档案馆藏,档号:12-2-650(2):49-50.

② 陈鲲.一年来之警察行政[J].警政导报,1948(13):10. 陈鲲,江苏崇明人,东南大学、德国高等警校毕业,时任内政部警察总署编审室主任。

设警务科。各省情形不一,并未完全实施,直至解放战争后期保安司令部恢复,警保处仍未在全国范围内设立。

(二)省保安警察队的设立

1946年,内政部警察总署根据国民政府行政院《各省保安部队整理实施办法》的规定,对各省区市保安部队进行统计。保安团队人数远超警察数量,共有70个保安团、85个总队、62个大队、23个中队,共有官佐21,645人,士兵310,703人。警察总署据此制订整编保安警察队具体方案,各省市分两期实施,第一期整理完成计广东10个总队、2个大队;四川8总队、1个大队;江西、广西、云南、河南各6个总队、1个大队;青海2个总队、1个大队;其余编为第二期。①

由于保安部队转警中窒碍较多,1947年5月28日,国民政府公布《省保安警察队组织条例》。该条例规定各省除原设警察局外,得编练省保安警察队,"省保安警察队应由本省编余军队及杂项队伍中,选择官兵之优秀者组织之。其选择标准均依内政部颁警察录用办法之所定,自保安警察队编成后,所有省防、警备、游击队等各种杂项队伍,一律取消"②。还规定由省统辖保安警察队,在"剿匪""清共"上,应由省统辖调派最近驻扎的保安警察队;且两省之间,应不分畛域,协同作战。可见,落实"裁团改警"、推动警政建设仅是省保安警察队设立的原因之一;另外一个非常重要的因素是为蒋介石内战做充分准备。保安团队虽然在体制上进行了改编,隶属于警保处,但是其训练和经费,除增加普通警察知识外,仍以军事集训为主,除隶属发生明显改编,其业务范围以及经费供给,仍然是"换汤不换药",没有本质变化。另外,此条例还规定省保安警察队分为保安总队、直属保安大队、直属保安中队,并"因事实需要得就规定编制内配备摩托车队、自行车队、骑队"。其任务为"清剿匪类;镇压地方变乱;有关治安必要地区之警备;有关仓库厂场之驻卫;其他有关治安部队之调派事项"③。由此可以看出,保安团队改警后的主要任务仍为巩固地方治安、防剿盗匪、弹压暴动,大都属于军事或准军事性质。

同年,内政部警察总署奉令对新成立的各省警保处工作进行检查,从而拟定《省警保处成立时工作上应注意事项》④对保安警察队的整编进行详细规定,进一

① 内政部警察总署. 中国警政概况[M].南京:中国警政出版社,1947:53.
② 国军编遣委员会议修正通过省保安警察队组织条例[M]//朱汇森. 警政史料:第一册. 台北:台湾"国史馆",1989:338-342.
③ 法规:省保安警察队组织条例[J].警政导报,1947(6):24.
④ 内政部警察总署关于警保处成立的工作方案及注意事项[A].中国第二历史档案馆藏,档号:12-2-648:26-28.

步细化了保安警察部队的改编、训练、武器装备、经费、点验、队伍管理等各个方面,为"裁团改警"的落实做好铺垫。

(三)省警保处及保安警察队相关法规

随着《省警保处组织条例》和《省保安警察队组织条例》的颁行,为更好地整编保安警察队,内政部与国防部保安局①会商制定《统一省警保机构实施建警办法》,并通令各省自 1947 年 6 月开始,分区分期实施。

《统一省警保机构实施建警办法草案》共分要旨、统一警保机关、整编保安警察队、建警之实施、实施警保统一地区与时期、保警部队配合军事行动时之指挥供应补给、附则等 7 章 25 条,是"警保合一"的重要文件。在"统一警保机关"一项,规定"警保处成立时,原有管理全省保安事务之省保安司令部(保安处)及管理全省警务之民政厅警务科(股)或省警务处裁并之。主席兼保安司令之名义,得暂仍保留"。同时规定了省警保处处长、副处长的任职条件及职权划分。在"整编保安部队"一项,规定"现有省保安部队及省府警卫特务团营等,由内政部督饬,汰弱留强,整理改编为省保安警察队"。"现有省保安部队各级干部,除老弱及不合格者,应予分别资遣外,视资历依法转任省保安警察队各级干部。""统一警保机构,整编保安警察队所需补充之各级干部,应视需要,依法尽量遴用复员军官转任警官曾经训练合格之人员。"其两项内容,较之 1947 年 5 月颁行的《省警保处组织条例》和《省保安警察队组织条例》更为明确、具体,可操作性也较强。在"实施警保统一地区与时期"一项,按照各地治安情形,分区分期进行整编,明确规定"地方秩序渐臻安定之各省,其实施共分为 2 期。第 1 期:浙、闽、赣、湘、桂、黔、粤、鄂、滇 9 省于三十六年度六月开始实施;第 2 期:苏、皖、豫、川、康 5 省于三十六年度八月底开始实施。西北陕、甘、宁、青、新等省,得依情况于第 2 期前后陆续分别实施。华北各省,似剿匪整军就绪,地方秩序安定后,再行分别实施。东北各省另案参酌办理。在警保处未成立前,省保安司令部(保安处)仍予保留,统辖保安部队,配合国军担负绥靖任务"②。

可见,《统一省警保机构实施建警办法草案》推行的主要目的是"统一警保机构",省裁并原有的保、警机构(主管各省保安团队的省保安司令部或保安处)。该办法将统一警保机构与建警办法统一起来,其步骤明确为:将各省民政厅内警务

---

① 因苏皖等六省检讨会议认为目前各省保安团队均已列入战斗序列,担负指定任务,改编工作甚难进行,且改警后数量顿形减少,兵力不敷分配,戡乱军事不无影响,又决定"裁团改警"工作暂缓实施,各省恢复保安司令部的设置,在国防部增设保安局,主管保安部队业务。

② 统一省警保机构实施建警办法草案[A].中国第二历史档案馆藏,档号:12-1-2530:2-4.

科或警务处设警保处;将保安团队整理,改编为省保安警察队;同时依内政部计划,实施建警,此3个步骤有同时推进。但该草案第二十条规定"省保安警察队,如需配合国军担负绥靖任务时,依国防部之命令,受当地军事长官之指挥调遣"①,仍然承担原有保安团队的职责和任务,在绥靖工作中仍受军队派遣指挥。可见保安警察队较保安团队只是名称发生改变,实质并未改变。省警保处的设立,看似在践行"裁团改警"和战后建警计划,但实质上,仅是用"警保合一"的机构名称,将应该裁撤的保安团队和需要战后重建的警察都装进去,其实质是背后力量博弈和政治妥协的一种表现。

《统一省警保机构实施建警办法草案》颁布后,各省保安团队改隶警察机关。为明确实施步骤,确定训练、编组、点验方法,1947年7月,内政部制定《省保安部队改编保安警察队实施办法草案》,并于同月16日分行浙、赣、闽、粤、湘、鄂、滇、桂8省。该办法规定省保安部队应依照《省保安警察队组织条例》之规定,汰弱留强,整编改为省保安警察队,并于警保处成立后3个月内完成由内政部派员点验完毕,分期调训,训练期满再由内政部派员校阅考验。

省区保安司令部撤销以及省保安处改为警保处纯属省级行政机构的调整,将自治组织下的保安团队改编为警察机关的保安警察,性质完全不同。前者是属于行政上业务的移转,后者既是民众自卫组织改为国家行政机关,也是一种治安组织形态的终更。因此相对于省警保处的设立,保安团队改编为保安警察队,牵扯人员的分配和利益的划分则是更为重要且需要细化规定的一个内容。因此,自各省保安团队改隶警察机关后,如何训练和编组能够达到保安警察的任务,以一治安事权是"内政部"警察总署一以贯之试图解决的问题,也是落实"裁团改警"政策的关键之所在。

"内政部"警察总署成立以来,以唐纵作为战后建警总指挥,试图通过警政建设达到驾驭控制全国警保事宜的目的。1947年3月,唐纵为推进《警政建设五年计划》特定1947年为"建警年"。警察总署在颁行《统一省警保机构实施建警办法》及《省保安部队改编保安警察队实施办法》外,着力推进各省警保处和保安警察队的建设,并于一年之内先后颁布编组、整训、考核等一系列法规章制如下(见表5-3)。

---

① 统一省警保机构实施建警办法草案[A].中国第二历史档案馆藏,档号:12-1-2530:3.

表 5-3　省警保处及保安警察队相关法规

名称	经过程序	内容摘要	备考
《保安骑警总队编制》	三十六年八月以前拟就,八月九日部文呈院,奉十月十七日指令《修正转奉国府指令准予备案》	总队以骑警中队四,骑警机炮中队一,通信分队一,勤务分队一编成之,每中队辖4分队,每分队分3班,每班长警12名,全总队官佐90人,长警1087人	为使东北及西北各必需设置骑警省区有所依据而拟定
《省保安警察队点验办法》	三十六年七月拟就,是月二十一日部文呈院,奉八月八日指令备案,同月三十日由部分行第一期警保改制各省	点验之实施,由内政部派员主持会同省警保处组织呈点验组担任之,并得邀请国防部派员参加	
《保安警察队长警第一、二期训练课程标准》	三十六年八月以前拟就,八月三十日部电分行第一期警保改制各省	1. 本标准以军事训练为主,警察学识法律常识为辅 2. 每期训练时间为3个月	警长、警士分别分期订定
《省保安警察队校阅办法》	三十六年七月拟就,是月二十一日部文呈院,奉八月八日指令备案,八月三十日部电分行第一期警保改制各省	1. 省保安警察队应于所定整训期满时举行校阅,其后并应每年举行1次或2次 2. 校阅由内政部会同国防部派高级人员主持,会同省警保处派员分组担任并邀请当地驻军最高长官及地方行政首长指导	
《各省警保处建立保安警察成绩考核办法》	三十六年七月以前拟就,七月二十一日部文呈院,奉八月八日指令备案,八月三十日部电分行第一期警保改制各省	1. 目的:根据其组织条例所赋予之保安责任暨所订建立保安警察之法规计划,以考核其工作进度与实际效果 2. 方法:静的考核与动的考核并用 3. 考核标准:以治安为实际效果,占总成绩比率50%,以其余所订项目为构成治安因素,共占50%,并另订附治安成绩考核标准 4. 考核后之处理(略)	

名称	经过程序	内容摘要	备考
《加强省保安警察队装备办法》	先后拟定三案如下: 第一案:28省每省先加强1个总队,共加强28个总队,三十六年三月拟就,是月二十五日由部长报呈主席 第二案:15省共先加强31个总队,三十六年五月拟就,是月十日由署长报呈主席,并于十九日报请陈总长照案分批拨换武器 第三案:每省警保处成立,其保警部队整编训练完竣,并经点验校阅考核后,再行加强其装备,每省至少加强3个总队,三十六年六月拟就,是月二十一日由部长分呈主席及行政院 前项第二案,陈总长于六月七日电复,主席于六月以已皓侍字代电并案指复,第三案奉行政院八月四日指复	1. 办法摘要: 甲、编制:增平射炮中队1个 乙、武器:每总队配迫击炮平射炮各6门,重机枪12挺,轻机枪90挺,步枪1200支,冲锋枪126支,卡片枪234支,手枪205支,信号枪28支,掷弹筒117具 丙、车辆:每总队配发载重汽车10~40辆,并酌配指挥及送油等车 丁、通信器材:每总队配15瓦特无线电收发报机1具,5瓦特收发报机1具,廿门电话总机1具,电话机24具 2. 奉复电令摘要: 甲、陈总长电复:补充困难暂就各省现有武器自行抽调择增强 乙、主席核示:已成立警保处之各省份,先充实一至两个总队,械弹由各省就现有武器自行调配,不敷之数,得由国防部优发,车辆宜就奸匪窜优省份有加强必要者,由行政院拨最低数目仍准由国库拨补,通信器材准照行政院意见办理(即依照政府机关请购物质手续由各省地方预算内筹措现款拨付)	第二案系因第一案呈出时久,各地情形演变,为适应需要而重拟,故省份队数有出入,至武器车辆通信器材之配备,则三案均同

在内战中,整编保警部队的重点,在重质减量,达成精警要求。数量庞大的各省保安团队,其素质必须经过整编考验,才能衡量是否达到"质"的要求。此项工作在整编保安团队的过程中最难解决。为此,行政院于1947年8月召开各省主席参加的"行政座谈会"。各省在会上提出在内战期间"仍留保安总队,暂不更易,否则提高待遇与改制服装之经费,应请中央补助"。蒋介石此时正指挥重点进攻陕北、山东等中共解放区,正值刘邓大军千里跃进大别山,军方不断提出需要保安

团队的协助以及补充兵源,因此同意"已改者不必再编,未改者从缓"。随后,因资金紧缺,后勤补给不济,"行政院"电令"内政部"已改保安警察的团队"服装可暂仍原样;待遇须俟整编完成经本部派员校阅考验合格后,再照警察待遇。且经严格裁汰后,所保留必需之数量,必较前减少甚多,不致过分加重财力负担"①。为了顾虑各种困难,警察总署又制定《省保安警察队点验办法》,规定点验表格多种,由部电请警保改编各省先就现有保安部队自行点验填报,以作来年改警的准备。基于各地方情况,警察总署又积极从事充实保警队装备强化治安武力的筹划,关于加强装备办法,先后拟有 3 种方案,所有经过程序和内容,已列在前面的法规表中。"裁团改警"各项措施都稳步推进,但由于蒋介石打错算盘,国军在内战泥沼里久拖不胜,损兵折将,民心渐失,国统区经济又难以恢复,同年 11 月 13 日,在内战中受挫的军方,召开豫、鄂、湘、赣、皖、苏 6 省"剿匪"检讨会议,国防部又决定仍恢复保安团队,而且还要进行扩编,这样一来,"裁团改警"和战后建警又因战局颓势和军方介入而遇挫折。

尽管如此,从以上 6 种法规章制的程序及内容要点,可以看出关于"裁团改警"的理想、步骤、要求和决心。为了使裁改适应需要,才有各种实施办法、组织条例及编制等订立;为了使整编落实不折不扣,才有点验办法的订立;为了使保警素质提高到合于标准,才有训练课程标准及校阅办法的订立;为了使整训后充实力量担起地方治安的责任,才有加强装备办法的订立;为了使警保统一足征为地方治安构成的因素而获治安实效,才有建立保安警察成绩考核办法与其所附治安成绩考核标准的订立。由此我们可以知道整个工作的历程,是以改制为起点,以整训为过程,以地方治安为目的。②统一省警保机构,"裁团改警"是国家的重要决策,唯有执行这一决策,才能净化治安行政机构上的错杂现象,齐一治安行政的步调,以凝结警保一元化的力量,来巩固地方治安,贯彻安内惟警的宗旨。但此警保处和保安警察总队设立后,遭到很多人反对,尤其是各省府主席。反对者认为保安团队和警务处合并带来重重矛盾:保安团队是地方豢养的军事武装,属于省防军性质,是绥靖剿匪、处置重大事件的主要力量;而地方警察来源复杂,素质低劣,很少经过严格考核和训练,一般警察只能巡街、站岗、查户、押送小偷、维持秩序等,根本不能在军事作战中使用。因此成立警保处的省份,其保安警察部队非军

① 施建康.一年来的保安业务[J].警政导报,1948(13):58.施建康,时任内政部警察总署三处(保安处)处长。

② 施建康.一年来的保安业务[J].警政导报,1948(13):62.

非民,训练欠缺,指挥关系不明确,战斗力低弱。① 后因国民政府的决心不定,又因时局原因,使得刚刚发轫的"裁团改警"政策又陷于停顿。

三、警保指挥权的"更迭"

国民党在总兵力减少、机动兵力严重不足、官兵厌战的情况下,对解放区的全面进攻改为重点攻击,大量主力被牵制在距离甚远的各个战场上。② 截至 1947 年 8 月底,国民党军队在陕北、山东、华北、东北等战场屡受挫折。1947 年 11 月 13 日,国防部在南京召开豫、鄂、湘、赣、皖、苏 6 省"剿匪"检讨会议。会议认为目前各省保安团队均已列入战斗序列,担负指定任务,且改警后保安团队的数量减少,兵力不足以分配,因而决定"裁团改警"工作暂缓实施。各省恢复保安司令部的设置,在国防部增设保安局,专门主管保安部队业务。为"警保合一"实施方便,由警察总署署长唐纵兼保安局局长,各省警保处从省政府划归省保安司令部管辖,地方警政体系名存实亡。

(一)"剿匪"检讨会暂缓实施"裁团改警"

为加强反共兵力,改变国民党在全国各个战场上被动挨打的局面,六省"剿匪"检讨会议决定了"民众组训,实施六省联防,建立省防军,加紧完成六省绥靖地方设计工作"。③ 因此该会议被认为是国民党政府对共产党政治攻势所采取的"重要行动",这里的"省防军"源自辛亥革命前后出现的各省军政独立,推行地方自治所设的省属地方军队,其形态与保安团队相仿,是一种地方武装格局。后因全国统一,强调国家行政和军事划一,"省防军"逐渐退出政治舞台。此时在国家政治、军事中重新提及"省防军",是在国统区已不完整,各省陷入独自为战的状态下的无奈之举。

6 省"剿匪"检讨会议还作出"各省应恢复保安司令部之组织,恢复由省保安司令部统辖省境内一切保安团队,受国防部之指挥监督,其已成立的各省警保处应即改组,保安团队与警察,应依法分别改隶"的决议。在此案中,6 省主席连同国防部都认为,为加强动员戡乱,军政配合起见,应当实行战时体制,由保安司令部统辖省境内一切保安团队,而警察仍隶属"内政部"指挥监督,回归警、保各行其

---

① 沈重宇. 江苏文史资料:第二十四辑:蒋介石的亲信谋士与情报主管唐纵[M].南京:江苏文史资料编辑部,1995:43.

② 宋春. 中国国民党史[M].长春:吉林文史出版社,1990:618.

③ 奉行政院令以六省剿匪议决案内"暂缓实施建警计划"应"暂缓实施'裁团改警'"仰即知照由[J].安徽省政府公报,1948(701):10-11.

是的旧貌。

　　会上国防部提出"保安团及地方自卫队加强方案",明令"各省应恢复保安司令部之组织。已成立警保处之浙江、广东、广西、福建、湖南、云南等省,暂缓实施建警计划,仍恢复省保安司令部,并限 11 月底以前完成"。① 该方案主旨系加强保安团队及地方自卫队,暂缓"裁团改警"。"内政部"清楚看到只要再发生战争,军方即会以此来阻挠"裁团改警"政策的实施和建警,用割裂警政来满足军事需要,这已成常态,因此"内政部"警察总署对该会决议案中的"暂缓实施建警计划"一语提出异议,认为"'裁团改警'仅乃整理保安警察之过程,而整理保安警察又仅为警政建设一部分,故以'暂缓"裁团改警"'即谓为'暂缓实施建警计划',在理论上既有以偏概全之误,在事实上亦有挂一漏万之弊。如现在各院辖市警察局原无保安团之设置,不在'裁团改警'范围之内"②。6 省"剿匪"检讨会议后决定暂缓"裁团改警",保安团队保留,删去"暂缓实施建警计划"之句。

　　由于"裁团改警"对于战后建警的重要意义,国防部欲借"裁团改警"的暂缓令建警计划暂缓推行,有偷换概念之嫌。警察行政为国家行政之重要部分,暂缓实施建警计划,不仅有碍国家宪政和行宪下的政治格局,且有损政府公信。战后警政建设包含范围甚广,诸多方面蒋介石都还要求积极推进,如设置国境警察、外事警察、交通警察等,对时下作用极大。因此"内政部"出台文件对 6 省"剿匪"检讨会议决议案给予辩明:"裁团改警"属于保安警察的整理,这仅仅是警政建设的一小部分,因暂缓"裁团改警"而提出暂缓建警计划,警察总署认为这属于以偏概全,建警工作还应加紧进行。经"内政部"协调,国防部也将该方案原文"暂缓实施建警计划"解释为"暂缓实施'裁团改警'",仅限保安警察而言,刑事、国界、外事等类警察,俱与保安团队无关。但国防部随后仍不断以军事重于一切,以内战逼停"裁团改警"和警保合一,以致各省市战后建警无法推动,还在一系列会议提出与国家有关决策相悖的议案。国民政府败象已露,无能的军方还在作加速灭亡之举。

　　1948 年 1 月 15 日,国防部在九江召开豫、鄂、皖、赣、湘"5 省清剿会议",将"6 省'剿匪'检讨会议"的决议案具体化。如"加强省保安团队及自卫团队办法",经详尽研讨,形成《豫鄂皖赣湘民众组训实施纲领》。同月 28 日,根据蒋介石的"戡乱工作,政治重于军事,绥靖重于清剿,刷新政治,机动联防,确立征兵征粮制度,

---

① 国防部和六省主席在剿匪检讨会议上提议划定绥靖区及加强军政配合的文书[A].中国第二历史档案馆藏,档号:12-2-532:2-3.

② 内政部关于确立警察制度厉行动员戡乱加强户政工作的报告节选[A].中国第二历史档案馆藏,档号:12-2-948:2.

巩固经济金融等问题"的训示,国防部在徐州举行苏、鲁、豫、院"4省绥靖会议",会议决定"加强组织4省地方武力方案"。同年3月18日,"华中绥靖会议"在南京召开,会上白崇禧提出"军事、政治、经济三位一体"的"绥靖剿匪""总体战",具体分为军事战、政治战、经济战、思想战4个部分。其中军事战部分,提出"建立绥靖区,实行党政军一元化制度",由绥靖区司令官统一指挥辖区内军事、政治、经济党务,绥靖地方,举办清乡,并协同国军之作战。明确培植地方武装是绥靖区司令官一项重要工作。国防部所指的地方武装主要指保安团和自卫队,均属于原有保安团队的范畴。在"总体战"的战略方针指导下,国防部对保安团大量扩充:1948年上半年在上年180个团基础上增加40个团,下半年拟再建60个团,总计将近300个团。规定凡"清剿"2000人以上的人民武装,由正规军负责,凡"清剿"1000人以内的人民武装,由保安团负责。而自卫队又分常备自卫队和民众自卫队。自卫队的任务,除对付小股人民武装外,负责清查户口、实行联防、构组情报网等。规定1个县编1个自卫总队,1个乡编1个大队,1个保编1个中队。① 可见,"总体战"的战略特别强调"组训民众,扩大地方武装",以弥补正规军之不足。在此战略布局下,国民党只能快速扩大保安团队,来补充屡被歼灭的正规军的不足,保安团队再次成为国民党战时必不可少的武力。

(二)国防部保安局的成立

为领导各省保安团队,使各省保安工作能够联系配合,根据6省"剿匪"检讨会议决议案,1948年1月,国民党中央批准在国防部下设保安局来具体指挥保安团队。同时明确各省警保处改为保安司令部,下设警务、保安组及人民自卫三组,全省警政隶属保安司令部的警务组指挥。② 警察机关是国家机器的一部分,也是政府行政机关,然而未经过法定程序突然变成军方管辖的范围,可见国民政府危权政局下法统之混乱。为均衡"内政部"利益,便于警政相关工作的开展,国民党中央指派唐纵兼任保安局少将局长,并将国防部保安局与"内政部"警察总署合署办公。

同年1月,国防部颁布《国防部保安局组织规程》,规定保安局职责为7项:"(一)拟定保安部队及民众自卫队之编组,并派员督导其实施;(二)拟定保安部队及民众自卫队之训练方针及计划并督导之责;(三)对保安部队及民众自卫队干部之补充与训练拟定方针及计划;(四)对保安部队及民众自卫队武器弹药之补充

---

① 周宏雁. 中国人民解放军全国解放战争史:第三卷[M].北京:军事科学出版社,1996:255.
② 国防部设保安局,俟政务会通过后即成立,局长已内定由唐纵担任[N].申报,1948-01-26.

拨配提供建议;(五)对保安部队及民众自卫队之使用提供建议;(六)对保安部队及民众自卫队之人事考核奖惩及抚恤等提供建议;(七)关于一切有关保安事务与政府其他部门之联系协调事宜。"①随后,各省警保处扩大为保安司令部。② 保安局工作人员多由警察总署中有军职的职员兼任。除局长由唐纵兼任外;副局长兼第一处处长由警察总署第三处处长施健康兼任;第二处处长由警察总署办公室主任彭濮兼任③;保安局办公室主任由吴渤海担任,以上均为军统成员。可见,国防部保安局只是一个将保安团队纳入军方的工具。唐纵曾对沈醉称:"国防部保安局编制虽小,只几十个人,但权力很大,可以统一指挥全国保安团队,不会再发生保安团队不与警察配合共同反共的问题了。"④国防部保安局的成立,或许实现了唐纵心目中的"警保合一"。到了此时,可以清楚看到,唐纵与李士珍不同,唐纵是将警察并入军方和军统,而李士珍是将保安团队并入警察系统中,二者的目的截然不同。唐纵利用军方拆解警察和保安团队并使之为军统控制,并兼任保安局局长,至此,不论是警界的"军统派""警校派""留学生派",还是转警军官,均为唐纵所操纵。由此,各省保安司令部业务受国防部保安局和"内政部"警察总署的指导,省保安副司令(司令由各省主席担任)及参谋长的考绩亦由保安局签具意见。这样,原由复兴社控制的保安副司令、参谋长亦顺利转为军统唐纵麾下,国防部保安局的成立,在诡异的表面上看,似乎达到了"内政部"和国防部利益的均衡,实现了警团关系的均衡。

由于各省保安司令大都由省主席兼任,各专区保安司令由行政督察专员兼任,其兵源、训练、武器装备、经费保障需要地方解决。因此,保安司令部成立后,面临重重困难,所辖保警大队战斗力差,指挥关系隶属不清。蒋介石后为实施所谓"分区防御"的"总体战",在江淮汉流域分设绥靖区,实行所谓一元化指挥,绥靖区司令对当地党政军警及团队一把抓,成为国民党内政中的新战略,随着各省保安团队陆续改编为保安师或正规军,编入作战序列,大部分省的警保处名存实亡。⑤

---

① 法规:国防部保安局组织规程[J].四川省政府公报,1948(515):5-6.
② 国防部设保安局,俟政务会通过后即成立,局长已内定由唐纵担任[N].申报,1948-01-26.
③ 中央警官学校研究部.中央警官学校季刊:国防部保安局明年一月成立[M].南京:中央警官学校研究部,1947:28.
④ 公安部档案馆.在蒋介石身边八年:侍从室高级幕僚唐纵日记[M].北京:群众出版社,1991:671.
⑤ 沈重宇.江苏文史资料:第二十四辑:蒋介石的亲信谋士与情报主管唐纵[M].南京:江苏文史资料编辑部,1995:25.

（三）保安司令部的恢复与实践

根据6省"剿匪"检讨会议，应当实行战时体制，各省恢复司令部，统辖省境内一切保安团队，保安团队和警察应分别改隶，保安团队隶属国防部指挥监督，而警察归属内政部指挥。① 据此，国民政府为使绥靖区和各省军政当局指挥灵便，拟定撤销各省警保处，各地警察机关直接隶属于省主席兼保安司令指挥，警保处处长任省保安副司令，借此大力扩充绥靖区和各省保安团队，以适应内战兵源紧缺需要。此方案遭到各省不同程度的异议，但为迅速补充兵源参加内战，该方案仍然继续筹划推行。

1947年11月20日，《中央日报》记者请询行政院院长张群6省联防会议关于省政上的新决定事项，张群表示，"凡设绥靖区之各省保安司令部，均一律恢复，由省主席兼保安司令，加强地方团队之组织与训练，籍使戡乱大业，早日胜利完成。"②次年1月23日，行政院公布《省保安司令部组织规程》《区保安司令部组织规程》，并附《省保安司令部系统表》《保安司令部编制表》(如图5-1)。《省保安司令部组织规程》共8项内容，着令恢复划列绥靖区各省保安司令部。该规程规定"省保安司令部隶属行政院，受国防部指挥监督，其有关警保事项，兼受内政部之监督指挥"。省保安司令部下设9个科室，其中警保科为第三科，负责"掌理编组、训练、警政、交通、通讯及械弹之补给事宜"。③

在省保安司令部组织系统下，各省警保处开始隶属于省保安司令部，意味着地方各级警察机关被纳入军事系统，统一管理。1948年9月18日，内政部以警保处改隶省保安司令部后对警察体制多有破坏为由，函请行政院仍将保安司令部警保处划隶省政府，称警务处，主管警察业务。在动员戡乱时期，可受省保安司令部之指挥，其有关保安部队事务，归还保安司令部主管。次年4月1日，经研究后，行政院颁发《修正保安司令部组织条例及编制系统表》，规定各省保安司令部警保处改为隶属省政府的警务处，隶属省政府，其下辖机构不变，保安团队和警察机关分开设置，全省保安团队隶属保安司令部指挥，各县警察局隶属省警务处管辖。⑤

---

① 国防部和六省主席在剿匪检讨会议上提议划定绥靖区及加强军政配合的文书[A].中国第二历史档案馆藏,档号:12-2-532:23.
② 沿江各省将划绥靖区并恢复保安司令部[N].中央日报,1947-11-20(2).
③ 确保治安防匪危害,恢复省保安司令部,隶属政院,受国防部指挥,保安司令由各省主席兼[N].中央日报,1948-01-27(2). 另见法令:省保安司令部组织规程(附表)[J].警政导报,1948(14):27.
④ 法令:省保安司令部组织规程(附表)[J].警政导报,1948(14):27.

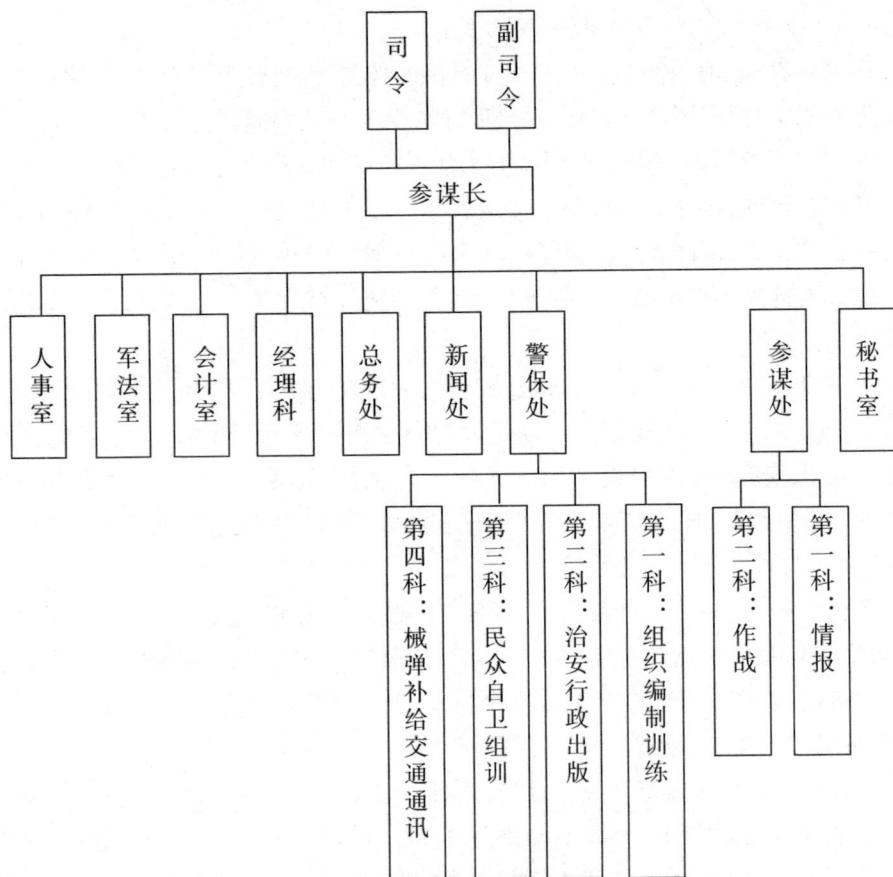

图5-1 省保安司令部系统表①

由于国民党败局已定,其政权即将覆没,战后建警已实际不存。李士珍、唐纵等亦已辞职,代总统李宗仁批准将指挥建警的"内政部"警察总署撤销,缩编为"内政部"警政司,国民党警察机关也即将随着国民党政权和军队在大陆的覆灭而收缩。

综上,《各省保安司令部组织规程》将各省警保处纳入省保安司令部的序列编制,意味着原"警保合一"将保安团队纳入警察体系的设想已经不能实现,相反受制于保安司令部,不能形成在各级政府领导下相对独立的行政警察系统,可谓"裁团改警"的倒退。而经过"内政部"的强力争取,各省隶属于保安司令部的警保处改为隶属省政府的警务处,警权由军管独立出来,恢复到战时"警团并存"的状态。

1947年8月,《申报》记者走访浙江省警保处,发现被唐纵谓为"江南9省成

---

① 云南地方志编纂委员会,云南省公安厅.云南省志:卷五十六:公安志[M].昆明:云南人民出版社,1996:65.

立警保处的模范"的浙江省,自成立警保处后,经费人事并未核定,保安司令部因适应实际需要,暂时维持现状。浙江警保处处长称"待局势安定时,再实施'裁团改警'"①。次月,陈毅、粟裕又率华东野战军6个纵队附晋冀鲁豫第11纵队突入鲁西南,随之进至豫皖苏地区。江苏省保安司令部于10月订颁《加强保安部队办法》,通过充实各县保安团队的编制,补充装具器材,核定经费预算的办法②,妄图以加强地方自卫武力来阻击中共野战部队。11月中旬,刘邓、陈谢、陈粟3路大军逼近南京、武汉,吸引和调动国民党近1/2的兵力。豫、鄂、皖、湘、赣省(区)保安司令部,对于地方自卫武力(常备队及乡镇保自卫武力)的训练负责计划督导,各绥靖区司令部、各地警备司令部、各地师团管区司令部及驻军,均有指导协助之责。③ 1947年12月,为加强治安,四川省决定扩大保安处为保安司令部,统一指挥全川部队,训练民众武力。④ 次年2月,四川省保安司令部奉批成立,由邓锡侯兼司令,内设参谋警保等处,负责全川治安。各专员区同时成立区保安司令部,统一地方治安责任。⑤ 江苏省保安司令部所属各总队编制,奉令于1948年3月1日一律改为保安团,其组织按照国军编制重新调整,保安司令部也遴派专员指定地区点收新兵,以便扩充。⑥ 同年2月,湖南省恢复保安司令部,将警保处改为警务处。⑦

为了解国统区部分省现有警察员警及保安团队官兵确实人数,1948年9月21日,内政部警察总署电请各省保安司令部查复该省员警官兵数目,如表5-4。

表5-4 八省警察员警与保安团队官兵人数⑧

省别	警察类			保安团队类		备注
	警官	警员	长警	官佐	士兵	
江西省	1551	无编制	12862	1587	16802	
湖北省	1704	177	15536	1693	17757	

---

① 浙警保处成立后,保安队仍维持现状[N].申报,1947-08-02(7).
② 加强地方武力清剿散匪,苏省充实保安队[N].申报,1947-10-26(1).
③ 豫鄂皖湘赣五省民众组训,实施工作正在推进中[N].申报,1948-02-19(5).
④ 川保安处扩为部,邓锡侯兼任司令[N].申报,1947-12-15(1).
⑤ 川省成立保安部,并划设两警备区[N].申报,1948-02-05(1).
⑥ 苏保安队扩充,并重新调整编制[N].申报,1948-03-22(1).
⑦ 首都警察厅保安警察总队及各省警保处工作报告[A].中国第二历史档案馆藏,档号:12-2-482:3.
⑧ 内政部档案《内政部警察总署电请各省保安司令部查复该省员警官兵数目》[M]//赖淑卿.警政史料:第五册.台北:台湾"国史馆",1989:569-584.

续表

省别	警察类			保安团队类		备注
	警官	警员	长警	官佐	士兵	
湖南省	3435	无编制	34115	2465	29972	警务处归并省保安司令部未实行
山西省	1018	281	4636			
广州市	947	18	4354			
江苏省	3196	588	18019	3521	53731	
浙江省	1676	519	20269	1504	13219	
安徽省	1001	296	615	1978	21004	除此,还包括常备自卫队未列入,官佐3936,士兵85304,保安团队尚有数团未报现有人数

　　按照1948年1月23日行政院公布的《省保安司令部组织规程》,警保科为省保安司令部的一科,全省警政工作受省保安司令部统辖。但是在推行过程中,湖南省、山西省、广州市并未实行,虽然设立省保安司令部,但因推行中的各种窒碍,仍然是保安团队隶属国防部指挥监督,而警察归属内政部下属;各省保安团队隶属保安司令部,而警察隶属省政府管辖。

　　1949年3月,蒋介石集团在辽沈、淮海、平津三大战役中失败,国防部进行全国总动员,要求各县(市)视实际需要,将常备自卫队改编为自卫团营,并修正1947年9月24日颁行的《各县(市)民众自卫队组训规程》呈请行政院通令施行,而情况不容乐观。4月21日,解放军发起渡江作战,为应付中共和谈破裂的局势,李宗仁、何应钦召集行政、立法、监察三院正副院长及秘书长举行联席会议,"与会者咸以和谈破裂,首都将受炮火威胁,政府势须迁往广州,当决定即日起紧急疏散,行政院除国防部暂迁上海外,其余各部会均迁往广州,立法院亦决定迁往广州。至总统府则准备先迁至上海,再向广州移动"①。

　　此时,警团存废的争议竟又在个别地方甚嚣尘上。1949年4月,国民政府迁广州后,桂系控制下的湖南省为简化机构,加强组织效能,拟订《改进县市警察组织原则》《各级警察机构编制表》《县警察机关组织规程修正案》一并签请省府经交秘书处。随后,湖南省保安司令部拟定《湖南省各县市警察整编暂行办法》,提出"为加强自卫武力,确保地方治安,减轻民众负担,计将各县市现有之警察,除保留必要之行政警察外,其余一律改编为常备自卫队,直隶各县市。自卫总队长施

---

① 和平谈判终告破裂,政府各机关迁穗,首都昨起开始紧急疏散[N].申报,1949-04-22(1).

以严格军事训练至澄,平时仅留必要之行政警察,凡自卫队一律解散"①。对此,湖南省警务处以"警察为国家内务行政,裁警为自卫队实为张冠李戴,以国家正规行政组织改属戡乱临时措施,在法制上亦嫌紊乱。中央既历无裁废警察之命令,内政部更于1948年4月安—字第4943号代电湘省府查禁以警察编入自卫队"②为由,坚决不同意裁警为自卫队。而保安司令部则主张为节约经费,将警察及一切地方武力统编为地方自卫队,受省保安司令部统辖调配,已收指臂之效。现将湖南省警务处和湖南省保安司令部的主张意见分列,见表5-5。

表5-5 湖南省各县市警察裁改自卫队一案省警保处与保安司令部的主张③

控辩观点	禁以警察编入自卫队	保安警察应改编 常备自卫队
理由	一、警察为国家行政组织,不论平时战时均以维护地方治安为职责,自卫队原为戡乱不得已临时措施,辅助警察保卫地方,值兹大局和战未定,欲加强安定社会力量自唯警察是赖。如骤改为自卫队与主席最近停止征兵征实及安定应变之昭示相违背,且常备自卫队,各县前已奉令减设,现复增多,恐不明真相之人反滋揣疑,若利用现有警察机构,充实装备,力加整训,则既可资借镜况本省警察原系二八年由公安、保安、政务三警合一及三四年收编各县少数自卫队而来,中经本省警察训练总分各所训练抗战时配合国军参加粤汉湘桂两线战事,卓有成效,令以警察裁改自卫队既嫌舍本逐末,揆之本省过去事实亦鲜光例。 　二、本省自卫队举办迄今利少弊多,啧有烦言,如前之大庸龙山隆回惨杀县长议长包围县府,近之永顺警察不欲改编自卫队,以致登山殷鉴,非遥似不宜再蹈覆辙,且裁警察为自卫队,张冠李戴,并不减轻人民负担,挖肉补疮,徒乱警察体制。内政部上年四月安—字第〔4943〕号代电省府查禁以警察编入自卫队,行政院亦送令,不因戡乱停止建警,此案曾经保安司令部会衔省府转行并提报府会时,才数月忽又自变前令,漠视府会,朝令夕改,颇似欠当	一、保安警察改编常备自卫队可收指挥统一运用灵活之效 　二、一般习惯认为警察仅维持地方秩序无作战任务,对军事训练主观方面无不重视,往往以少数人分驻乡镇,一遇匪警束手无策,于是为自身安全计,不惜与匪勾结,为害地方,倘将警察编制缩小,专负行政警察任务,负剿匪责任,概由自卫总队担任不特力量较大配合国军亦属便利

---

① 国防部拟定地方团队改进原则与加强保安团自卫队办法及各省改进状况案[A].中国第二历史档案馆藏,档号:12-2-637:27.

② 国防部拟定地方团队改进原则与加强保安团自卫队办法及各省改进状况案[A].中国第二历史档案馆藏,档号:12-2-637:27.

③ 国防部拟定地方团队改进原则与加强保安团自卫队办法及各省改进状况案[A].中国第二历史档案馆藏,档号:12-2-637:29-33.

控辩观点	禁以警察编入自卫队	保安警察应改编常备自卫队
理由	三、保安警察责在剿除匪类,弹压暴动,警戒守备,无论泰西各国平时固仍注重,战时亦可戡乱,保安司令部意以保安警察改自卫队统一指挥,既背警察学理与体制,且未思及警察与自卫队均同隶县长指挥,保安司令部令行,县长焉敢抗拒,并非不能统一,如必以保安警察改自卫队在主席安定应变之际,多一更张,多一纷扰,甚至改编叛变或尽划拨老弱废枪数过延动辄数月,后果殊难预料,自不能谓保安警察。一旦改名自卫队,即可剿匪,如不改名,则难剿匪,反之,三十七年秋前各地自卫队蜂起数多于警,成果何在,事实昭明,不言可知,况百人以上股匪由保安部队负责清剿,保安司令部早□(有)明令规定更不能以现时各地股匪未清责难少数保警,若以裁警为提高自卫情绪,殊不知自卫情绪难提高,警察情绪则降低,亦即削弱警察力量加一减一,于事何补。 四、本省参议会历届大会均以加强警察整训,建议省府第一届六次大会通过之本省戡乱紧急措施方案亦系以加强警察与保安部队分立最近省参驻委第五次常会复又建议裁改警察为自卫队,应慎考虑今裁警为自卫队实与省参会各案不符。 五、今日本省之警察当有不少之缺点,如寄名吃缺、素质不良、装备窳劣、训练不够等,但此均系人事运用与执行技术等问题,绝非警察体制上有何不妥,苟以全力从事整顿定可夫之改进本处,现正着手积极整饬中,如因噎废食,即予裁改,殊非治政之道,更有进者具四十余年历史之本省警察今日尚有如是之缺点,骤改临时性质之自卫队,又何能保证其臻于至善,县政臻于进展。 总之,警察为国家内务行政保卫人民维护治安,中央既历无裁废警察之命令,事关警制,保安司令部似不能侵越法律所赋权力,即第十七绥区各县现仍一本中央法令照设警察局所及临时警察大队(本年六月十八日第廿六次府会有案)亦无裁警为自卫队情事	三、警察之作用在依照国家统治权执行法令、维持公共秩序、协诸般行政之推行为职责,值此戡乱时期根据军事第一原则自应以军事保障政治,以自卫推行自治。 四、目前各县警察人数不一,多者在一千以上,地方负担力有不胜编为常备自卫队后,经费仍难维持地方开支,而此种组织仅限于戡乱时期一入手完即行裁撤。 五、各县现有警察多系原有地方保安部队及乡镇自卫武力改编而成,兹复归还自卫组织,不但适合戡乱措施,且可提高自卫情绪。 六、查十七绥区所辖各县已实行改编,颇著成效,尤宜择善相从以应急需

以上虽能反映湖南省在"裁团改警"问题上的争论,但随着解放军南下,程潜、陈明仁等在湖南省起义,此问题的讨论在国民党政权的不复完整下变得毫无意义。

(四)迫于无奈的"以团改军"

1948年11月,在国民党军队败势尽显的战局下,蒋介石悲哀痛愤之余,开始着手对战略战术进行检讨反思。为求迅速补充兵源,国防部制定《保安团队升补国军实施纲要》,保安团队在解放战争时期又走上与人民对立之路。

《保安团队升补国军实施纲要》本着"训而后补,教而后战"的原则,规定了保安团队升补国军之实施要领:"(一)预定升补国军之保安团队应由各剿匪总部或绥署会同各省主席,先予充实健全,切实训练,然后升补。(二)作战整训有成绩之保安部队,得保持建制,优先升补国军。(三)经交补双方之同意,得由剿匪总部或绥署抽调部队番号,遴选充实健全之保安团队升编成立之。"另外,该纲要还规定了保安团队升补国军后,剩余干部的安置问题;粮饷的交接问题;士兵服装问题;等等。该纲要第八条规定:"保安团队升补国军后,其缺额由各县(市)常备自卫队升补后之缺额由各县(市)自卫队遴选升补,或征集补充。"①在国共双方力量对比发生压倒性的变化之际,国民党当局也顾不得建警事宜,而是通过大量征兵来补充兵源。

此时,苏、浙、闽、赣、皖、湘、鄂、滇、粤、桂、黔、川12省出台《抽调保安部队士兵补充国军办法》,规定"以不妨碍原有负担任务,尽量抽调精壮老兵,并以徒手为原则,各省抽调兵员人数以其现有数17%为基准,所有拨出士兵于11月底以前一律准备完毕"。12省抽调保安团队人数如表5-6。

表5-6 苏浙等12省抽调保安部队士兵补充国军数量表②

省别	部队数			现有人数	抽调人数
	旅部	团部	突击大队		
江苏	2	11	3	20566	3500
浙江	1	7	1	9603	1600
福建		6	1	7615	1300

---

① 行政院有关召开政务会议讨论后方各省划为绥靖区及保安团队升补国军等的文书[A]. 中国第二历史档案馆藏,档号:12-2-531:68.

② 行政院有关召开政务会议讨论后方各省划为绥靖区及保安团队升补国军等的文书[A]. 中国第二历史档案馆藏,档号:12-2-531:74.

续表

省别	部队数			现有人数	抽调人数
	旅部	团部	突击大队		
安徽	2	10	3	19750	3400
湖南	1	7	1	15113	2600
湖北	1	8	3	16635	2800
广东	3	14	3	24568	4200
广西		6	1	9498	1600
贵州		5		8080	1400
四川		8		13208	2200
云南		6		9776	1700
江西	2	8	1	15940	2700
总计	12	96	17	170352	29000

由于经济政策失误,加之内战的持续蔓延,城市粮食资源日渐枯竭,军费的消耗更似无底洞。此情此景下,国民党统治下的国家内政一片混乱,警察国家化、警政法制化等战后建警之举在战乱下无从着手,大部分省份已被解放军占领,国家经费杯水车薪。国民党在政治上和军事上的失败使得其政权岌岌可危,保安团队浮出水面也为无奈之举,国家层面的建警工作实质上已然停滞,更勿论"裁团改警"。

四、抗战后警团关系异变分析

抗战胜利后,蒋介石一直号召"建国必先建警",而建警中先行的"裁团改警"政策的根本路线发生了方向上的扭曲,政策的种种优势无从谈起。且警保合一后,警察存在的方式发生了大的变化,由国家行政机关改为受军政部门控制的武力,影响了警察国家化和现代化的发展。

(一)战后建警轨迹的变化

"裁团改警"政策在战后发生异变的根本原因在于战后建警轨迹发生变化。战后,蒋介石以"民主建国"和"和平建国"为口号,对警察在反共和和平建国中的作用寄予极大希望。此时,军统及其控制的警界内部产生分化,以李士珍为首的"警校派"和以戴笠、唐纵为代表的"军统派"之间的摩擦和矛盾日益明显。在争夺战后警政重建主导权的明争暗斗中,二者都将"裁团改警"作为战后建警的基础。唐纵在掌握战后警政建设指挥权后,对于建警路线进行技术层面调整,以"警保合一"的形式将"裁团改警"工作推向完结。可见,军统借警察机关名义力争的"裁团改警",实际是军统掌控全国警政和地方自卫武力的抓手而已。警察是否成为一个强大的保护民众、维持治安、公平执法的现代化组织对军统而言并不重要。军统关注的只是通过"裁团改警"这一手段达到警察为军统控制的目的,在平战时期都有合法的掩护机关的效果。

在此过程中,"裁团改警"的倡导者李士珍看到战后建警轨迹发生的变化,遂拟定《统一警保力量方案》呈报蒋介石,试图重组警保力量,挽救所谓戡乱、行宪、国防三大要政的实施和国民政府统治危局,也有重新获得蒋介石信任,夺取全国警政指挥权的妄想。1948 年 5 月,蒋介石电示行政院会同国防部核议此方案。该方案提出"在打击中共方面,以保安警察配合国军主力扫荡,以行政警察组训民众,培养自卫武力;就国防而言,保安警察及民众自卫武力,如由警保机构统一运用,足以消灭共产党,因此警保合一势在必行,使军警民相互配合,警、保、卫三位一体"①。

李士珍的办法与唐纵背道而驰,仍是《五年建警计划》的老办法,试图以不变应万变,其逻辑是:统一警保力量的目的在于保警、交警部队合并后,增强对抗共产党的力量,维护地方治安,以期达到加强"戡乱"、推行宪政和巩固国防的效果。其实质是"裁团改警"的嬗变将各种系统分歧的地方武装力量和警察力量进行合并,统归警保部门管辖,形式上实现了所谓的"警保合一"。

李士珍的方案受到了警察总署、军方、军统的联合抵制。同年 7 月 22 日,受军统控制的交通部函复内政部:"本部所属各铁路管理局,向均没有铁路警察,抗战后本部第一、第二交通警察总局先后成立,为执行任务便利计,于全国各铁路管理局配置警务处,管理原有铁路警察,其他本部所属公路、水运、航空各交通机关,斟酌需要,配置警务组,此项警务处、组均受各该机关首长之指挥监督,与普通行政警察性质不同,自未便予以合并,变更隶属;至第一、第二两交通警察总局现有之交警总队成立以来,遵照主席命令,并依据国防部意见,负有国防及戡乱使命,多在交通沿线担任护路及机动剿匪作战之责,向归国防部指挥,应由国防部核夺。"②

据此,"内政部"参事汪奕林对李士珍方案提出如下意见:

---

①　内政部档案《交通部函致内政部关于统一警保力量方案意见》[M]//赖淑卿. 警政史料:第五册. 台北:台湾"国史馆",1989:412.
②　内政部档案《交通部函致内政部关于统一警保力量方案意见》[M]//赖淑卿. 警政史料:第五册. 台北:台湾"国史馆",1989:412-413.

一、查警察业务,尚在初步扩展时期,中央立法之警察制度既未完成,各省警政之实施,亦未普遍,而且当此国家财政极端困难之时,建警工作,势不能一时全面展开,殊无改署设部之必要。

二、自"对外唯军,对内唯警"之观点立论,保安团队及保安警察实为过渡时期一种非军非警而又似军似警之临时组织,并非国家经常体制,若以警保并称,另立机构,因一时之分歧现象遂确定其为永久性质,殊欠妥适。

三、为戡乱计,警察工作固应加强,军警民三者固应互相配合,但就本方案之内容观之,警察担负甚多重要军事工作,恐非今日各地脆弱之警力所能胜任,其结果不惟难赴事功,而由于军警间之权限与责任,夹杂不清,且宜发生功则相要,过则相诿之流弊,欲彰绩效殊非易事。

四、民众自卫组织之任务,在于配合国军清剿"共匪",绥靖地方,关系于军事者多,关系于警政者少,今若将民众自卫组训事项改归警政机关办理,除增加各级警察机关工作上之繁杂外,而在民众自卫武力之运用及其工作效能方面,恐反不如现制之简捷便利。

五、就配合戡乱之需要言,现时民众自卫武力,保警、交警及一般警察,在法令及事实双方,均已在注重其与戡乱军事密切配合,固不待于设部后始能达成此一目的。

六、交警、保警及其他各特种警察,就理论言,均应改隶于中央警察主管机关,以树立完整之系统。惟在此戡乱时期,对于既成事实,若欲有所变更,恐徒引起争执,而莫由解决,是统一中枢警政管理问题亦以待至戡乱完成后,再行调查为宜。①

汪奕林的意见与警察总署和国防部一致,令李士珍气愤的是,他还劝李士珍承认警察和保安被并入军方的现实,"惟在此戡乱时期,对于既成事实,若欲有所变更,恐徒引起争执",要李士珍息事宁人。李士珍在国民党面临军事上和政治上崩溃的情形下复又提出"警保合一"及"裁团改警",虽然他打着配合"戡乱建国"和消灭共产党基础的旗号,试图挽救警政危局,但还是被认为不合时宜,遭到批驳。"裁团改警"作为建警工作的一种,在国家相对稳定的情况下的确是必要且有进步意义的;但是在战乱时期,国之不国的情态下,警政建设不得不退让于军事需要,这也是"裁团改警"政策自出台以来反反复复、周而复始的原因之一。

---

① 内政部档案《内政部警察总署呈复关于成立警保部方案》[M]//赖淑卿. 警政史料:第五册. 台北:台湾"国史馆",1989:410-412.

（二）军警团关系随政事而变

"裁团改警"政策的推行过程始终裹挟着军方和警方的冲突,此由保安团队性质不明确所致。兵役保安会议中确定保安团队对外是军队,对内是警察的性质。保安团队的职责中既包含基层社会治安管理权,又有军事后备力量的属性,因此,对于保安团队属"军"还是属"警"向来多有争论。"裁团改警"政策的循环往复,体现出军、警部门对于保安团队权力的争夺。国民政府时期"裁团改警"政策的变迁,其根本动力来自内部不同利益主体对于潜在利益的追求,这种追求产生了"裁团改警"政策变迁的现实需求。就警察制度而言,其产生往往基于维护社会治安的需要,其变革的根源也在于治安需求的变化与发展。而对于保安团队这种不受中央控制的"暴力组织",其归途不是改警,就是改军,目的就是实现"暴力合法化",这在"裁团改警"的运行过程中均有体现。

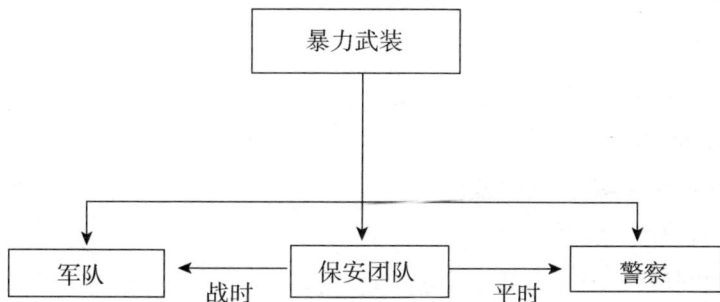

图5-2　军、警、团三者关系图

由图5-2可见,保安团队这一武装性质的组织,由于其在现代国家建构中缺乏暴力合法性,因此,执政者出于垄断暴力的需要,对保安团队的改编势在必行。然而保安团队的改编未能按照"裁团改警"政策如期进行。在非战争时期,出于国家治理和内政建设的需要,保安团队的治内属性则被提上日程,"裁团改警"势必推行;但在全面抗战和解放战争时期,保安团队的军事属性亦为统治者所需要。最终,"裁团改警"政策演变为"警保合一",已改称为国防部保密局的军统成为全国警政的掌控方,并以内战爆发之机,由军方出面呈准将各省警保处纳入国防部保安局之下。由此,"裁团改警"后的警察和保安团队皆成为军方囊中之物。各省警保处由国家行政机关变成军事机关。军方获得的是保安团队纳入国军体制,而以唐纵为首的军统得到的是警察和保安团队的指挥权。

"国家建构在严格意义上是对既定领土的暴力合法垄断权,其核心是在中央政治权威控制下强制手段——特别是军队和警察的集中化。"①然而时局不靖及内忧外患不断出现，南京国民政府试图建立现代化国家的企图并没有改变弱势权威的事实，政权合法性危机始终存在，国家也未能建立垄断合法暴力的行政机构，所谓"现代国家"建设如同空中楼阁，在此基础上进行的"裁团改警"也必然失败。

"裁团改警"在战后的新形式"警保合一"的失败，从某种意义上来说是必然的。其出台与实施的时机正是国共第二次内战之时，全国重新进入战争状态。国民党当局虽然打着"戡乱建国"的旗号，但是其重心无疑是放在"戡乱"上面，所有的行政工作都向战争倾斜，"建国"无从谈起，更遑论作为"现代国家建设基础"之警政建设。时机不当导致了"警保合一"政策所需的时间与空间均得不到满足。同时，国民党政权腐败，行政效率低下，各派系之间权力斗争深化，都将私利置于国家利益至上，这些都促使"裁团改警"最终走向末路。

五、小结

战后"裁团改警"的异变，其根本动力来自国民党内部不同利益主体对潜在利益的追求，这种追求使"裁团改警"在战后演变为"警保合一"且最后随着战事需要警团一同被并入军方。就"裁团改警"制度而言，其在战后发生异变的根源就在于军、警、团利益关系的变化与发展。

抗战胜利后，国民政府将建警事宜视为建国首要任务，并通过警察总署的建立、《警察法》的颁布实施等一系列警政改革举措，将权力集中于全国性的政治机构，强化中央对警察权的控制。而"裁团改警"作为建警基础被统治者高度重视，被列入各种警政建设计划中。在战后建警主导权的争夺中，继戴笠之后的军统核心人物唐纵任"内政部"警察总署署长。他主导将"内政部"警察总署制定的《警政建设五年计划》在国家进行推行，将一盘散沙的自卫武力和警察共管治安的局面提升到警察为治安管理之主导的地位。"国家渴望主导权的斗争，与其他机构的妥协是最好的处理方式。"②省警保处的设立，看似在践行"裁团改警"和战后建警计划，但实质上仅作为警察和保安团队的"装载工具"，是国家警政主导者与作为强势机构的军政部门的相互妥协。后国共和谈失败，内战爆发，国民政府宣布"戡乱"，"裁团改警"工作相继告缓，"警保合一"也因各省恢复保安司令部，将各省警保处从原隶属省政府改为由保安司令部管辖而宣告失败。而国防部保安局

---

① 萧功秦. 中国早期现代化的挫折与历史后果[J].学术月刊,1995(4):4-5.
② 米格代尔. 社会中的国家:国家与社会如何相互改变与相互构成[M].李扬,郭一聪,译. 南京:江苏人民出版社,2013:67.

的成立,不仅意味着已改为保安警察的保安团队恢复建制,且各省警察部门也随着警保处划归国防部指挥。至此,南京国民政府呈现出总崩溃前的混乱局面:警保虽然合一,但指挥体系发生本质改变,隶属国防部,"裁团改警"政策从根本上发生改变。

　　"裁团改警"政策的变化是不同权力主体为实现自身利益而进行权力博弈的过程。无论是军政部提出的"整军建警",还是军统主张的"警保合一",抑或国防部保安局的成立,均处于军、警、团三者的权力场域中,共同推动了"裁团改警"政策在战后的变化。随着国民党败退台湾,"裁团改警"政策彻底宣告灭亡。国民政府成立后,警团关系的反反复复、周而复始,既可见国民党政权反复无常,亦可说明国内外局势不稳定情形下,维护社会治安过程中"裁团改警"政策的不确定性。

第六章 "裁团改警"的历史审视

列宁曾说:"在分析任何一个社会问题时,马克思主义的理论的绝对要求,就是要把问题提到一定的历史范围之内。"①因此,对一个政策的分析及评价,应避免局限于制度本身,将其放置在具体历史语境中才更加全面客观。"裁团改警"政策的变化发展一方面取决于南京国民政府政策本身的设计,更与该政策推行落实过程中的客观条件和内外环境关系密切。在"围剿"中共、日寇侵略、国内经济难以复苏的特殊时期,中央与地方、军方与警方以及国民党内部各派系之间关系复杂,警团关系不断因时局变化而交替变更,屡生变异。虽经多方推动,"裁团改警"政策最终仍未能按计划推行,更未达到预期的警政改革目标。值得探究的是,从国家内政和治理角度看起来似乎具有积极意义的政策为何在历史运行轨迹上画了一个圆圈后戛然而止?应对"裁团改警"政策的变化过程、历史背景和政治环境进行全面分析,方能找到此问题答案。

一、"裁团改警"缘何失败

南京国民政府警政建设试图用"以西解中"的模式,通过"裁团改警"政策,快速将警政建设推向现代化之路。然而,"裁团改警"政策是在复杂的政治权力斗争和国际国内政治混乱的背景中展开的,宏观上受制于传统社会一体化行政模式以及构建现代民族国家的失败,微观上也受到政策先天不足、国民党内部利益集团争斗及战争环境的影响,这些都注定了"裁团改警"政策必然走向失败。

(一)构建现代民族国家的失败

南京国民政府在构建现代民族国家的过程中,各种问题和矛盾凸显,而警团关系的演变过程也是一系列社会问题的集中体现。南京国民政府作为一个"社会

---

① 列宁. 列宁选集:第2卷[M].北京:人民出版社,1974:512.

控制碎片化地分布于无数社会组织之中"①的统治集团,如何在内忧外患的历史大背景下完成现代国家建构,更加有效地整合社会资源来应对各种危机,成为近代以来中国政治发展的主题。现代民族国家首先是建立在韦伯(Max Weber)所强调的合法性基础之上的国家,其特征包括对统治和行政手段的垄断;有中央权威垄断法律的制度和对暴力的正当使用;组织一个注重理性的官员阶层,他们对行政职能的行使依赖中央权威。② 而南京国民政府时期,统治权威流失、国家能力薄弱、暴力分散等现象都体现出其构建现代民族国家的失败。在此现实背景下,"裁团改警"政策的顺利实施亦无可能。

一是政治上丧失权威,政治共同体整合失败。一项政策的有效落实与统治集团的权力、权威互为表里。"权力高度集中的传统政体,具备政策革新能力,权力分散的传统政体则不具备这种能力。"③政治改革的前提是稳固的权力和高效的权威,南京国民政府显然不具备这种"政策革新能力"。诚然,南京国民政府期望拥有高度的统治权威,建立统一的中央政府、统一的军队、统一的国家警察,也曾为此进行努力。然而,由于蒋介石的个人独裁和集权统治,以及国民政府的政治腐败、经济衰退、连年战乱以及倒行逆施,举国上下均对其执政能力和政权合法性产生怀疑。在此情形下,南京国民政府想要采用自上而下的方式强制推行"裁团改警",无法获得地方支持,其失败并非偶然。

二是经济上未能摆脱帝国主义、封建主义、官僚资本主义的操纵。帝国主义、封建主义和官僚资本主义的压迫和剥削,是中国现代化进展缓慢的根本原因。④

南京国民政府代表大地主、大资产阶级的根本利益,其阶级属性注定了与广大民众的利益相悖。南京国民政府在加强其专制统治的同时,又重新操演政府全面控制经济的传统模式,大力发展垄断资本主义。在此经济基础上的制度建设必然受到生产力发展水平的制约。"裁团改警"政策在国民政府自身实力不足以应对外来侵略和保障其统治合法性的情况下注定要被牺牲。这也可证明,南京国民政府的阶级属性无法代表民众利益和新时期中国现代化发展方向,无力推动所谓"现代化"改革。缺乏科学的革命理想也难以制定出科学合理且符合社会发展要求的政策。建立在反动阶级基础之上的"裁团改警",以维护国民党独裁统治和控

---

①　米格代尔. 强国家与弱社会:第三世界的国家社会关系及国家能力[M].张长东,朱海雷,隋春波,等译. 南京:江苏人民出版社,2009:145.

②　本迪克斯. 马克思·韦伯思想肖像[M].刘北成,译. 上海:上海人民出版社,2007:312.

③　亨廷顿. 变化社会中的政治秩序[M].王冠华,刘为,译. 上海:上海人民出版社,2008:139.

④　虞和平. 中国现代化历程:启动与抉择[M].南京:江苏人民出版社,2007:854.

制民众为实际目的,难以为警政现代化发展带来光明前景。

三是军事上暴力垄断的失败。国家迈入现代化建设轨道,必须有能力全面控制两大资源——"配置型资源"和"权威型资源"。① 而"权威型资源"的各种要素中,首要的是军事力量的发展。国家区别于其他组织的最根本的特征即对暴力的合法垄断。国家要确保权力的运行不被地方权力阻断,通过控制暴力构建秩序则成为国家治理的必由之路。国家暴力的承载者主要是军队和警察,保安团队此种民间自卫武力随着现代化国家的建立,其暴力性必然被"剥夺",即使替代军队和警察行使国家治理之责亦不被允许。因此统一地方自卫武力,建立有利于维护国民党政权统治的警察队伍是"裁团改警"的目标。南京国民政府围绕"裁团改警"实施一系列警政制度改革,推动警政建设逐渐向"国家警察"进化的过程实质上是构建现代民族国家的必然之路。然而,"裁团改警"后,地方原有保安团队变为保安警察队,由国家集中调遣使用。广大民众在承受地方势力层层盘剥后,继而丧失了民间自卫武力的安全保障,仍要面临土匪和有武装的掠夺者的袭击。这也就回答了为什么"裁团改警"政策推行后,各地又自发形成了民众自卫队等异形组织。南京国民政府在缺乏现代民族国家构建土壤的基础上试图摆脱传统治安体系的羁绊,按照西方警察现代化的模式和要求,对警察队伍进行改革和重组,以达到全面控制各级警察机关、管控社会和民众的目的,无疑是"揠苗助长",缺乏现实基础。

历史实践表明,南京国民政府的软弱、腐败和无能以及其阶级性质均决定了其穷于应付来自各方面的合法性挑战,无法承担构建现代民族国家的重任,在此情形下,所谓"现代化"的制度和政策注定走向失败。

(二)中央权力向地方渗透困难

南京国民政府对基层治安管理制度的变革,首要目的在于推动国家政权向乡村地方渗透,使国家政令可以畅通无阻地在基层社会贯彻执行。因此,中央和地方权力关系是理解我国警政建设的重要参照系。"裁团改警"政策反映出国民党中央力图建设一种不受地方传统势力控制的基层治安权力机构和脱离民众的基层社会治安工作,必然遭到地方行政官员、士绅阶层以及广大民众的强烈反对。在此基础上的"裁团改警"如同一座地基没有打牢的高耸的大厦,倒塌也是意料之

① 吉登斯. 民族—国家与暴力[M].胡宗泽,赵力涛,译. 北京:生活·读书·新知三联书店,1998:7-8. 吉登斯认为,所谓的"配置型资源"指对物质工具的支配,这包括物质产品以及在其生产过程中可予以利用的自然力;而"权威性资源"则指人类自身活动的行使支配的手段。

中的事。

一是国家权力难以深入乡村社会。20世纪初的中国,由于礼俗制度的根深蒂固以及国家权力在乡村的有限性,中国传统社会的基层权力结构呈现"行政真空"的态势。国家政权必须通过旧有权力阶层对基层社会进行控制,而旧有权力阶层常自恃地方武力与国家相抗衡。国民政府成立初期,基层治安管理权长期为地方士绅阶层所控,中央警权无法下延,警团并存的治安"二元格局"异常混乱。为促使国家权力向基层社会延伸,必须进行国家基层行政建设。此时,"裁团改警"政策作为"削弱农村小统治者的影响,剥夺他们的地方治安权"①的重要方式,成为国家权力向乡村社会"全面渗透"的重要抓手。为了加强对基层乡村的控制和维持乡村秩序,国民政府通过各种措施建立和健全警察体系,并不断增加乡村警察的人数,试图让"政治权力可以随时无限制地侵入和控制社会每一个阶层和每一个领域"②,从而最大化地将国家统治权向基层社会扩张。但是,由于国家权力对于地方系统改造与创建的无力,导致深入基层的努力难敌地方势力的抵制,国家权力最终未能深入乡村基层社会,这也为"裁团改警"的失败埋下伏笔。

二是"裁团改警"与地方自治精神相悖。南京国民政府建立后,为了表现其遵奉孙中山的遗教,将地方自治作为对基层社会整合的重要手段。但"裁团改警"与孙中山先生所主张的地方自治存在内在矛盾。孙中山设想的地方自治以实现民权和民生为目标,逐渐养成民众自治能力。而南京国民政府推行的"裁团改警"背离孙中山地方自治思想的精髓,有别于地方自治要求的行政权力的分散,二者存在本质上的区别和矛盾。"裁团改警"政策作为国家强化中央权力和控制乡村社会的手段,在乡村地区建立普遍的警察机关,这一过程不仅增加了地方官僚队伍,也使中央政府与地方政府之间矛盾愈发尖锐。而民主和自治在实质上已成为"空话",更增加了民众对于国民党的人心背离。

三是中央与地方的治安权冲突。治安权是国家治理的重要内容,在国家与社会的互动中产生。社会治安权具有自生自发的特性,是在社会自治基础上,基于地缘和血缘关系形成的小共同体的结果。中央和地方对于治安事权的划分以及配置均须服务于国家政权统治的需要。南京国民政府统治时期,国统区设县,但县一级统治权力仍然掌握在乡绅手中,国家权力依然尴尬无力。就乡村地区社会结构而言,由于国家权威始终处于重塑阶段,国家对地方的控制处于失位状态,且

① 孔飞力.中华帝国晚期的叛乱及其敌人:1796—1864年的军事化与社会结构[M].谢亮生,杨品良,谢思炜,译.北京:中国社会科学出版社,2002:231.
② 邹谠.二十世纪中国政治:从宏观历史与微观行动的角度看[M].香港:牛津大学出版社,1994:3.

以营利为目的的土豪劣绅通过非常规手段操纵着乡村社会的基层权力,最终无可挽回地走向了"内卷化"。就当时的国情而言,实现国家权力下延有两条路径:一条路径是以"自治"为名,将绅士精英罗织于自治系统之内。另一条路径是实行"行政化",即在国家主导下依靠官僚组织,推行强力行政措施。① 社会治安权力的运行需要符合民众自治需要,而南京国民政府采用了"自上而下"的行政化手段,实施"裁团改警"政策,对社会治安权进行剥夺,致使国民党政权建立地方自治、变革基层社会秩序的努力付诸东流。

四是南京国民政府的城市性政权属性注定乡村社会整合的失败。南京国民政府城市性的特点使其不可能对乡村社会进行有效组织,其制度的运转只能依靠军事强制,难以吸纳民众日益扩大的政治参与。"综观大多数国家构建和制度改革的成功案例,其发生时机往往是于该社会内部已经有了对制度的强劲内需"②,民间自卫武力是民众自发组织的维护地方治安力量,人员、枪械以及供给均来源于民众,所谓"取自于民,用之于民",是老百姓"看得见、摸得着"的维护地方秩序的力量。而"裁团改警"后,这部分力量不再受当地民众控制,但民众仍需承担这部分捐费和徭役,甚至还要增加重组地方武力的负担。对民众而言,警察是国民党政府行使治权、用以欺压民众的工具,"平时没有自家后生来的亲切,遇有匪盗不如地方自治组织来的及时"。③ "裁团改警"政策本欲达到基层社会整合的目的,但因民众对警政建设发展的内需不足,反而将乡村基层社会推离政府权威核心。传统社会民众对于中央政府的不信任,使得"裁团改警"政策几乎没有施展空间,于是旧有的社会结构被破坏,新的社会秩序却未能建立。可见,国民党基层社会治安工作是脱离民众的,跟民众之间的关系有一个真空地带。正因为如此,建立在破坏旧有传统治安秩序格局之上的"裁团改警"政策缺乏顺利扎根的土壤,也失去了其赖以生存的基础。

"裁团改警"政策的推行困难重重,遭遇重重阻力。反对势力一部分是公开对政策表示不满,还有一部分是在悄然、间接地进行着反抗和阻挠,反抗的结果往往使得"国家政策的实施和在社会中的政策效果往往以迥异于国家初衷的形式告

---

① 孙延青. 新中国成立初期湖南省长沙专区农村基层政权建设研究(1949—1954)[D].湘潭:湘潭大学,2019:71.

② 福山. 国家构建:21世纪的国家治理与世界秩序[M].郭华,译. 上海:三联书店,2020:46.

③ 王秋舫. 民众自卫武力与建警[J].警政导报,1947(1):33-34.

终"。①

（三）政策先天不足，后天失调

"裁团改警"政策的仓促出台及运行困难再到最终失败，是南京国民政府在民族危机深重、共产党对其政权合法性的巨大挑战、国民党内部派系纷争不断、地方实力派各自为政的情况下，无暇也无力进行警政建设的具体体现。

一是政策的目标设定距离民主政治依然遥远。南京国民政府成立后，其政治建设理念大多源于孙中山的《建国大纲》及三民主义思想。孙中山先生早逝后，其建国理念被国民党各派系加以利用，在各自利益的基础上横加发挥。孙中山认为中央政府和地方自治并存是民主的形式之一，而"警卫"是地方自治内容中最重要的一项，包括警察及保安团队、民团、自卫队、保卫团等一切地方自卫武力。而1936年十省地方高级行政人员会议上，戴笠等力行社特务处要员主张"裁团改警"，实行警察国家化，其实质是想借此统一治安力量并加以控制利用，帮助蒋介石实现中央权力下沉和攫取全国警卫力量指挥权等目的。虽然"裁团改警"政策与建立现代警政体系的目标一致，但由于与国民党政治体制、财力状况不匹配，无法完全取代地方自卫武力，其显示出的表象仅仅是节省经费、加强警察装备、提高警察素质等，无法展现扩张中央集权、削弱地方自治的目的。"裁团改警"政策在其他国情社情无变化的情况下，把民众的自治自卫权力收回，在一部分国民党的理论家眼里，似与国民政府实行地方自治的基本国策相悖，是对国民党政治理论的篡改，也与所谓的民主政治制度背道而驰。

二是政策的内容设计缺乏可行性。"裁团改警"政策的内容设计脱离了中国的历史文化传统和现实国情，与国民政府的执政环境格格不入，导致其"合法性"存在严重危机，可操作性不强。一方面"裁团改警"的制度设计过于整齐划一，未考虑各地区之间的差异。由于各省省情分疏，各地贯彻实施不平衡，很难持续稳定推进。即使像浙江、安徽等"裁团改警"在全面抗战前已部分落实的地区，也多为"模范"效应。另一方面法规政令设计杂糅，加之政策朝令夕改，体制变更频繁。而基层各项制度的运行机制和性质各不相同，而每一制度系统内的各种法规均同时有效，随事增损，造成警卫制度的混乱和烦琐，各地对"裁团改警"相关法规应用困难。再则，南京国民政府将原供养保安团队的民众捐税改用于建警，需要地方自治组织与民众的配合。"裁团改警"政策的设计过程完全罔顾国家是否具备施行"裁团改警"政策的社会历史条件，忽视了政策生长的现实土壤。因此，这样的

---

① 米格代尔. 社会中的国家：国家与社会如何相互改变与相互构成[M].李扬，郭一聪，译.
南京：江苏人民出版社，2013:13.

政制设计完全是一个"自上而下"的"人为"过程,而非一个"自下而上"自然生成过程,很难具备可操作性。

三是政策的制定过程缺乏理性。这一时期,各项法律法规及政策制定常常受国民党意识形态、统治者私人感情、各方政治利益等因素影响,"裁团改警"政策亦是如此。在缺乏有效监督的体制下,行政决策的制定和出台全凭长官个人意志决定,由此造成一些政策纯属"纸上谈兵",缺乏实践指导意义。其时"行政法规,凌乱矛盾,浩如烟海,政府当即屡次欲加整理而不能获得效果,而各级行政机关在执行时也不知如何措手,礼法制度不健全实为一个主因"①。"裁团改警"政策制定时,虽然"行政院"召开行政会议,会同"内政部"、财政部、海军部、军政部等部门共同研讨,但是囿于政策制定者行政能力的局限性,同时缺乏政策制定过程中的监管,"裁团改警"政策仓促之间草率形成,根本没有经过深入的调研,导致后来出现了可操作性差、执行困难等一系列问题。

四是动荡的社会环境致使"裁团改警"政策无从推行。蒋介石对于"裁团改警"和警政建设的态度,主要从其能否为国民党独裁统治和安内攘外所用的角度来考量。动荡不安、战乱频发的环境一方面使各种社会关系处于混乱状态,"裁团改警"政策无法完成对社会秩序进行规范和调整;另一方面"裁团改警"政策时常遭到违背和破坏,成为实际上没有效力且随时可被叫停的具文和装饰。可见,南京国民政府将"裁团改警"政策看作一种可以随国家权力格局和利益分配不断调整的社会治安管理政略,成为政客手中随时可被舍弃或者随时可用的一枚"棋子"。这种政治手段不以彻底改造乡村治安管理格局为目的,势必以失败告终。

(四)国民党内部派系斗争,政策左右摇摆

南京国民政府统治时期,由于中央缺乏强有力的政权高压和控制,加上变化不定的政治局面以及各派政治势力争权夺利的环境,"裁团改警"政策实际执行过程往往会偏离政策方案的预期方向和既定目标,从而发生政策执行偏离。

一是各利益集团出于自利性主动偏差地执行政策,造成政策落实过程中的扭曲和变形。"裁团改警"政策由戴笠、李士珍等人推动出台并坚持作为建警基础推行。虽然该政策在全面抗战时期暂缓实施,但抗战胜利后,在蒋介石明确提出"建国首要建警"的情况下,"裁团改警"政策成为国民政府战后国家政治建设计划的重要组成部分。1946年3月,对国民政府警界有重大影响的戴笠坠机身亡,李士珍和唐纵展开对战后建警权的争夺。蒋介石考虑军统在警界的党羽众多有利于建警指挥,且要安置拆分后的军统成员等一系列原因,决定将战后建警重任交于

---

① 陈之迈. 中国政府:第二册[M].上海:商务印书馆,1945:77.

唐纵。同年8月,战后建警指挥机关内政部警察总署成立,唐纵出任内政部警察总署署长,宣告了李士珍在战后建警中的"出局",确立了军统"唐纵派"及复兴社、黄埔系中的"湖南派"在警界的统治地位。警察总署成立后,唐纵根据时局变化和军统的利益不断对《五年建警计划》《警政建设五年计划》进行修正,"裁团改警"此时以"警保合一"的形式存在。后由于国共和谈失败,内战爆发,裁军变为备战,已被裁撤的保安团队继续恢复战时属性。随着战争规模的扩大,国民政府宣布"戡乱","裁团改警"工作告缓。"警保合一"也因新组建的国防部明令各省恢复保安司令部,将各省警保处从原隶属省政府改为由保安司令部管辖而发生本质变化。

二是军政部门对保安团队指挥权的觊觎。南京国民政府统治时期,延续了北洋政府时期以军事系统为核心的体制特点,一切利益分配均随军事实力转移,行政系统的确立也逐渐成为军事系统的附庸。"裁团改警"的落实过程充斥着军警之间的矛盾冲突,其核心阻力来源于军事集团这一"势力场"的操纵,军事力量决定了政治势力的走向。由于警察是国家行政力量,负责地方治安秩序维护,而无军事职能,"裁团改警"后的保安警察势必不能为军方所用,因此军方对"裁团改警"政策持有不同意见,以战事为由千方百计推迟其实施。全面抗战期间,"裁团改警"暂止,各地保安团队划归军政部门指挥管理,先后整建调赴前线者百余团之多,向正规军提供大量训练有素的后备兵源。其间,保安团队多采用军队编制和军事人才培养模式,大力提升了队伍管理水平,同时也增强了保安团队官兵的素质及作战能力。在此情形下,战后具备一定作战能力的保安团队的归属问题成为军警双方争夺的利益焦点,尤其是建警服从整军的思路,严重影响了"裁团改警"政策的推行。

三是政策执行过程中对现实环境的妥协。"裁团改警"多次中断、异变,严重削弱其严肃性、权威性和生命力,其中战时环境为一项重要因素。在屡受侵略的现实背景下,国家不仅需要大量军队,而且需要大量财力作为支撑。这种现实环境对于警察和保安团队的建设都成为一种牵制,国家既无精力也无财力进行现代化的警政建设,因此原本应被裁撤的保安团队则成为一种"救济"手段,在国家发生重大变革,御外治内都受影响的情况下,变得重要起来。

四是"裁团改警"政策的左右摇摆亦凸显"人治"色彩。虽然南京国民政府形式上采用五院制的权力制衡模式,但实际上权力高度集中在蒋介石一人手中,国民政府的运作常出现"法无定规、权从人转"的局面,各项政策的运行也呈现"法治"为表、"人治"为里的基本特征。1932—1935年间,蒋介石大力推崇保安团队制度,旨在利用地方自卫武力协助正规军来对抗中共革命运动。1936年召开的全国十省地方高级行政人员会议初始,蒋介石本欲实施"寓警于团",但随着戴笠等人建议建立国家警察,扩大其统治权威,蒋介石在短短两天时间内改弦易辙,决定"裁团改警"。1937年全面抗战爆发后,由于国民党在军事上的溃败,复而启用已被裁撤的保安团队,增强军事实力,"裁团改警"政策不得不在战时让位。抗战后期,蒋介石筹谋"抗战建国"和战后各项建设,提出在"裁团改警"的基础上建设国家警察,加强对城乡基层社会的控制和渗透。战后国共和谈失败,内战重开,警政建设陷入僵局,"裁团改警"随之终结。这种对制度建设的频繁变动,体现出南京国民政府权力结构和功能的紊乱、无序以及"人治"色彩。不难看出,南京国民政府时期对警政的建设多将其作为服务政权统治的手段,很少关注制度本身的价值,而仅仅将其作为"工具"进行建设,而"价值理性"和"工具理性"二律背反①的局面必将导致政策的失败。在此情形下,"裁团改警"尽管在一定时间和条件下可以加强对基层社会的控制,但是由于缺乏长远规划,且受到国内外政治环境的影响,从长远来看,必然导致"政治发展其他层面的萎缩或畸形发展"②。

由于政策过程的复杂性,政策资源和政策环境随时发生变化,政策执行过程中出现偏差属于正常现象,需要政策监督者运用纠偏机制及时进行改正。然而南京国民政府时期行政院及各部会之间组织矛盾重重,行政效率低下。虽然1936年修正的《行政院组织法》中提及增设行政效率促进委员会,但是在"整个社会高度政治化,政治的强制原则贯穿于政治、经济、社会之中,政治逻辑统治一切领域"③的环境中,"裁团改警"最终因缺乏纠偏机制,没有针对运行过程中存在的问题进行有效应对,导致其政策推行与实践出现错位和背离,高层在相关政策执行过程中产生分歧,出现结果与初衷相悖的局面。

二、"裁团改警"的历史影响

尽管"裁团改警"政策最终失败,但不可否认,该政策的出台和施行是国民政府力图建设近代警察制度进而构建起现代民族国家的有益尝试,客观上促进了近代警察体制的建立,强化了南京国民政府对地方的控制,推动了传统治安力量与现代治安力量的整合。

---

① 肖高华. 1920年代中国知识界关于现代国家之政制设计及论争[D].长沙:湖南大学,2010:159.
② 施雪华. 政府权能理论[M].杭州:浙江人民出版社,1998:98.
③ 康晓光. 权力的转移:转型时期中国权力格局的变迁[M].杭州:浙江人民出版社,1999:60-61.

（一）近代警察体制的完善

警团存废之争使警界产生深刻反省,认识到必须通过改革警政,以科学化谋求生存发展。"裁团改警"政策出台后,以控制警政为己任的力行社特务处在蒋介石的支持下,不断改革警政,探索警察国家化、科学化、法治化以及现代化之路,为巩固国民党政权竭尽全力。可以说,"裁团改警"的运行一定程度上推动了近代警察体制的建立。

一是警察国家化。警察国家化即确立由中央到地方脉络一贯之系统,使凡为国家统治权所及之处,即为警察所能达到之地。[1] 警察国家化要求全国各级警察机关,不论中央警察、地方警察、特种警察均必须遵循国民党统一意志、服从国民党的统一指挥,按照国民党中央政府的统一安排开展警务工作,机构设置以及荐任以上警官任免权收归中央警察机关。抗战胜利后,在国民党六届二中全会批准

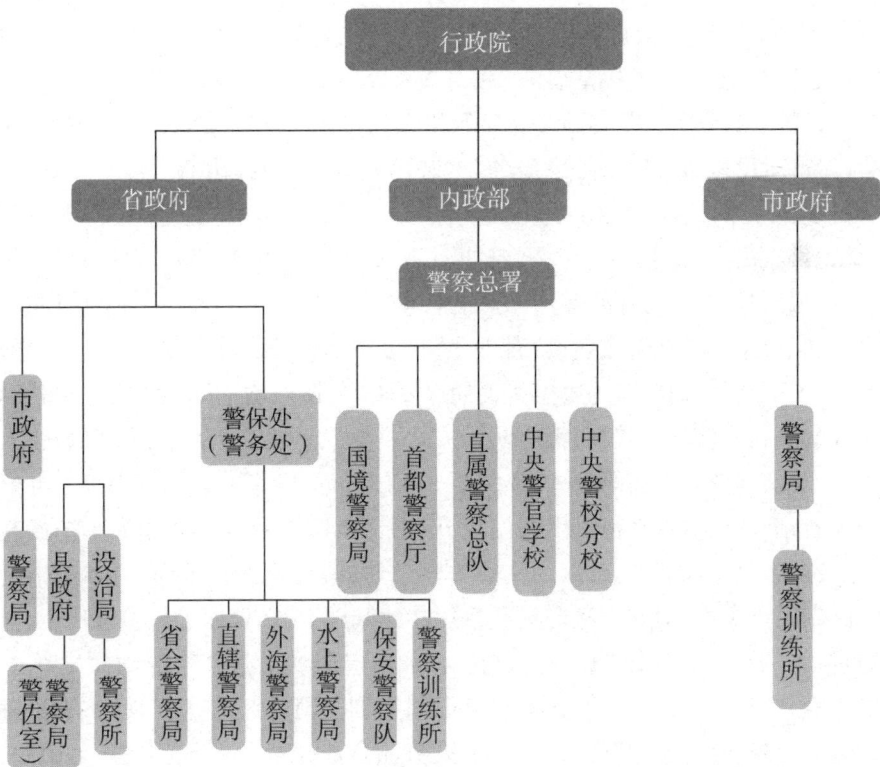

图6-1 全国警察组织系统图[2]

① 警察制度国家化刍议[J].校友通讯(南京),1946(7):24.
② 内政部警察总署.中国警政概况[M].南京:中国警政出版社,1947:10.

的《五年建警计划》和"内政部"拟订的《警政建设五年计划》中都明确提出继续推行"裁团改警",以建立"警察国家化"为战后建警的目标,其实质是对"裁团改警"政策的肯定。"内政部"警察总署和各省警保处的成立,标志着战后建警的全面展开,试图建立从中央到地方的警察国家化架构,以实现组织机构、人事制度、警察教育等各个方面的统一,也表示出警察机关从完全隶属地方到划归中央的意愿,反映出"裁团改警"的现状和警保之间的暂时平衡。

由图 6-1 可见,"内政部"警察总署成立之初,按照建警要求不断完善从中央至地方的各级警察机构。在中央设警察总署,首都设警察厅,省设警务处。截至 1947 年,已设警务处的省有滇、湘、鲁、冀、豫、晋、台以及东北九省;其余均于民政厅设科或股主管省内警务事宜。院辖市及普通市设市警察局;外海设外海警察局(仅浙江省设外海警察局);湖泊、江、河设水上警察局,已设水警机关的有川、赣、皖、苏、鲁、冀、辽、湘、鄂、闽、粤等省。县设警察局或警佐室,乡(镇)设警察所或分驻所。"裁团改警"政策在战后的推行,一定程度上完善了警察组织,初步构建起由"内政部"警察总署宏观指挥下的相对规范完整的国家警察体系。

二是警察科学化。警察科学化是利用现代文明进化国家警察,不断提升警察科学设备,运用科学方法来处理警务。"裁团改警"政策提出后,客观上增强了警察的科学化水平。自"内政部"警察总署成立后,唐纵提出"警察业务科学化",认为"无论警察哪一部门,哪一个人,都要重视科学,不但要利用有形的科学——科学设备,帮助我们工作,还要运用无形的科学——科学方法,改造我们的头脑"[①]。在其推动下,这一时期警政建设"科学化"程度得到提升。首先,现代化警种增加,不仅是将部分保安团队编为警察机关的保安警察,还新增了国境警察、外事警察、交通警察等新式警种。其次,警察队伍人才培养水平提升,如对于外事警察人才的培养,要求其毕业于高等院校,掌握至少一门外语;刑事警察利用中美创办合作所的机会,刑侦技术水平得以大幅度提升;忠义救国军及别动队作为军统武装部队,配备全新美式武器,并改编为交通警察总队;编订警察智力、心理和品格测验并广泛应用于警察的招录、选聘过程等。在此基础上,多警种进行了现代化、科技化的转型。最后,不断引进西方先进技术,如厘定刑事鉴别制度、指纹制度[②];建立刑事实验室等,引进最新式侦查案件设备[③],调训全国刑警;培训法医学、刑事理化学显微镜搜查、笔迹鉴定、刑事照相术、人身测定法、颜面特征鉴别法、足迹法、指

① 陆刚. 中国警政的进步[J].中国舆论.1948(3):16.
② 警察总署厘定指纹制度通令警教机关采用[J].法声.1947(84):1.
③ 罗振宇. 警察总署刑事实验室比较显微镜[J].南京中央日报周刊.1947(5):3.

纹法、手配电信、无线电话等科学方法①,大大提升了警察科学化水平。虽然"裁团改警"历经反复波折,以失败告终,但警察队伍建设的科学化和现代化水平都有明显提升。

三是警察法制化。警察法制化是将警察建设各项制度用法律的形式进行规定,法律成为警察行为的准绳。唐纵任警察总署署长后,提出两大目标,除"警察业务科学化"外,即"警察行政法制化"。在法律的框架下,建立全国一致性的警察制度。"内政部"警察总署一方面参考欧美现代警察法规,另一方面根据国民政府新颁发的所谓"宪法"原则,将警察的组织、人事、教育、装备、经费等规定都纳入《警察法》内,使全国各地的警察制度统一化,警察业务的贯彻落实有所依据。此外,警察总署还筹划提高违警罚金标准,计划以立法的形式完善治安管理相关法律法规。同时,要求各省改善各地拘留所,并拟定《改良拘留所管理办法》。② 虽然,此类法律法规因国民党败退台湾而未能出台,但由此可见警政建设发展思路中对法制化、规范化的重视。

四是警察现代化。警察现代化即适合于现代客观环境,建立维持社会安宁秩序,兼及增进公共福利的警察。③ 按照现代化警察的要求,警察须成为国家主要的治安管理机关,同时应采用现代化的思想和方法培养和教育警务人员,真正使其成为"爱民"的"师保"。如警察总署引进西方现代心理科学技术,对警察进行智力测验,以科学方法选拔素质优良的警察人才。此外,警察总署还采用现代化的标准规范勤务模式和保障机制。随着战后军统对警察的全面控制,警察的力量、地位、经费、装备保障达到了前所未有的高度。如抗战胜利后,上海利用军队转业警官组建炮队、装甲车队等,促进警察向现代化、武装性发展。

综上,"裁团改警"政策的出台和施行促发了警界的紧迫感和危机感,警界不得不谋求自身的革新和改良,自觉进行现代化、科学化、制度化的尝试,促进了警政建设的完善发展,进而推动了近代警察体制的建立。

(二)中央控制权的强化

自古以来,中国广大乡村社会依赖地方权力阶层实现秩序稳定,成为国家权力无法干预的独立领域,南京国民政府成立后亦是如此。南京国民政府既无力掌控基层社会,又无力发动群众,只能依赖地方自治和乡村权力结构。县以下乡村社会管理系统和行政体系的空白呈现出国家权力的显性缺失。这一时期,"农村

---

① 周贤钧.警察应趋向科学化[J].警声,1947(2):14.
② 内政部警察总署.中国警政概况[M].南京:中国警政出版社,1947:155.
③ 师连舫.现代警察和警察现代化[J].现代警察,1934(4):5.

虽没有一律的机关,亦没有设立什么政府,但是乡绅阶层在农村对于农民的威权比之政府有过之而无不及"①。乡村的保安团队、保卫团、民团、自卫队等民间组织,虽然形式、名目不同,但大多都掌握在当地有地位和声望的士绅手中。保安团队成立后亦为土豪劣绅把持,成为协助反动政权压迫民众和"围剿"中共的暴力武装。由于地方自治权力与国家权力在法律框架下各行其是,保安团队由地方士绅掌握的"隐形"权力变为"显性"权力,逐渐成为国民党中央统治的威胁,冲击着南京国民政府本就孱弱的政权。而此时"裁团改警"政策的推行无疑在一定程度上瓦解了传统的乡村治理格局。

警察是国家公权力的象征,警政为国家提供了一种将权力向基层社会渗透的组织和方式,反映了国家权力运行的内在规律和价值取向。在"剿共"和抗日的双重压力下,力行社特务处提出效仿德国法西斯的高度中央集权,以现代警察制度作为国家权力下沉的触角,向乡村社会即地方自治的核心区域延伸。南京国民政府通过"裁团改警"这一政策安排,对于原先难以维系的乡村内部规则不断进行着统合性的侵吞,以对乡村自治组织社会成员的高度组织化来进行一元化管理。②

此外,"裁团改警"政策客观上也为力行社特务处等情治机关利用警权收集敌情社情、破坏中共组织、监控地方势力提供掩护,将警察从单纯的行政执法机关变为情治兼顾的特务外围组织。军统在控制警察的同时也攫取对保安团队的控制权,使警察机关兼具"政治警察""武装警察"等职能,情报来源大大拓宽,利用国家赋予的警权完善它的"警察网"③,开创了"警特合一"的新模式,也暴露了军统掌握地方自卫武力的野心。此举符合蒋介石通过"监控"手段和警察管制,实现权力在现代政治秩序中扩张④的野心。诚然,国家对社会的管理需要国家的强制力,如军队、警察、法庭、监狱等。然而,一个国家的秩序维护不能全部依靠国家暴力工具,也需要中央和地方的积极配合。南京国民政府的统治,区别于现代国家治理模式,仍是传统社会形态下利用专制国家的权力权威,以暴力的形式对民众实施压制性的控制,使其屈从于权力。"一个只靠武力使人们服从其法律的政府,必然迅速毁灭"⑤,南京国民政府的灭亡也可印证这一观点。

---

① 谭平山. 农村的政治斗争[J].中国农民,1926(2):29. 转引自李晔晔. 国家治理视阈下南京国民政府地方自治研究[M].北京:人民出版社,2018:200.

② 李晔晔. 国家治理视阈下南京国民政府地方自治研究[M].北京:人民出版社,2018:209.

③ "警察网"的实质就是情报网、间谍网、控制网。

④ 吉登斯. 民族—国家与暴力[M].胡宗泽,赵力涛,译. 北京:生活·读书·新知三联书店,1998:359. 转引自丁芮. 管理北京:北洋政府时期京师警察厅研究[M].太原:山西人民出版社,山西经济出版社,2013:484.

⑤ 托克维尔. 美国的民主:上卷[M].董果良,译. 北京:商务印书馆,1988:156.

(三)传统治安模式的重构

"裁团改警"政策虽然失败,但在此政策影响下,警团关系被重新定义,国家传统治安模式发生重大改变。清末建警以来,警察这一异域制度在乡村地区无法深入。已设警察机关者则与保安团队、保甲、民团等民众自治武力平分警权,各自为政;未设警察机关的地方多委托保甲、保卫团、民团、保安团、团防等民间自卫武力代替警察行使职权。

保安团队和警察之间的矛盾源于地方自卫武力对国家在乡村地区治安事权的分割,实质是民众自治权利与中央集权统治的矛盾。警察与保安团队同为推行政令、维护治安的重要工具。从职能上看,警察代表国家和省县政府执法,保安团队是民众武装,受地方自治组织指挥。中国是一个传统的农业国家,大部分农民对于保甲及地方自卫组织更为信任及依赖。而警察成立时间较晚,发展缓慢,触角不及乡村,于是乡村警权多为与警察职能相近的骈枝机构所代理,形成了城市和乡村治安机构各异的状况。乡村治安事权由警察、军队、保甲、民团、保安团队等诸机关分头承担,事权分散、各自为政,不能集中使用,无法发挥行政效率最大化效果。同时,因地方自卫武力多为地方势力所控制,并未经过正规警务训练,素质参差不齐,常出现"横征暴敛,鱼肉乡里,有事相逶,见功而争"的现象,沦为土豪劣绅的打手和对抗政府的工具,屡为民众所诟病,政府也对其有所忌惮。此问题在警团并存的传统治安格局中难以解决。

"九一八"事变爆发后,蒋介石效仿德国、意大利法西斯政权,以建立国家警察为手段,强化国家对地方的控制。这一目的必然要求南京国民政府对乡村地区传统治安模式的重塑,"裁团改警"政策的出台正是其调整和完善乡村地区治安治理结构之举。蒋介石选择对保安团队这一旧有传统社会治安模式进行变革,意欲与所谓的"国家现代化"制度建设相结合,以国家行政嵌入改变乡村内生秩序。在"裁团改警"推行过程中,我们不难发现,在国家机器和意识形态的强制下,警察制度建设在乡村始终处于与内生秩序力量进行博弈的状态。

"裁团改警"政策在一定程度上反映出南京国民政府建立国家警察和现代化警察制度的决心,也反映出国民政府试图将地方分散的警权集中,上升到国家治理的高度,实现中央权力的下延和传统治安模式的重构。但事实是,保安团队等地方自卫武力长期由地方把持,国家"鞭长莫及"。鉴于地方社会强大的反弹力,以及中国传统国情及其他诸多因素的制约,保安团队始终未能彻底裁撤,国家警察制度也未能如期建立。"裁团改警"政策虽然失败,但不可否认,该政策在军统的大力推行下,持续作为警政建设最重要的一环被推进落实,在客观上促进了治安事权的统一,解决了警政弊端中的一大难题。

三、"裁团改警"政策的历史思考

"裁团改警"政策实施、变更和发展过程,不仅折射了近代中国社会转型时期复杂的政治、经济和社会环境,背后还隐藏着多方政治力量的博弈和角逐,也丰富地呈现了蒋介石在当时内忧外患的时局中对维持国民党独裁统治下建警路线的选择与平衡。"裁团改警"政策表面上看是国民党政权在国家经济萧条、民众困苦的情况下,选择到底是把有限的时间和财力投向地方保安团队,还是对警察这一国家政权机器进行符合国民党价值取向的所谓"现代化"改造。其选择背后凸显出中国传统理念与现代化因素的冲突、地方自治与国家集权的冲突、孙中山的三民主义建国思想与蒋介石的国民党独裁统治的冲突。最后,蒋介石基于国民党统治的长远考量,采取"攘外"和"限共"并举,选择"情治一体""警保合一"的警政建设方向。总之,警团关系的发展过程是历史传承和制度革新相互作用的结果,也是政治转型过程中特有的现象,警团关系之间反反复复出现的冲突矛盾,无时无刻不体现着新旧杂糅的历史特点。

(一)新旧治安管理思想的碰撞

"裁团改警"政策的失败反映出在贫穷落后、人法混治时期警政改革之路的步履维艰。这一过程中,最大阻碍则为中国传统的农耕社会治安管理模式和现代化治安管理思想的冲突。

传统的农耕社会中,治安往往是国家地方治理中最重要的内容之一。历代政权统治者都不遗余力地将统治权力向城乡社会的底部下沉,因而各个时期地方治安管理体制的构成和发展大体能够体现政治发展形态。相对于传统社会自我管理的氏族、乡约等模式,近代各时期传入的民主、民权、法治等思想逐渐被人重视和尝试。孙中山的三民主义思想就是其中之一。北伐结束后,根据孙中山的建国思想,国民党领导的国民政府建国程序从"军政"转为"训政",施行约法。在开展国家建设的初期,由于国力衰弱和日本侵华,蒋介石集团试图寻找富国强兵的复兴之路。这一时期,德国、奥地利及意大利等国在极端独裁统治下,军事、经济发展迅猛,于是蒋介石充满对构建"法西斯"式的"现代"国家的向往,实行先"安内"后"攘外"的反动政策。特别是在赣鄂豫皖苏区"剿共"和"九一八"事变发生后,蒋介石试图按照此模式对各级政权进行改革,以高度集权代替民众自治,促使国家统治权向基层社会扩张,试图让"政治权力可以随时无限制地侵入和控制社会每一个阶层和每一个领域"。①"裁团改警"政策在此时的推行,正处于国民党当局"正在削弱农村小统治者的影响,剥夺他们的地方治安权"②的时期。在这样新旧杂糅的状态之下,"裁团改警"政策裹挟着传统与现代、人治与法治、政权与绅权等元素,在传承和更新的交互变化中,奔向所谓的"全能主义政治"的新时代。因此可以说"裁团改警"是国家向现代化方向发展中未能完成的改革举措。

中国从半殖民地半封建社会向现代化国家的过渡需要过程。近代中国遭受侵略被迫走上"博西学之长"的道路,对西方各种制度的学习和效仿以及对民主、科学的推崇达到顶峰,但社会传统文化的优越感使国人对传统治理模式的路径依赖持续存在。如果实施"寓警于团",似将中国社会的治安管理又退回到带有封建色彩的保甲、团防、捕快、衙役阶段。"裁团改警"政策的提出反映出蒋介石在面对国家建设棘手问题时对孙中山三民主义思想的选择性继承。在传统的城镇乡村社会,以民间自治组织和自卫武力为主的治安管理体系,与乡土、血缘、宗法及既得利益集团捆绑在一起,虽投入不大,但效率不高、收效有限,易被豪强劣绅等地方势力所控制,带来的不良后果显而易见。而建立以现代化国家警察为主体的治安管理模式,则是以相对合理的投入取得治安管理效果的最大化。出生商人之家的蒋介石在"裁团改警"还是"寓警于团"的选择上,经过反复的政治、经济权衡,最后还是选择了与世界接轨,走现代化警察的道路。不得不说,虽然蒋介石是反人民的独裁统治者,但在建警问题上,选择"裁团改警"政策是有其前瞻性的,符合其执政利益最大化。

力行社特务处(军统)积极主张"裁团改警"实际上是复兴社、力行社既定的以蒋介石独裁统治控制国家和民众的政治目标的体现:一是在"剿共"和抗战时期,以警察机关掩护军方和复兴社的情报活动;二是借此摆脱地方势力控制的旧有治安体系的羁绊;三是以警察机关为抓手,让黄埔军人渗透国家政治和行政体系,为蒋介石独裁掌控积蓄力量。"裁团改警"政策的推行,实为军统以建立现代化的国家警察队伍和"黄埔精神"为口号,调整警政制度,充实秘密力量,以"政治警察""军事警察"等名义推行"警察特务化"和"情治一体化",扩大在国家政治中的影响,实现全面控制各级警察机关、管控社会和民众的谋划。在蒋介石的支持下,军统积极按照西方警察现代化的模式和要求,对警察队伍进行改革和重组,推

① 邹谠. 二十世纪中国政治:从宏观历史与微观行动的角度看[M].香港:牛津大学出版社,1994:3.

② 孔飞力. 中华帝国晚期的叛乱及其敌人:1796—1864年的军事化与社会结构[M].谢亮生,杨品泉,谢思炜,译. 北京:中国社会科学出版社,2002:231.

动警察尽快成为国家治安维护的主要力量,以达到麻痹民众、控制民众和奴役民众的目的。

"裁团改警"政策在战后建警的初期以"警保合一"的形式作为阶段性成果出现。军统从觊觎警政到完全控制了警察机关。内战爆发之际,由军方出面呈准将各省警保处纳入国防部保安局之下,"裁团改警"后的警察和保安团队皆成为军方囊中之物,各省警保处由国家行政机关变成军事机关。军方获得的是保安团队纳入国军体制,而以唐纵为首的军统得到的是警察和保安团队的指挥权。这时可清楚地看到,军统借警察机关名义力争的"裁团改警",实际是军统掌控全国警政和地方自卫武力的抓手而已。警察体系是否能够成为一个强大的保护民众、维持治安、公平执法的现代化组织对军统而言并不重要。军统感兴趣的只是通过"裁团改警"达到警察为己所控的效果,使军统在平战时期都有合法的掩护机关,大概这也为蒋介石乐见其成。

不可否认,无论政权如何次第更迭,旧有传统治安管理思想的历史痕迹往往一时难以祛除,影响仍然持续。在"训政"开始后,不论国民党统治者抑或警政高层均意识到统治者的意志和国家治安管理力量在县以下基层的薄弱和不足,地方治安管理权多依赖地方自卫武装的现状难以从根本上改变,而国民经济义无法支撑组建一支遍及城乡的国家警察队伍。蒋介石试图通过推行"裁团改警"政策,实现警察国家化,以助其实现"全面介入"地方政治、行政和加强对基层管控的愿望。在实践中,由于"剿共"和抗战需要,"裁团改警"政策与当时国情相悖,难以通行。在中外国情、民情不同的特殊情况下,彻底否定根深蒂固的传统治安模式,一味照搬西方警政模式和警察现代化建设理念,似也有急躁冒进之嫌。

(二)从警政分权到警政统一

"裁团改警"政策的最终目标即为实现治安管理权的统一,将地方自治组织行使的部分警权收回,改由警察独立行使警权。保安团队和警察队伍之间的矛盾实质系地方自卫武力对国家警察权的分割,也是民众自治权利与中央集权统治的矛盾。

所谓"自治",从字面含义可以理解为民众自我治理,强调社会治理中公民个体自主权的实现,是社会管理中民主制度和公民权益的体现,也是民主法治国家的标志之一。这里所称的"自治",区别于政府的"官派治理",是"本地人、本地财、办本地公共公益类地方事务"的本地居民的自我治理。① 保安团队属于民众组织，多源于保甲民团，团丁由定居当地的民众家庭抽丁编组，经费供养来源于辖区居民专项纳捐缴费，是由地方自治组织（乡区公所、保甲等）指挥的地方自卫武力。他们的职能一般仅限于辖区内御匪防盗、保护民众、维护治安等事务，也承担地方政府授权代行的乡村警察职务。警察为国家司法和行政执法的组成部分，是由各级政府财政保障，代表国家和政府依法履职的治安机构。但因地方财力不逮，警力在乡镇社会非常薄弱，县以下广大农村及边缘地区大都未设乡村警察，仍由保安团队等地方自治武力行使管理权，往往为地方势力所把持。国民政府警政改革已经关注到乡村，正如训政时期推行的县政建设为国民政府政治建设的起点。蒋介石和各省高级行政人员之所以存在"寓警于团"的想法，试图取消县以下警察，以保安团队和民团、自卫队等自卫武力代替，除经济原因外，也因为警察这一"官治"机构在城乡的薄弱，乡村治安管理权多旁落于士绅手中，在战争爆发前又不可能耗费巨资在所有乡村设立警察，因此采用不得已的过渡办法。

保安团队作为"乡村自治"不可或缺的组成部分，在"剿共"时期为国民党政权所利用，在抗战期间"裁团改警"暂停，其成为抗战的重要武力，协助正规军和地方政府"守土有责"。但保安团队与民团等组织均植根于乡村，适合相对封闭的封建形态下的城乡社会。若在工商业发达、经济组织变迁、社会生活错综复杂的都市和商埠，缺少法律和警察专门知识的保安团队就难以应付自如。然警察作为治安管理的"官治"力量，多来源军队和在有一定知识的青年中招募，以法律和中央政府为向心力，不易受土豪劣绅势力所左右，以达到蒋介石所期望的"警察在国家之地位，比军队更重要，军队只是对外，在国防上保护国家；警察却是对内，要在国内维持社会秩序，保护百姓生命财产"②。从孙中山提倡的地方自治来看，也是将保甲、民团划为地方"警卫"的一部分，与警察有不同的侧重。蒋介石认为"今后地方事务所与民生福利密切相关者，不外自治行政与警察行政，两者如鸟之翼，车之轮，相辅并进，以造成吾人理想中之境域"③。由此可见，蒋介石意欲在内忧外患、经济萎靡、社会不靖之时，警察与保安团队并举，相互补充，这也是在战争状态下

---

① 魏光奇. 官治与自治：中国近代的县乡行政体制[J]. 中国改革，2002(11)：63. 魏光奇认为，所谓"官治"，即是将县和区、乡作为统一国家行政体系的基层层面，由国家派官设治；所谓"自治"，即是在县和区、乡实行地方自治，由地方人民选举公共机构的管理人员治理本地公共事务。

② 警校学员对于建警应有之认识和努力及全国县政检讨会议有关文书[A]. 中国第二历史档案馆藏，档号：12-1-548：11.

③ 警校学员对于建警应有之认识和努力及全国县政检讨会议有关文书[A]. 中国第二历史档案馆藏，档号：12-1-548：12.

"裁团改警"屡试不成的原因之一。

中国历来的治国方略是中央政府权力下达县一级行政组织,县以下则以乡绅代替官府对民众编组管理,以血缘、宗族联系为纽带,由此形成的"民众自治自卫"状态在以农耕社会为主的中国短时期内难以改变。国民党执政时,为维持基础本就薄弱的统治,在推行地方自治的同时,又欲对本由城乡自治组织负责的县以下乡村秩序采取高度集权的方式。在县政府以下尚无健全的区、乡(镇)、村等行政机构的状况下,试图在乡镇建立听命于中央、强有力的"国家警察",也是解决上听下达、民众服从中央和削减地方势力的政治谋略之一,蒋介石注重对警政的建设与改革也多基于此。但在时局板荡、社会动乱之际,警察制度在乡村的普及扩展,势必与民众自卫武力争夺地盘、权力和经费,形成利益之争,在政界和民众间引起争议。"裁团改警"、"全面复团"、"警保合一"、兴办自卫队等来回往复,耗时费力。于是有学者发出如此叹息:"是警察的职责,就让警察去执行。需要警察的地方,就建立起警察来。力量不够则充实之,素质不良则改善之,经费不足应想办法,政府的财力,本来出自人民,取之于民,用之于民,只要合理有效,有何不可?由地方法外摊派人力财力来办理自卫队,表面上是节省财政支出,若就整个国力的消耗与人民实际的负担而言,还不是同样的吗?且更予土豪劣绅以榨取剥削的机会,徒然加重人民的痛苦!"[1]

国民党统治时期,警团关系最初在"自治"与"官治"两种模式之间摆动。力行社特务处介入警政后,"裁团改警"牵涉面逐渐扩大,矛盾频仍,"裁团改警"制度也在不断发生断裂与复苏、拓展与深化。警团之间的矛盾和抵牾贯穿了国民党统治时期,其重要表现是城乡治安管理事权统一,但其背后的深层原因主要是"官治"与"自治"关系调整中的矛盾,以及执政者独断独行与民主制度行使之间的矛盾。随着中央集权不断扩大,蒋介石以各种理由挤压、削弱地方自治的权利和范围。但也要清楚看到,其中也裹挟着基层警察"先天不足"、保安团队异化等因素。抗战爆发后,沦陷区的警察溃散,战地警察沦为游击队和省县政府警卫武装,国统区的各地以节省经费等名义裁撤县以下警察,而稍有战斗力的保安团队和地方自卫武力被军方强行接管,逐渐失去地方自治的属性,异化为军队和兵役的一部分,其不受地方自治组织、地方士绅及行政机关所控制,成为仍由民众和地方出资供养,却为军队调遣的"特殊群体"。原先"官治"与"自治"的博弈已演变为内政与军方的博弈,"裁团改警"不符合战时国情和军方利益,对战争作用不大,也是其屡屡停转的重要因素。

---

① 王秋舫.民众自卫武力与建警[J].警政导报,1947(1):34.

（三）"裁团改警"是国家治理的必然选择

暴力对一个国家的治理而言是必要且不可或缺的，即便在"皇权不下县"的乡土社会，暴力也依然存在，比如，个体化暴力、家庭暴力、社区暴力等。如王笛教授著述的《袍哥》即反映出 20 世纪 40 年代地方"暴力"集团对地方乡村的控制。在缺乏统一的冲突化解机制的情况下，每个人都可以是正义的执行者，社会就陷入了"人人反对人人的战争"，[①]继而形成"这些惨事，连某些善良的乡下人眼里也视为当然"[②]的失控局面。民间自发形成的暴力由于缺乏制约，抑或走向失控，抑或因缺乏强有力的保障而自我消解。国民党治下的国民政府由于年年战争，民不聊生，始终处于中央权力虚空的状态，地方割据力量及各党派即依靠自身力量来追求秩序和公平，由此衍生出各色各样的个体化暴力，甚至成为维持社会秩序的主要力量，如广西、山东的"民团"，广东的"警备队"，湖南、湖北、江西的保卫团、自卫队等。国家要确保权力的运行不被地方权力所阻断，势必要对暴力进行垄断，通过控制暴力构建秩序成为国家治理的必由之路。在垄断了社会暴力之后，国家之外的其他任何组织、个人对暴力的行使都被认为是非法的。[③] 在国家完成了对社会暴力的垄断之后，即分散在各个部门的社会暴力转化为统一的国家暴力之后，原先的社会暴力就丧失了存在的合法性，并且处于国家暴力的统辖之下。而国民政府"裁团改警"举措为何落而不实，主要原因在于保安团队在当时的中国从未丧失过暴力合法性。

韦伯认为"国家是合法垄断暴力和强制机构的统治团体"[④]，国家区别于其他组织的最根本的特征即对暴力的合法垄断。而国民政府统治时期，中国虽然在形式上实现统一，但仍然存在地方势力拥兵自重，乡绅阶层控制乡村社会的分裂态势。南京国民政府统治初期，中国广大地区的农民多处于贫困、饥荒、慢性病和瘟疫的状态，他们不仅要承受地方势力的层层盘剥，同时还面临着土匪和有武装的掠夺者的袭击。因此，他们迫切需要维护乡村秩序和自身安全的队伍。而旧有政权"很大程度上并非通过支配性控制来实施统治，它允许乡村社会自己去处理自身的大量事务"[⑤]，因此各地自卫武力丛生。为对其进行统一规范，保安团队制度

---

① 霍布斯. 利维坦[M].黎思复，黎廷弼，译. 北京:商务印书馆,1985:34.

② 王笛. 袍哥[M].北京:北京大学出版社,2019:13.

③ 米格代尔. 强国家与弱社会:第三世界的国家社会关系及国家能力[M].张长东,朱海雷,隋春波,等译. 南京:江苏人民出版社,2009:20.

④ 韦伯. 经济与社会[M].林荣远,译. 北京:商务印书馆,2006:731.

⑤ LE GOFF T J A,SUTHERLAND D M G. The revolution and the rural community in eighteenth-century brittany[M].New York: Cambridge University Press, 1974:97.

应运而生。由于国家缺乏"直接地管理"①其统治区的手段,地方拥有军事武装常常成为统治者的威胁。当"社会控制碎片化地分布于无数社会组织之中——而国家则在实行其政策时必须面对这些可怕的障碍"②,暴力资源的分散成为社会控制碎片化最严重的表现形式。因此,国民政府推行"裁团改警"政策,也出于在全面抗战前实现对暴力垄断的目的。但随着抗日战争的全面爆发,国民政府疲于应付各种军事战斗,不断对保安团队周而复始的兴废之举,充分说明了政权在军事上的被动地位,难以实现对暴力的完全垄断。由于构建现代国家的需要,警察力量作为国家强制能力的一种,其建设程度和水平极大地反映了国家强制能力的强弱,而国家使用警察的过程也体现了国家诸多行为背后都存在暴力的使用和威胁。③ 因此,从建立垄断合法暴力的行政机构和中央权威的角度,现代警察制度必须建立完善。

现代国家通过控制军队和警察这种国家暴力机器来构建秩序,对暴力的控制不仅仅包括对其他暴力的排他性控制,同时包括对自身暴力的约束。因此,国民政府时期的"裁团改警"政策明确提出改造警察,统一自卫武力,使警察国家化。建立现代意义上的有利于维护其自身统治的警察队伍才是该政策的最终目标。为此,围绕"裁团改警"的是一系列警政制度改革,推动警政建设逐渐向"国家化"进化。如战后建警初期,唐纵就任警察总署署长后就组织厘订《警察法》、统一警保机构、统一人事制度、规范警察勤务制度等。这些警政改革举措表面上看是为战后建警以及推行《五年建警计划》配套,实为以蒋介石为首的南京国民政府对警察这一国家暴力机器的强化,使其不再受地方自治和约法的羁绊。"裁团改警"政策最终想要实现的是建立现代化警察和国家警察制度,这一目标为蒋介石和国民党中央所认可,实为国家对暴力的控制与约束使然。

四、小结

"历史并不是简单地记载流逝的时光和消失的过去,而是某种经验、总结以及未来发展的源泉,它具有永久的作用和教益。"④因此,总结和反思"裁团改警"政

---

① 吉登斯.民族—国家与暴力[M].胡宗泽,赵力涛,译.北京:生活·读书·新知三联书店,1998:69.

② 米格代尔.强国家与弱社会:第三世界的国家社会关系及国家能力[M].张长东,朱海雷,隋春波,等译.南京:江苏人民出版社,2009:145.

③ 米格代尔.社会中的国家:国家与社会如何相互改变与相互构成[M].李扬,郭一聪,译.南京:江苏人民出版社,2013:16.

④ 涅尔谢相茨.古希腊政治学说[M].蔡拓,译.北京:商务印书馆,1991:235.

策的设计和论争,不仅有利于加深我们对近代中国政治发展规律以及警政发展过程的理解和认识,而且具有历史借鉴意义。

自中国的现代化被迫艰难起步后,执政者始终致力于在西方发达国家的现代化模式下走出一条更加符合中国国情的道路。推动国家公共秩序的恢复和重构成为国民党执政以来的首要任务,而警察权作为建立现代国家的基本权力之一,是统治者必然使用的一项重要工具。虽然南京国民政府绝不能被称为"现代国家",其军人专制政体、独裁统治及对"民主"的漠视等都表明了此点。但不可否认,蒋介石有效仿西方建立民主法治现代化国家的向往,试图在中国传统和西方现代化制度之间寻找一条符合国民党独裁统治的路径。"裁团改警"政策的出台是国民政府在国家面临内忧外患的特殊背景下,调整和完善治安管理体制的具体举措,是西方警察制度"本土化"的探索。

"裁团改警"政策虽然以失败告终,但不可否认,该政策在一定程度上推动了近代警察体制的建立,增强了中央对地方的控制,重构了传统治安模式,是南京国民政府时期国家基层治理改革的一项重要尝试。然而,由于缺乏稳定的施政环境,加之政策设计本身存在的诸多缺陷,通过"裁团改警"的改革步骤想要突破传统治安管理体系下既得利益集团的阻力并不容易,统治当局过于功利性的踌躇权衡导致政策执行不力也注定了"裁团改警"政策的失败。

纵观"裁团改警"的实施演变过程,我们能够清晰地看到在近代社会的转型时期,中国警政发展所呈现的思想特征与文化流脉。"裁团改警"最终的结局反映出其政策设计是在战争逼迫下不断易变的无奈之举。在国民党脆弱的政治体系下,以现代管理方式对基层政治实行变革必然遭受失败。

结　语

　　"每个时代都有自己所面临的历史使命,都是缔造新时期的历史过程。"①南京国民政府的成立,在形式上"统一"了中国,彼时"首要的问题不是自由,而是建立一个合法的公共秩序"。② 推动国家公共秩序的恢复和重构成为国家治理的首要任务。"裁团改警"政策的出台是南京国民政府调整和完善治安治理格局的具体举措,是近代警察制度在乡村地区"本土化"的有益尝试。这一政策的实施随着国民党败退台湾宣告终结,改革的愿景并未实现。综观"裁团改警"的政治演变和曲折历程,我们能够清晰地发现在近代社会转型时期的中国警政发展的建构路径。

　　第一,警团之间的张力关系本质上反映了社会控制方式的传统与现代之争。近代警察制度的引入打破了固有的治安管理格局,中国传统社会控制方式以及内在进程发生裂变,警、团的"共同在场"重构了我国社会控制结构,我国警察现代化之路在警团关系的摇摆之中不断深化。然而,中国传统制度体系和社会结构并未被西方移植来的警察制度所改变,在乡村社会的发展运行中起核心作用的仍是地方权威和精英。这一时期警察制度并未完成与中国本土治安治理模式的有机融合,警察制度亦无法在乡村社会有效落实,反而强化了民众对于乡村自卫武装的依赖,激化了警团之间的矛盾和冲突。尽管国家也采取一些宏观的制度性安排,将"裁团改警"政策作为国家力量的延伸,在一定程度上会带来社会控制方式的改变,但这种改变最终需要通过基层社会成员的行动来实现。然而,从传统乡村组织到现代权力机构变革的频频受阻,反映出国民政府力图建立一种不受地方传统势力控制的基层权力机构,实现国家治安权从形式和结构上与社会分离的理想难以实现。

　　第二,"裁团改警"是国家通过自上而下的行政方式对社会治安场域的建构和

---

　　①　任云英. 近代西安城市空间结构演变研究(1840—1949)[D].西安:陕西师范大学,2005.
　　②　亨廷顿. 变化社会中的政治秩序[M].王冠华,刘为,译. 上海:上海人民出版社,2008:6.

形塑。"裁团改警"政策是南京国民政府在内忧外患的背景下,节约财政经费、巩固地方防务、完善警察制度、统一治安事权的一种策略。在中国传统文化与近代社会转型的关键节点,"裁团改警"政策与国民党政权属性高度契合。"裁团改警"政策的实施削弱了保安团队在乡村的社会控制权,代表着国家权力通过自上而下的行政方式对社会治安场域的建构,其在不断压缩地方精英的社会治安治理空间的同时,客观上促使近代警察制度在中国乡村地区的"本土化"。为了加强对基层乡村秩序的控制和维护,国民政府通过各种措施建立健全警察体系,并不断增加警察机关数量和员警的人数,来实现国家基层权力下延这一现代化治理趋势。"裁团改警"作为推动警察在乡村建设中作用的重要步骤,是推动国家权力向基层社会"全面渗透"的重要手段。但是,国家权力对地方系统改造与创建的无力,导致深入基层的努力难敌地方势力的抵制,国家权力最终未能深入乡村基层社会。

第三,"裁团改警"的历史实验,打破了原有的乡村治理惯习和传统,削弱了社会民间力量等非正式控制在社会治安中的作用,国家统一的、规范的、制度化的正式控制机制开始在社会治安场域中占据主流。南京国民政府统治时期,警察在乡村控制方式上发生了深刻的变迁,经历了保安团队制度到警团二元并存再到现代警察制度的转变,这一转变代表着我国警察制度的现代化之路,而警团关系始终处于警察现代化的核心位置。为了维护基层社会秩序与安全,乡村地区自古就存在区域性的民间自卫组织,如团防、自卫团、民团、保卫团、保安团等。这些社会组织作为非正式控制力量与国家共同构成治安秩序维护主体,成为国家政权控制的重要补充,而国家政权则必须通过地方权力阶层才能实现对基层社会的控制。在此情况下,国家作为"独立于社会之上又与社会对立的超自然的怪胎"①,欲求对社会进行全面控制。保安团队制度发展受到国家权力的抑制,或被运用成为国家专制控制社会的补充。"裁团改警"政策的变化过程以及国家层面对于该政策的坚持说明国家正式控制在国家利益与公众需求的博弈中逐渐占据主流地位,这也能够解释保安团队制度的出现、"裁团改警"政策的出台及变化往复,也充分体现了治安主体专业化、职业化、行政化的趋势不可阻挡。

第四,"裁团改警"政策的失败凸显了国民党统治下中国现代化进程的畸形发展。南京国民政府在构建所谓的"现代化国家"的过程中,各种问题和矛盾凸显,而警团关系的演变过程也是一系列社会问题的集中体现。南京国民政府作为一

---

① 中共中央马克思恩格斯列宁斯大林著作编译局. 马克思恩格斯选集:第 2 卷[M].北京:人民出版社,1995:409.

个"社会控制碎片化地分布于无数社会组织之中"①的统治集团,如何在内忧外患的历史大背景下完成所谓的"现代化国家"建构,更加有效地整合社会资源来应对各种危机,成为统治时期政治建设与发展的主题。面对碎片化的社会控制局面,南京国民政府结束事实上权力分散状态的途径之一便是建立所谓的"现代化"的国家制度。"裁团改警"则是中国在西方现代化历史潮流的影响下推行的一项具有现代化色彩的制度。警察既是国家机器和政治权力本身,又是政治权力的维护者,在现代化国家建构的过程中发挥着基础性作用。蒋介石为对警察这一"权威性资源"②进行集中控制,选择对保安团队这一旧有传统社会治安制度进行变革,意欲与所谓的"国家现代化"制度建设相结合,以国家行政的嵌入来改变乡村内生秩序。在"裁团改警"推行过程中,我们不难发现,在国家机器和意识形态的强制下,警察制度建设在乡村始终处于与内生秩序力量进行博弈的状态。而"裁团改警"政策最终未能统一广大乡村地区的治安事权,凸显出南京国民政府在构建现代民族国家的过程中遭遇的种种矛盾和问题。

综上,南京国民政府实施"裁团改警"政策,试图以现代化理念对基层传统治安管理模式进行变革,从长远看是国家基层政治改革的一项重要尝试,无疑具有历史合理性和进步意义。但其最终的失败反映出其政策设计并非制度现代化的必然结果,而是在战争逼迫下不断易变的无奈之举。在国家政治混乱和内忧外患的国情现实下实施"裁团改警",历史性地限定了该政策的必然归宿。"裁团改警"也体现出一个国家的警政建设必将经过政治利益的博弈与国情现实的选择,最终走向"或者转向,或者悬置,或者毁灭"的命运。

---

① 米格代尔.强国家与弱社会:第三世界的国家社会关系及国家能力[M].张长东,朱海雷,隋波,等译.南京:江苏人民出版社,2009:145.
② 吉登斯.民族—国家与暴力[M].胡宗泽,赵力涛,译.北京:生活·读书·新知三联书店,1998:7-8.吉登斯认为,国家迈入现代化建设轨道,必须有能力全面控制两大资源——"配置型资源"和"权威型资源"。所谓的"配置型资源"指对物质工具的支配,这包括物质产品以及在其生产过程中可予以利用的自然力;而"权威性资源"则指人类自身活动的行使支配的手段,在"权威型资源"的各种要素中,首要的是军事力量的发展和暴力资源的集中。

参 考 文 献

一、档案

[1]中国第一历史档案馆:巡警部档案全宗.

[2]中国第二历史档案馆,档号:12-1-548;12-1-816;12-1-2517;12-1-1598;12-1-1898;12-1-2517;12-1-2530;12-1-2531;12-1-2532;12-1-2938;12-1-3157;12-1-3166;12-2-460;12-2-456;12-2-460;12-2-462;12-2-464;12-2-482;2-2-531;12-2-532;12-2-548;12-2-610;12-2-637;12-2-650;12-2-663;112-2-648;12-2-649;12-2-650(2);12-2-658;12-2-827;12-2-851;12-2-94;12-2-2103;12-2-2223;12-2-2215(2);12-2-2586;12-4-851;12-5-829;12-6-75;12-6-4470;12-6-4634;12-6-5389;12-6-19850;12-6-20156;12-7-399;773-831;773-885;773-1058;773-1090;787-2101;17-1-24;4-9350;4-12806;34-1-1420;171-2-10.

二、民国时期报纸、杂志

[1]《现代警察》(1933—1947)

[2]《警声月刊》(1935—1941)

[3]《警声》(1936—1942)

[4]《警政周刊》(1936—1940)

[5]《警高月刊》(1934—1940)

[6]《警光季刊》(1936—1940)

[7]《警光周刊》(1935—1939)

[8]《中国警察》(1940)

[9]《警察向导》(1938—1939)

[10]《警政导报》(1947—1948)

[11]《中央警察学校校刊》(1937)

[12]《警察杂志》(1934—1937)

[13]《中国警察协会杂志》(1913)

[14]《警务月刊(天津)》(1937)

[15]《警务周刊》(1931)

[16]《警察月刊》(1936)

[17]《警察画报》(1946)

[18]《台湾警察》(1947—1948)

[19]《福建警察》(1940—1941)

[20]《保安月刊》(1936)

[21]《保安旬刊》(1936)

[22]《广东警保》(1948)

[23]《江苏省保安季刊》(1936)

[24]《四川保安季刊》(1936)

[25]《河南保安月刊》(1935)

[26]《三民主义月刊》(1933)

[27]《水警旬刊》(1935)

[28]《江西统计月刊》(1939)

[29]《明耻》(1937)

[30]《创进》(1937)

[31]《精诚月刊》(1934)

[32]《新运导报》(1937)

[33]《内政公报》(1930—1941)

[34]《安徽省政府公报》(1929—1937)

[35]《江苏省政府公报》(1929—1931)

[36]《浙江省政府公报》(1934—1937)

[37]《云南省政府公报》(1939)

[38]《统计月报》(1945)

[39]《江西省政府公报》(1933)

[40]《申报》(1924—1949)

[41]《申报(汉口版)》(1938)

[42]《大公报》(1902—1934)

[43]《中央周报》(1933—1936)

[44]《中央日报》(1928—1948)

［45］《川沙县政公报》(1932)

［46］《国防周报》(1941)

［47］《现世史》(1908)

［48］《华商联合报》(1909)

［49］《新政周刊》(1938)

［50］《宪兵杂志》(1943)

［51］《直隶警务杂志》(1911)

［52］《交易所周刊》(1936)

［53］《东方杂志》(1904—1906)

［54］《政治官报》(1909)

［55］《学部官报》(1906)

［56］《直隶教育杂志》(1907)

［57］《湘报》(1898)

［58］《抗战艺术》(1939)

［69］《陕政》(1940)

［60］《会声月报》(1944)

［61］《行政评论》(1940)

［62］《江西地方教育》(1940)

［63］《外交部周报》(1948)

［64］《新民丛报》(1906)

［65］《建军月刊》(1942)

［66］《政府公报》(1914)

［67］《内务公报》(1914)

［68］《四川政报》(1915)

［69］《立法院公报》(1929)

［70］《军政旬刊》(1934)

［71］《内政研究月报》(1936)

［72］《人言周刊》(1934)

［73］《群言》(1936)

［74］《扫荡》(1934)

［75］《吴江》(1922—1932)

［76］《河北民政刊要》(1931—1934)

［77］《湖州月刊》(1930)

[78]《法令月刊》(1929—1930)

[79]《青年友》(1930)

[80]《时事月报》(1929—1933)

[81]《安徽政务月刊》(1937)

[82]《救国周报》(1932)

[83]《浙江兵役》(1940)

[84]《天津特别市教育公报》(1930)

[85]《现代青年(北平)》(1936)

[86]《福建训练月刊》(1943)

[87]《感化月刊》(1934)

[88]《地方行政(福建崇安)》(1942)

[99]《军事杂志(南京)》(1935)

[90]《监察院公报》(1936)

[91]《新华日报》(1945)

[92]《河南警政》(1946—1947)

三、专著

[1]中共中央马克思恩格斯列宁斯大林著作编译局.马克思恩格斯选集:第四卷[M].北京:人民出版社,1995.

[2]黄仁宇.放宽历史的视界[M].北京:生活·读书·新知三联书店,2007.

[3]卡尔.历史是什么[M].陈恒,译.北京:商务印书馆,2012.

[4]黑格尔.精神现象学:上卷[M].北京:商务印书馆,1962.

[5]董淳朴.中国警察史[M].长春:吉林人民出版社,2005.

[6]金国珍.市公安[M].上海:商务印书馆,1931.

[7]朱汇森.警政史料:第一册至第二册[Z].台北:台湾"国史馆",1989.

[8]赖淑卿.警政史料:第三册至第五册[Z].台北:台湾"国史馆",1989.

[9]郭凡.近代广州警察城市管理史话[M].广州:花城出版社,2015.

[10]康大民.理性公安论(公安机关内部使用)[M].北京:群众出版社,2009.

[11]内政部警察总署.中国警政概况[M].南京:人文印书馆,1947.

[12]徐洵.警察学纲要[M].郑州:广益书局,1928.

[13]王怡柯.农村自卫研究[M].开封:河南村治学院同学会,1932.

[14]闻钧天.中国保甲制度[M].上海:商务印书馆,1935.

[15]白华山.民间武装与地方秩序:上海保卫团研究(1924—1946)[M].上海:上海社会科学出版社,2017.

[16]程懋型.现行保安制度[M].上海:中华书局,1936.

[17]李士珍.地方团队讲稿[M].重庆:中央训练团党政训练班,1939.

[18]浙江省保安处.浙江省保安处两年来工作总报告[M].杭州:浙江省保安处印,1933.

[19]江西省保安处.江西省保安处现行法令汇编[M].南昌:江西省政府保安处印,1934.

[20]江西省保安处.江西省保安工作概况[M].南昌:江西省政府保安处印,1936.

[21]江西省保安处.江西省全省行政会议保安处工作报[M].南昌:江西省政府保安处印,1937.

[22]湖南省政府保安处.湖南保安法令辑要[M].长沙:湖南省政府保安处印,1937.

[23]江西省保安处.江西省保安业务报告[M].南昌:江西省政府保安处印,1940.

[24]四川省训练团.保安概要[M].重庆:四川省训练团,1940.

[25]周亚卫.地方团队与警政[M].重庆:中央训练团,1940.

[26]张信.二十世纪初期中国社会之演变:国家与河南地方精英1900—1937[M].岳谦厚,张玮,译.北京:中华书局,2004.

[27]何文平.变乱中的地方权势:清末民初广东的盗匪问题与社会秩序[M].桂林:广西师范大学出版社,2011.

[28]赵秀玲.中国乡里制度[M].北京:社会科学文献出版社,2002.

[29]王铭铭,王斯福.乡土社会的秩序、公正与权威[M].北京:中国政法大学出版社,1997.

[30]郑振满.明清福建家族组织与社会变迁[M].北京:中国人民大学出版社,2009.

[31]于建嵘.岳村政治:转型期中国乡村政治结构的变迁[M].北京:商务印书馆,2001.

[32]杜赞奇.文化、权力与国家:1900—1942年的华北农村[M].王福明,译.南京:江苏人民出版社,2004.

[33]李怀印.华北村治:晚清和民国时期的国家与乡村[M].岁有生,王士皓,译.北京:中华书局,2008.

[34]黄宗智.华北的小农经济与社会变迁[M].北京:中华书局,2000.

[35]李山.管子[M].北京:中华书局,2009.

[36]孔飞力.中华帝国晚期的叛乱及其敌人:1796—1864年的军事化与社会结构[M].谢亮生,杨品泉,谢思炜,译.北京:中国社会科学出版社,2002.

[37]内政部年鉴编纂委员会.内政年鉴[M].上海:商务印书馆,1936.

[38]沈云龙.近代中国史料丛刊:第三编:第53辑:南昌行营召集第二次保安会议记录[M].台北:文海出版社,1973.

[39]中华民国史事纪要编辑委员会.中华民国史事纪要(初稿):民国二十三年七至九月份[M].台北:中华民国史料研究中心,1977.

[40]申报年鉴社.申报年鉴[M].上海:申报馆特种发行部,1935.

[41]吴晗,费孝通.皇权与绅权[M].天津:天津人民出版社,1988.

[42]中共中央马克思恩格斯列宁斯大林著作编译局.马克思恩格斯选集:第二卷[M].北京:人民出版社,1995.

[43]沈云龙.近代中国史料丛刊:第十辑:第74册:端忠敏公奏稿:卷八[M].台北:文海出版社,1967.

[44]中国哲学编辑部.中国哲学:第8辑[M].北京:生活·读书·新知三联书店,1982.

[45]康有为.康南海自编年谱[M].北京:中华书局,1992.

[46]房兆楹.清末民初洋学学生题名录初辑[M].北京:中央研究院近代史研究所,1962.

[47]台湾故宫博物院:宫中档光绪朝奏折:第十五辑[M].台湾故宫博物院,1973.

[48]天津图书馆,天津社会科学院历史研究所.袁世凯奏议:下[M].天津:天津古籍出版社,1987.

[49]朱寿朋.光绪朝东华录:第五册[M].北京:中华书局,2016.

[50]中国第二历史档案馆.政府公报[M].上海:上海书店,1988.

[51]台湾"中央警官学校".六十年来的中国警察[M].台北:"中央警官学校",1971.

[52]内政部警政司.中国警察行政[M].上海:商务印书馆,1935.

[53]忻平,胡正豪,李学昌.民国社会大观[M].福州:福建人民出版社,1991.

[54]国家图书馆.民国文献资料丛编:内务公报:第5册[M].北京:国家图书馆出版社,2010.

[55]文史哲编辑部.国家与社会:构建怎样的公域秩序?[M].北京:商务印

书馆,2010.

[56]魏光奇.官治与自治:20世纪上半期的中国县治[M].北京:商务印书馆,2004.

[57]张其昀,先总统蒋公全集:卷十:在南昌行营扩大总理纪念周上讲话[M].台北:中国文化大学出版部,1984.

[58]潘国旗.民国浙江财政研究[M].北京:中国社会科学出版社,2007.

[59]尚小明.留日学生与清末新政[M].南昌:江西教育出版社,2003.

[60]黄遵宪.黄遵宪致梁启超书[M]//中国哲学编辑部.中国哲学:第8辑.北京:生活·读书·新知三联书店,1982.

[61]中国国民党五届三中全会上内政部工作报告中关于警政事项.革命文献:第七十一辑[M].北京:人民出版社,1974.

[62]蒋介石.扫荡丛书之一:蒋委员长最近演讲集(三):对各省保安处的希望[M].南昌:南昌文化书店,1933.

[63]中华民国史事纪要编辑委员会.中华民国史事纪要(初稿)[M].台北:中华民国史料研究中心出版社,1978。

[64]张其昀.先总统蒋公全集:第一册[M].台北:中国文化大学出版部,1984.

[65]吉登斯.民族—国家与暴力[M].胡宗泽,赵力涛,译.北京:生活·读书·新知三联书店,1998.

[66]中国第二历史档案馆.国民党政府政治制度档案史料选编[M].合肥:安徽教育出版社,1994.

[67]秦孝仪.先总统蒋公思想言论总集:卷十二[M].台北:中央文物供应社,1984.

[68]邹谠.二十世纪中国政治:从宏观历史与微观行动的角度看[M].香港:牛津大学出版社,1994.

[69]陈楚君,俞兴茂.特工秘闻[M].北京:中国文史出版社,2001.

[70]中央警官学校编审处,中华警察学术研究社.通行警察法规汇编[M].上海:警声印刷厂,1946.

[71]内政部总务司.第三次全国内政会议报告书[M].南京:内政部总务司编纂组,1941.

[72]胡颂平.朱家骅先生年谱[M].台北:台湾传记文学出版社,1985.

[73]政协新昌县文史委.新昌文史资料:第六辑[M].绍兴:政协新昌县文史委,1995.

[74]秦孝仪.先总统蒋公思想言论总集:卷十八:抗战的新形势与全国努力的方向[M].台北:国民党中央委员会党史委员会,1984.

[75]中央警校.警政高等研究班讲演汇编[M].南京:中央警官学校编审处,1946.

[76]李士珍.建警有关文稿备忘录[M].南京:中央警官学校,1944.

[77]张鹏程.国大代表李士珍先生、夫人九秩华诞荣庆录:建警计划草拟经过之简述[M].未刊.

[78]贵州地方志编纂委员会.贵州省志:公安志[M].贵阳:贵州人民出版社,2002.

[79]林超.胡所长武灵公追思录[M].福州:福建省警官训练所旅台同学联谊会,1981.

[80]民国丛书续编编辑委员会.民国丛书续编:第一编:年鉴专辑22[M].上海:上海书店出版社,2012.

[81]国民政府行政院.国民政府年鉴:第三册[M].重庆:国民政府行政院,1943.

[82]湖北省公安厅.历代警规辑录:卷九:警察服务须知[M].未刊.

[83]李士珍.抗战建国时期整理全国警政意见书[M].南京:中央警官学校,1939.

[84]李士珍.建警文稿备忘录[M].南京:中国国民党"中央"政治学校,1944.

[85]李英.五年建警计划方案[M].广州:正大书局,1947.

[86]公安部档案馆.在蒋介石身边八年:侍从室高级幕僚唐纵日记[M].北京:群众出版社,1991.

[87]徐锦堂.李士珍先生年谱[M].未刊,未编页码.

[88]浙江省公安志编纂委员会.浙江警察简志[M].杭州:浙江人民出版社,2000.

[89]昆明市公安局.昆明公安志[M].昆明:昆明市公安局,2005.

[90]沈重宇.江苏文史资料:第二十四辑:蒋介石的亲信谋士与情报主管唐纵[M].南京:江苏文史资料编辑部,1995.

[91]宋春.中国国民党史[M].长春:吉林文史出版社,1990.

[92]周宏雁.中国人民解放军全国解放战争史:第三卷[M].北京:军事科学出版社,1996.

[93]中央警官学校研究部.中央警官学校季刊:国防部保安局明年一月成立

[M].南京:中央警官学校研究部,1947.

[94]云南地方志编纂委员会,云南省公安厅.云南省志·卷五十六公安志[M].昆明:云南人民出版社,1996.

[95]米格代尔.社会中的国家:国家与社会如何相互改变与相互构成[M].李扬,郭一聪,译.南京:江苏人民出版社,2013.

[96]列宁.列宁选集:第2卷[M].北京:人民出版社,1974.

[97]托克维尔.论美国的民主:上卷[M].董果良,译.北京:商务印书馆,1988.

[98]米格代尔.强国家与弱社会:第三世界的国家社会关系及国家能力[M].张长东,朱海雷,隋春波,等译.南京:江苏人民出版社,2009.

[99]本迪克斯·马克思·韦伯思想肖像[M].刘北成,译.上海:上海人民出版社,2007.

[100]福山.国家构建:21世纪的国家治理与世界秩序[M].郭华,译.上海:三联书店,2020.

[101]陈之迈.中国政府:第二册[M].上海:商务印书馆,1945.

[102]施雪华.政府权能理论[M].杭州:浙江人民出版社,1998.

[103]康晓光.权力的转移:转型时期中国权力格局的变迁[M].郭华,译.杭州:浙江人民出版社,1999.

[104]霍布斯.利维坦[M].北京:商务印书馆,1985.

[105]王笛.袍哥[M].北京:北京大学出版社,2019.

[106]韦伯.经济与社会:第一卷[M].闫克文,译.上海:上海人民出版社,2010.

[107]涅尔谢相茨.古希腊政治学说[M].蔡拓,译.北京:商务印书馆,1991.

[108]亨廷顿.变化社会中的政治秩序[M].王冠华,刘为,译.上海:上海人民出版社,2008.

[109]虞和平.中国现代化历程:启动与抉择[M].南京:江苏人民出版社,2007.

[110]中共中央马恩列著作编译局编.马克思恩格斯选集:第2卷[M].北京:人民出版社,1995.

[111]LE GOFF T J A,SUTHERLAND D M G. The revolution and the rural community in eighteenth—century[M].New York:Cambridge University Press,1974.

四、期刊

[1]孙立平."自由流动资源"与"自由活动空间"——论改革过程中中国社会结构的变迁[J].探索,1993(1).

[2]陈涌清.中国近现代"公安"一词的起源及含义考[J].公安学研究,2018(2).

[3]邓群刚.抗战前十年河北省地方保卫团探析[J].兰台世界,2013(7).

[4]张建辉,姬顺利.新发现的1939年获嘉县保卫团档案考释[J].河南科技学院学报,2015(5).

[5]王才友."水炭不容,安敢协作":江西"剿共"时期遂川县的区联自治与官绅矛盾[J].近代史研究,2014(1).

[6]胡勇军.1927—1937年吴县湖匪活动及时空分布研究[J].中国历史地理论丛,2014(4).

[7]谢贵平.近代山东民团研究(1911—1930)[J].中国社会历史评论,2008(1).

[8]王才友.军事整编与"剿共"困局:邓英弃城公诉案中的政情和民情(1927—1931)[J].史林,2017(6).

[9]朱钦胜,刘魁.国民政府的地方武装组织与中共革命[J].福建论坛(人文社会科学版),2017(1).

[10]管勤积,杨焕鹏.试论民国时期浙江省乡村基层警察之补助组织[J].东方论坛,2009(3).

[11]孙承会.1910年代河南治安组织的成立和性格[J].社会科学研究,2007(5).

[12]魏光奇.清末民初地方自治下的"绅权"膨胀[J].河北学刊,2005(6).

[13]魏光奇,丁海秀.清末至北洋政府时期区乡行政制度考略[J].北京师范大学学报(社会科学版),2004(2).

[14]邱捷.民国初年广东乡村的基层权力结构[J].史学月刊,2003(5).

[15]徐秀丽.民国时期的乡村建设运动[J].安徽史学,2006(4).

[17]张启耀,王先明.民国自治运动与基层社会的贫困化:对1927—1937年的山西乡村社会的考察[J].华中科技大学学报(社会科学版),2012(1).

[18]冯小红.南京国民政府时期的农民负担(1927—1937):以河北省为中心的考察[J].中国农史,2006(4).

[20]黄霞,李德彪.20世纪20年代末30年代前期南京国民政府基层警政建

设浅论[J].宜宾学院学报,2006(1).

[21]曹成建.20世纪30年代中前期南京国民政府对地方自治政策的调整[J].四川师范大学学报(社会科学版),2003(5).

[22]陈玉辉.警察与保安[J].广东警保,1948(1).

[23]刘楠楠."民国档案与抗日战争研究学术研讨会"会议综述[J].民国档案,2015(4).

[24]虞亚梅.李士珍拟改进中国警政建议计划三种[J].民国档案,2004(1).

[25]杨玉环.论中国近代警察制度的发展[J].辽宁大学学报(哲学社会科学版),2006(5).

[26]刘大禹.战时国民政府推进省行政改革之考察[J].民国档案,2017(3).

[27]陈竹君.李士珍的警政思想探析[J].北京人民警察学院学报,2007(2).

[28]鄢定友,郝骥,倪根宝.李士珍警政改革思想述论[J].江苏警官学院学报,2007(4).

[29]詹林.李士珍与警政关系考[J].公安学研究,2018(5).

[30]刘锦涛.南京国民政府时期蒋介石的警政思想述评[J].福建论坛(社科教育版),2009(4).

[31]周章琪,周芹.抗日战争时期的国民政府警察[J].湖北警官学院学报,2005(6).

[32]赵志飞.1902·张之洞建警[J].武汉公安干部学院学报,2007(3).

[33]李丹阳.晚清时期西方警察制度对近代中国警政的影响[J].广西警察学院学报,2020(4).

[34]魏光奇.官治与自治:中国近代的县乡行政体制[J].中国改革,2002(11).

[35]王先明.历史记忆与社会重构:以清末民初"绅权"变异为中心的考察[J].历史研究,2010(3).

[36]丁芮.清末北京警察的设立和成效分析[J].贵州文史丛刊,2013(1).

[37]See Tseng Chi—tse. China, The Sleep and the Awakening[J].Asiatic Quarterly Review,1(1887).

五、论文

[1]李巨澜.失范与重构:1927—1937年苏北地方政权秩序化研究[D].上海:华东师范大学,2005.

[2]刘阳.云南地方保卫团队研究(1929—1945)[D].昆明:云南师范大

学,2020.

[3]靳菁.上海保卫团研究[D].上海:上海师范大学,2016.

[4]王才友."赤"、"白"之间:赣西地区的中共革命、"围剿"与地方因应[D].上海:复旦大学,2011.

[5]田永官.民国乡村社会治理研究:以鄞奉为中心[D].宁波:宁波大学,2018.

[6]刘娟.民国山西村治研究[D].重庆:西南政法大学,2017.

[7]王铁成.1927—1937年河南保安研究[D].开封:河南大学,2008.

[8]宋磊.国家权力的延伸:察哈尔省警政建设研究(1928—1937)[D].呼和浩特:内蒙古大学,2006.

[9]夏静.国民党政府兵役制度研究[D].济南:山东师范大学,2009.

[10]李旭.抗战时期苏北地方保安武装研究:以丰县为中心[D].上海:华东师范大学,2019.

[11]崔毅军.1946—1949年河北省国民政府保安团(队)研究[D].保定:河北大学,2006.

[12]李小龙.安徽省保安武装建设研究(1927—1945)[D].合肥:安徽大学,2016.

[13]姚岳军.民国时期江西保安团述论[D].南昌:江西师范大学,2001.

[14]谢贵平.民国时期的山东匪患与民众自卫(1911—1930)[D].济南:山东大学,2005.

[15]卢毅彬.控制与消解国民政府时期甘肃保甲制度研究[D].兰州:兰州大学,2006.

[16]刘魁.民国时期湖北保甲制度与乡村社会(1932—1949)[D].武汉:华中师范大学,2014.

[17]许方智.民国时期浙江"警保合一"政策研究[D].杭州:杭州师范大学,2014.

[18]王飚.新民主主义时期中国共产党安全保卫工作的理论与实践[D].长沙:湖南师范大学,2003.

[19]叶军春.1927—1939年江西警政研究[D].武昌:江西师范大学,2011.

[20]邓雯.南京国民政府时期河南的县级治安制度(1927—1937)[D].开封:河南大学,2010.

[21]詹林.李士珍《五年建警计划》研究[D].成都:四川大学,2017.

[22]张志琴.1945—1949年浙江警政研究[D].杭州:杭州师范大学,2013.

[23]杨子龙．南京国民政府时期甘肃省警政建设研究[D].兰州:甘肃政法学院,2015.

[24]黄霞．二十世纪三四十年代四川警政建设[D].成都:四川师范大学,2006.

[25]孙延青．新中国成立初期湖南省长沙专区农村基层政权建设研究[D].湘潭:湘潭大学,2019.

[26]任云英．近代西安城市空间结构演变研究(1840—1949)[D].西安:陕西师范大学,2005.

[27]黄辉祥．村民自治的生长:国家建构与社会发育[D].武汉:华中师范大学,2007.

[28]李继业．传承与更新:1912—1937年吴县县政研究[D].兰州:兰州大学,2013.

[29]胡勇军．国家权力渗透与苏州乡村治理(1927—1937)[D].上海:上海师范大学,2015.

[30]苏刚．民国时期乡村师范教育制度变迁研究[D].长春:东北师范大学,2015.

[31]朱妍．现代国家建构过程中民族地区乡村秩序的变迁:以恩施土家族苗族自治州为研究样本[D].武汉:武汉大学,2016.

附录 A "裁团改警"大事记

1927 年

1927 年 3 月,国民政府北伐占领长江中下游地区后,南京国民政府成立。次月 12 日,为攫取胜利成果,实行独裁统治,国民党右派发动反革命政变,进行"清党",利用民团、商团、保甲等组织,配合反动军队,残酷镇压与其合作的中国共产党人。中国共产党为反抗国民党反动派残酷镇压而逐步在各地建立工农武装割据政权和农村革命根据地(亦称为"苏区"),先后受到国民党军队和保安团队、警察的"围剿"。由于此时北伐尚未结束,国民党内部派系矛盾加剧,与割据军阀纷争尚在进行,蒋介石仿效"曾胡用兵",启用地方自卫武装,以弥补经费和兵源的不足。将各地保安组织整理为两部分,一部分民团、保卫团中武器健全的精干,上升为省县直接指挥保安团队及县政府指挥的保安队,在省政府下设保安处统一指挥;另一部分为没有武器、散在的民团、团防、商团、乡勇等,驻守乡镇。蒋介石启用的是前者,在"围剿"苏区中维持秩序、核查户籍、设卡封锁、协助搜捕中共武装。由于保安团队系当地土著,熟悉地方情形,成效显著。保安团队和民团等地方民众自卫武装的制度逐渐建立。二次北伐后,国民党将"军政"推进到"训政"时期,为弥补治安力量的不足,各种地方民间武力除旧有的保卫团外,还有农团军、人民自卫军、商团军、挨户团等。为防止被土豪劣绅所窃据,国民党中央指令国民政府内政部以"各省保安团队以达到国家管理为最终目的,其统一于县区及省"对全国民团等民众自卫武力进行整理。

1927 年 10 月,为整顿警察机关,内政部颁布《各级公安局编制大纲》。

1928 年

1928 年 4 月 2 日,《内政部组织法》公布施行,规定内政部掌理包括警察、民团在内的"全国内务行政"。

1928 年 4 月 7 日,国民党宣布二次北伐。

1928 年 4 月 14 日,国民政府公布施行《修正省政府组织法》,规定各省取消省警务处,而以民政厅掌理全省警政及警察事务。民政厅职掌定包括"警政及保卫团等事项",规定各省原设的省会及商埠警察厅、警察局及各县警察局均改称公安局。

1928 年 6 月 24 日,国民政府宣布"因关内已告统一,军事时期既已结束,国家之训政建设开始",开始训政时期的国家建设的设计规划。

1928 年 10 月 3 日,内政部定颁《各级公安局编制大纲》。

1928 年 10 月 9 日,内政部因"警政载诸《建国大纲》为本部训政时期重要工作之一。现在军事虽定,匪氛仍炽,兼之共产、刀会乘间滋扰,各地原有警团因受军事影响,实力耗损殆尽,一遇警告,动辄请兵,深感应付不暇""伏思军队对外,警察治内,为东西各国之通例,从前省防军、巡防营、警备、守备、保安等队各名称,语其名亦军亦警,考其实非军非警,名目庞杂,系统混淆,徒以厉民无裨地方。此军阀剧据时代,自植势力之秕政,亟有从速廓清之必要。"遂拟订《省警察队组织暂行条例草案》。

1928 年 10 月,国民党中央政治会议通过了《训政纲领》,组成了五院制国民政府。

1928 年 10 月 3 日,为改变各省市设置公安局无章可循的状况,内政部公布《各级公安局编制大纲》,规定"公安局为稽查游缉或临时戒备之必要,得编练警察队"。

1928 年 11 月,蒋介石出巡苏皖,考察地方政教及民生利病,电告内政部所发现的警政和保安团队诸多不良问题,提出"各县警察应统归该省警务处整顿训练,有处者仍旧保留,无处者即应设立",由内政部选择推荐省警务处处长人选。此举被警界称为"元电主张"。

1928 年 11 月 30 日,蒋介石在皖北参加安徽省县长会议批评道:"整顿警卫在安徽尤为紧要,因中正所见安徽各地保卫团、人民自卫团等类,皆系各地方自己组织,散漫凌乱,毫无管理,每年所耗经费不下 120 万,但究竟如何组织,如何训练,若干枪支,若干经费,县长皆不注意,且有不过问的。如一旦共产党、土匪乘机窃发,危险即不堪言状。至于各县警察更属腐败无用,不但不能维持秩序,而且敲诈人民,甚至包烟包赌,无恶不作。各县长试思:保卫团与警察既均是如此凌乱腐败,县长算是毫无能力,简直他个人生命随时可给土匪杀害,又何以保卫人民? 故中正甚望各县长务将全县的武力收在掌握中,随时召集调遣,加以严密的训练。尤其要注重组织,必要做到如正式军队组织一样,自己可以指挥,且可免除劣绅利用保卫团欺压县长与人民的危险。至于警察，中正主张除省市外，其余各县公安局一律暂时撤废，当由民政厅调回训练，所有警察经费，或留着帮助保卫团，或由民政厅收回，以作办理警官学校之用。俟警察人员训练成熟后，再行派往各县继续办理"。

1928 年 11 月，内政部公布《省警察队组织暂行条例》，规定各省政府为防剿匪、巩固治安起见，得编练省警察队，经费由省政府负责，受省民政厅厅长指挥。全国只有福建、广西等省立即照办，其余各省暂未执行。

1928 年 12 月 25 日，内政部在南京召开第一期民政会议。

1929 年

1929 年 4 月 8 日，国民政府驳回内政部拟送《警保局组织大纲草案》及设立警务处先决问题各案，认为"现据国军编遣会议决议，编遣后，划分绥靖区，分负清匪责任及省设保安队办法，警保自无设立之必要，应从缓议"。

1929 年 6 月 3 日，内政部公布《确定警察经费办法》。

1929 年 6 月 5 日，内政部公布《县组织法》，规定了县警察和保安设置。

1929 年 6 月 15 日，国民党三届二中全会讨论分区"剿匪"案，议决："地方警卫部队由地方政府切实整理，协同国军同时举行清乡事宜"。

1929 年 6 月 27 日，根据蒋介石"元电主张"，国民政府公布《省警务处组织法》十条，要求每省设立警务处，并规定：为弥补警力不足，各县可编练准警察性质的保卫团，以协助军警维持社会治安，具体由各省特设保安处或省保卫委员会管辖。具体负责"侦察居户、搜捕盗贼、协助邻境追剿股匪"，甚至可以直接行使警察职能。

1929 年 7 月 13 日，因北洋政府遗留的《地方保卫团条例》"施行已久，情势变迁"，国民政府为"增进人民自卫能力、辅助军警维持治安"，公布《县保卫团法》，以法的形式，将保卫团制度固定下来，规定"凡县地方原有之乡团及其他一切自卫组织均应依本法之规定改组为保卫团"，主要任务为清查户口、侦查缉捕"混入居民中的反革命分子"、携带危险物品者，协助军警清剿盗匪、办理乡镇消防等事项。该法直接赋予地方保卫团侦查居户、搜捕盗贼、平息事变、协助追剿股匪等警察职能。保卫团经费由县长召集会议就地筹集。以县为最高单位，由省民政厅节制。国民政府正式开始编组保卫团队。

1930 年

1930 年 5 月，中原大战爆发，随即在河南、山东、广西、湖南以及津浦、平汉、陇海等铁路沿线与晋军、桂军、冯军发生激战,同年 9 月,由于张学良等通电拥护中央,率奉军进关,进驻平津,阎锡山、冯玉祥、汪兆铭等军阀势力被瓦解,蒋介石收复济南、开封、郑州、洛阳、西安等,取得中原大战胜利。

1930 年至 1934 年,蒋介石奉行"攘外必先安内,安内必先剿共"的反动政策,发动长达 10 年的内战,成立豫鄂皖三省"剿匪"总司令部,对中共领导的苏区连续发动了 5 次大规模军事"围剿"。

1931 年

1931 年 1 月 15 日,内政部在南京召开全国内政会议。内政部再次督饬迅速执行《县保卫团法》,限于本年 8 月 1 日以前,将保卫团一律组织完成。

1931 年 9 月 18 日,日军占领沈阳,"九一八事变"爆发,东北三省随即沦入敌手,国民党政府奉行"攘外必须安内"的反动政策,步步退让,日军遂占领全东北。全国人民掀起抗日救亡运动。

1931 年 11 月,中共在江西瑞金成立"中华苏维埃共和国"。

1932 年

1932 年 1 月 28 日,日军在上海闸北挑起战争,19 路军奋起抵抗,在战火中,上海保卫团和江苏省保安团队以保安警察身份,维护战区治安,惩处汉奸,救助民众,以及对日军的监视,河北等省保安团队在停战协议签订后,奉调在收复闸北、吴淞等被占地区中起到重要作用。淞沪会战发生后,内政部对《县保卫团法》实施情况进行统计,实际着手改编并将施行细则拟送至部者有:山东、贵州、江苏、江西、热河、绥远、福建、四川、陕西、察哈尔、安徽等省市;"惟山东省以军事之后土匪蜂起,呈准行政院暂行改编组织;湘、鄂、豫、皖、赣、浙、闽 7 省已由行政院令饬,限于本年 8 月 1 日以前编练完成,其余各省均未实行。"

1932 年 3 月 1 日,日军扶持的傀儡"满洲国"在长春成立。

1932 年 3 月 1 日,以蒋介石为社长的秘密组织"中华复兴社"在南京成立。刘健群、贺衷寒、康泽、滕杰、酆悌、邓文仪、戴笠等黄埔系骨干为常务干事,由于得到蒋介石宠信,特工组织从中央到地方,将触角伸向军队和警察机关。复兴社的内层组织为力行社,外围组织为"革命同志社"和"革命军人同志社"。同年 4 月 1 日,蒋介石批准成立力行社特务处,指定戴笠任处长。

1932 年 4 月,为配合"围剿"江西苏区,江西省政府将全省各县警察机关暂行划归保安处统辖;直至红军长征后,重新归还省民政厅掌管警察机关。

1932 年 8 月 7 日，军事委员会委员长兼豫、鄂、皖 3 省"剿匪"总司令蒋中正通电豫、鄂、皖 3 省政府，改革民团组织，并规划办理师管区及团管区，以为实行征兵制度之过渡办法。

1932 年 8 月，根据蒋介石意见，指挥对鄂、豫、皖、苏区进行"围剿"，并根据国民政府授权对所剿区域有军政之权的鄂、豫、皖 3 省"剿匪"总司令部订颁了《剿匪区内各县编查保甲户口条例》，授予保安团队、保甲民团、保卫团更大的权力，在配合国军对苏区严密封锁，防止民众"通匪""资匪"，孤立瓦解红军、重建政权等方面有所建树。该条例颁布后，国民党利用保安团队和保甲民团控制乡镇在一定程度上使基层行政权延伸到县级以下的广大乡村。

1932 年 12 月 9 日，蒋介石认为与日本周旋，非至最后关头，不做无益之牺牲，因此决定坚持"攘外必先安内"的方针，"剿除长江流域之赤匪，整理政治，为余之工作中心，如至不得已时，亦必先肃清赣匪以后，乃得牺牲个人，以解决东北，此余深思熟虑经千百回而决定之方针也"。

1932 年 12 月 10 日—15 日，第二次全国内政会议在南京召开，蒋介石作《修明内政与整饬吏治》讲话，提出"攘外必须安内"的主张，"如果内部不能安定，不但不能抵抗外侮，而且是诱致外侮之媒"；要求各省 3 年训练好民团、保甲、警察，对保安、民团及壮丁队划一编制，加紧训练。

1933 年

1933 年 1 月 28 日，按照"牯岭清剿会议决议案"，豫、鄂、皖三省"剿匪"总司令部公布《剿匪区内各省民团整理条例》，分为通则、保安队、铲共义勇队、附则等 4 章 33 条，规定各县武装民团一律改编为各县保安队，武装不健全之民团及无武装之壮丁一律改为壮丁队或铲共义勇队，明确各县自卫团队按照系统由全省保安处处长、各区行政督察专员兼保安司令、各县县长逐级监督管辖或指挥之。规定凡红军曾到过之各县，一律改称铲共义勇队。该条例颁行后，鄂、豫、皖 3 省相继成立了保安队、保安团等准军事组织，国民政府军事委员会，曾召集内政部、军政部及参谋本部会商拟定《保卫团暂行法章案》。尽管保卫团队实际上由军委会和各行营指挥，但由于从国民政府组织法的角度审视，保卫团队还未脱离民众自卫武力的范畴，还为内政部所辖，因此由内政部于 1934 年 4 月呈行政院会议通过，转送立法院审查。后因南昌行营召开第二次保安会议后颁行《各省保安制度改进大纲》，一些问题暂未能解决，而予以缓议。

1933 年 1 月，鄂、豫、皖 3 省"剿匪"总部因各省保卫团队，以区乡间邻为基础，普遍进行了编组训练,由于其主要成分是地方势力操控的农民,散漫松懈习气难改,在素质上"机械良窳不齐,经费任意苛派,官长人选及编制人数,复漫无标准,甚且为地方土劣所操纵,实际既不足以御匪,而官吏恒受其挟持,人民重被其压迫,紊乱之甚,流弊之多,不可胜言",继《剿匪区内各县编查保甲户口条例》之后,又颁布《剿匪区内各省民团整理条例》,对各县民众自卫组织实行整理。该条例主要集中在:统一地方自卫武力的名称、划一其编制、严定督率训练之人选、厘清职务、确定经费保障、检验枪支、人员成分纯良 7 个方面。颁行后,豫、鄂、皖三省经切实整理,已经出现保安团队的雏形,大体实现了保安组织在名称、编制、经费、人员训练上的统一,使得各县紊乱不堪的地方武力,整理分化成保安团队及其他地方自卫武装 2 个层面的队伍。

1933 年 2 月 15 日,豫、鄂、皖三省"剿匪"总司令部颁布《编查保甲户口总动员办法》《修正剿匪区内各县户口异动登记办法》,1946 年 12 月废止。

1933 年 3 月,日军占领热河,并进攻长城各关口,战争锋芒直指华北腹地。正值国家危亡、领土沦丧,民众危难之时,蒋介石奉行"攘外必先安内"的政策,坚持先"剿共"再抗日的主张,将"围剿"中共领导的各苏区作为亟须解决的首要问题。

1933 年 5 月,"围剿"苏区屡次失败的蒋介石采纳幕僚和德国顾问的建议,实行稳扎稳打、步步为营的"碉堡"政策,进行第五次"围剿",由保安团队承担收复地区的后续"清剿"、协助国民党当局恢复县政、维护收复区城乡治安等方面任务。次月,蒋介石在江西庐山召开"清剿"会议,总结军队与省县政府和保安团队、民团配合的经验教训,协调对中共苏区的"围剿"战略,并由鄂、豫、皖 3 省"剿匪"总司令部颁行《剿匪区内各省民团整理条例》,切实整顿鄂、豫、皖 3 省各县一切民众自卫之组织,以配合国军对鄂、豫、皖苏区进行"清剿"。

1933 年 6 月 12 日,蒋介石在"剿匪"会议上讲话,部署《推进剿匪区域政治工作的要点》,提出"三分军事,七分政治",党、政、军必须相辅而行、通力合作等方针。在民政事项中提出改革保甲团练:"保卫团之权力强办为土豪劣绅所垄断,加以教练人才缺乏,军事知识毫无,故往往为匪送枪。而一般把持团防之土劣,均十九榨取民财,民怨而归匪者,比比皆是,不亟谋改进,何能'剿匪'安民。故除严惩土劣外,因将团练与保甲划分为二:一、保甲户口;二、团练。前者制定《剿匪区内各县编查保甲户口条例》凡 40 条,在使保甲负责清查户口,其作用完全为一乡村之警察。后者完全为整理民团,将有枪者一律改为保安队,无枪壮丁依《保甲户口条例》第二十七条之规定,改编为壮丁队。"

1933 年 6 月 13 日,蒋介石与日本签订丧权辱国的《塘沽协定》,日本无理地提出冀东特殊化,竟不准我国在冀东驻扎正规部队,只能由地方保安队和警察维持治安。但《塘沽协定》签订后,华北战区日军并未依照规定撤军。

1934 年

　　1934 年 2 月 12 日,在南昌指挥第五次"围剿"的蒋介石在南昌行营扩大纪念周上提出:"建设国家,复兴民族的根本要务为'教''养''卫'。"认为党、政、军、学、警界人事必须明确:在国家被侵略,贫弱到武力已经无用之时,只能舍弃武力,"十年生聚,十年教训",生聚就是育(养育),教训就是教,并引用古人圣言"礼义廉耻,国之四维,四维不张,国乃灭亡"。认为教之要义,为"明礼仪,知廉耻,负责任,守纪律"。同月,蒋介石提出"转移风俗,培养社会生机与正气",并发表《新生活运动纲要》和《新生活须知》,发起新生活运动。

　　1934 年 4 月 20 日,蒋介石在各省高级行政人员会议闭幕时作《现代行政人员须知》的讲话,提出要尽力改良警政,"这是改进地方政治一件最要紧的事情,如果警政永久像现在这样腐败,不仅不能尽到警察的职责,反而增加地方民众的负担,做出许多敲诈压迫民众的事情,若不想法子整理改良,地方政治无论如何是不能清明的。我本来主张根本废除县以下一切警察,另外拿地方保甲的组织代替;前清时代,向来各县就没有什么警察,地方的公安,就完全得力于保甲、团练和乡约,因为保长、甲长就近似农村的警察,不过到现在社会进步,人口集中,在五方杂处的都会,保甲的组织不足以代替警察的效用,故城市的警察在事实上是不可少的;在农村则绝无需用。这个制度虽不可完全废弃,然而其恶习则已坏到极点,当然只有设法改进的一途。关于改进的具体方法,现在还没有妥当的规定,而且这是要'因地制宜',就实地情况来想办法。"

　　1934 年 6 月 1 日,南昌行营召集第二次保安会议,江苏、浙江、河南、湖北、湖南、安徽、江西、福建 8 省保安处处长、副处长,省保安司令、副司令以及 8 省所辖的区保安司令、保安分处长等有关负责长官出席会议,会议总结去年第一次保安会议以来的"剿共"工作进度,商定统一各省保安团队的组织、制度、名称、经费、训练等。委员长行营秘书长兼第二厅厅长杨永泰甚至在大会上提出以保安团队取代乡村警察的构想,宣称"要办好大规模的警察、宪兵,来维持地方的安宁秩序;往后我们要靠保甲来做农村警察,要靠保安队来做农村的宪兵。保甲与保安队都是土著,地方情形熟悉,利害关系密切,只要有相当的训练,比较招募来的警察与宪兵一定更有效力,更能尽职"。会议制定了《各省保安制度改进大纲》,明确保安团队训练课目。蒋介石出席会议并训词,对具体工作的要求提出按照新生活的标准和原则训练保安团队,组训民众,学习《新生活运动纲要》《新生活须知》及《自卫新知》《民权主义》《民权初步》等课程。

1934 年 6 月，蒋介石在南昌行营召集苏、浙、皖、赣、湘、鄂、闽、鲁、豫、陕十省高级保安行政人员，参加该会的是省主席、省民政厅厅长，大城市公安局局长等掌管指挥保安团队和民团武装的地方官员，研究讨论各省保安团队及民团的实际情形，进行各方面的调整和划一，将地方自卫武力的指挥权从地方向军事机关转移，成为准军事的正规组织。为进一步发挥保安团队和民团等地方自卫武装在战斗中协助正规军以及对地方政府行政的武力支持等作用，仿照正规军模式对保安团队名称、改编步骤、训练、经费、装备等事宜做出统一规定，以快速提升保安团队及民团的战斗实力。

1934 年 7 月 22 日，根据第二次保安会议中的讨论意见，经过行政院和军事委员会研究，为早日实现"各省保安团队达到统由国家管理"之目标，国民政府颁布《各省保安制度改进大纲》，将建立和规范保安制度提到前所未有的重要位置。该大纲赋予保安团队"执行宪兵警察职务，保卫地方安宁，普及国民军事教育，确立征兵制度基础"等职能，并首次明确"平时能执行宪兵警察之职务，以保卫地方之治安；战时即为国家之征兵，足成御侮卫国之劲旅，以达到国家管理为最终目的"，规定"其进行步骤应首先统一于县进而统一于区，再进而统一于省"。并限于本年内达到统一于省的目标，至少须统一于区。并对各省保安团队的名称、编制、指挥、训练、经费、人事等做出明确规定。至此，保安团队制度正式建立。

1934 年 8 月，鉴于一些省份在《各省保安制度改进大纲》颁布之前已将保安团队统一于省，但对于主管全省保安团队的省保安处之编制尚缺乏详细规定。从完善《各省保安制度改进大纲》着眼，南昌行营订颁了《各省保安处组织通则》。这是国民党将保安系统自成体系的重要文件，从此省保安处就不再是行政体系的一部分。该通则对省保安处的编制、训练、人事、经理、调遣、演习、校阅、点验、奖惩、抚恤、营造、修缮以及计划、宣传、调查、统计等做出详细规定。

1934 年 8 月，为检验《各省保安制度改进大纲》推行效果，南昌行营颁布《检阅各省团队规则》作为对保安团队制度的完善，将校阅保安团队细化为编制、干部能力、成立年月、武器种类数、经费、训练及教育机关、纪律、防务、内务、装具、卫生、"剿匪"成绩、编练办法及训练必要课目等。

自《各省保安制度改进大纲》颁布，截至 1935 年 9 月底，各省依照上述条规紧张而积极地改编筹办保安团队，已办理保安团队有：浙江、河南、湖北、安徽、江西、福建、湖南、陕西、甘肃 9 省及南京市；虽办保安团队，但因外患危急仍保留县保卫团有：江苏省、上海市；正在办理之中者有：四川、贵州 2 省；因情况特殊，经批准未办保安团队，而自办其他形式的民众自卫武力者有：山东省（办理民团及连庄会）、广西省(办理民团)、广东省(办理警卫队);因大敌当前,只能续办县保卫团者有:河北、山西、察哈尔、绥远4省及青岛市、威海卫行政区;尚未呈报民众自卫武力组织者有:北平市与宁夏、青海、新疆、西康、云南、辽宁、吉林、黑龙江、热河9省。

1934年12月12日,国民党第四届中央执行委员会第五次全体会议通过蒋中正、汪精卫等所提《划分中央与地方权责之纲要案》,主要涉及官吏保荐与任命、官吏任期与保障、地方行政及经济、中央与地方之财政、国防军及地方兵警、法制之制定等问题。其中在第五项"国防军及地方兵警"中规定:"关于国防军及地方兵警之问题,国防军为捍卫国家之武力,故关于国家之正规军,自须由中央统一管辖指挥,但目前过渡时期,得依平之统属关系,对于统属官佐之任免,准由其最高主管长官,呈报中央任命。至于地方性质之兵警,如保安队、保安团、警察队等,除编制数额须由中央核定,不得自由增减外,概准由地方行政长官训练调遣"。

1934年12月31日,南昌行营颁发《剿匪省份各县政府裁局改科办法大纲》,要旨为集中职权、充实组织、教建合一、警卫联系、税收统征。该大纲提出:"我国警政,自古以来,悉寄于保甲之中,今'剿匪'省份所办之保甲及壮丁团队,实即农村之警察,而能组织,施以适当之训练,并分配警官督率而教导之,则一切警察职务之执行,自可依之以为协助,而尽利推行。是以我国警制之改革,不能强袭他国之皮毛,实有因地制宜,以求适合当前环境之必要。故本大纲第六条各项中,特采警卫联系办法,将各县城镇现有之公安机关及警察概行裁撤;即各县所设之政务警察、司法警察亦应大加淘汰,严限名额,酌给薪津,以免借名敲诈。祗于县府中设警佐,于各区署中设巡官,并于各重要镇乡派驻警长、警士,分别秉承区长或联保主任之命令,就地指挥保甲职员及壮丁团队,执行一般警察之职务,并负训练保甲壮丁之专责。使自卫组织与警官编配联成一气,只用少数之警官,扼要分布,而全县之警察网,遂克构成。"

1934年,政学系领袖杨永泰接替张群为湖北省省政府主席,推行其在南昌行营秘书长期间建议的组织民众,编组保甲,联保连坐,作为"剿共"必要措施,要求在武汉三镇市内推行。汉口市警察局局长陈希曾、湖北省会警察局局长蔡孟坚认为城市有警察无须办保甲,尤其武昌有健全的义勇警察,辅助治安与劳动服务收效颇大,因此共同反对。

1935 年

1935年1月,根据国民政府军事委员会委员长南昌行营之意,行政院训令公布施行《剿匪省份各县分区设署办法大纲》,对"剿匪"省份各县区公所或区办公处之职掌、名称及组织等进行修正,加大区长权力,其中规定监督指挥区内保甲及壮丁队或铲共义勇队人员执行其职务,驻在区内之保安队遇有必要时,亦得指挥之;并得《剿匪区内各县编查保甲户口条例》《剿匪区内各省民团整理条例》《各省保安制度改进大纲》及其他民众组织之法规组织训练区内民众。

1935年5月23日,杨永泰不断发表文章,指出"三分军事七分政治"是"剿共"之根本原则,主张通过自卫训练来实现自治,裁撤县以下警察,着重发展保安团队和保甲来代替警察,让地方士绅来管理地方治安,可以一举两得,促进地方自治和自卫的统一。

1935年5月,力行社特务处和中统等部门合并成立军委会调查统计局。

1935年11月22日,毛泽东所率的工农红军红一、三军团组成的陕甘游击支队与陕北红军十五军团会合,在陕北建立根据地。

1935年11月29日,国民政府任命王固磐为首都警察厅厅长。一批军统人员成为首都警察厅中层骨干。

1935年12月7日,因日军策划华北自治,华北危急,在北平的军政部部长何应钦电请仿照西南政务委员会之例,成立冀察政务委员会,以应付华北危机,获得国民党中央电准,在北平成立冀察政务委员会,任命宋哲元为委员长。随即遭到民众反对,北平学生举行盛大示威游行,爆发"一二·九"学生爱国运动,掀起群众性抗日救亡高潮。各地也发生大规模学生运动要求抗日。各地学生纷纷赴南京请愿。

1935年12月,蒋介石在对全国保安团队冬季校阅时提出"国难方殷,匪气未戢,民情惴惴,不惶宁居,维持地方之治安,全在于保安团队之能得力与否","保安团队的职责是绥靖地方,推行政令",在同年的兵役保安会议中,蒋介石描绘保安团队的长远规划是:保安对外是军队,对内是警察。地方的治安,用保安团队和保甲担负来维持,因保安团队熟习乡土情形,对于乡土有深刻观念,对地方治安,当更有效力。

1935年,因日本浪人和侨民在领事馆和日军支持下有计划地屡屡挑衅,日舰和军队频频驶入近海和内河进行施压,福建省政府为便于统一指挥并节省经费,"谋求团警统一,协调剿匪",把全省水陆警察全部划归省保安处管辖。

1935年,内政部警官高等学校校长李士珍发表的《警政改革之我见》,提出"保安队与警察任务一致,同属警卫地方,维护社会秩序,因而必须同属于同一机关,以达事权统一",提出"警团合一",将各省市保安处一律改为警务处,所属保安团队一律改为保安警察队的建言。李士珍一贯主张坚定不移地"裁团改警",统一警察事权。

1936 年

1936 年 4 月 16 日,内政部任命李士珍为内政部警官高等学校校长。李士珍认为中国警察必须重新建设,遂向内政部建议,将警官高等学校改为中央警官学校,各省警官学校一律归并,同时建议由现国府主席蒋介石兼任校长,这个建议当经内政部采纳转呈行政院核准。同年九月一日改组成立中央警官学校。

1936 年 5 月 10 日,为了抗战前行政上的准备,行政院在南京励志社召开苏、浙、皖、赣、湘、鄂、闽、鲁、豫、陕 10 省民政厅厅长、教育厅厅长参加的十省地方高级行政人员会议,又邀交通方便的苏、浙、皖、赣、鄂 5 省省政府主席参加,蒋介石在开幕词中提出:"警察本来是用以维护公共安宁,增进社会福利的,当然很重要,很有益,但是现在我们中国的警察,便是无益而有害,我们如果到各地乡区去实地考查一下,便知道现在许多地方的警察,不仅不能维护公安、增进福利,而且包烟、包赌、包娼,贪污索诈,甚至串通匪贼,欺压良民,无恶不作,不仅偏僻地方,警察每每如此,就是通都大邑的警察也不能尽免。各地的警察,一方面积习如此之坏,一方面又往往经费太少,所以要改良警察很不容易。所以我一向认为各地方经费不足的警察,对于人民既绝对的无益而有害,最好能一律裁撤,而用保甲或团队来代替。各位从事地方行政工作很久,一定知道各地方团队有团队的毛病,保甲有保甲的毛病,土豪劣绅有土豪劣绅的毛病,而在各种病态当中,特别是警察的毛病格外多,今后究竟应当如何裁汰训练?如何改革刷新?使能克尽警察的职责,希望大家要特别注意研究。"其言意欲"寓警于团"。为迎合蒋介石对警团存废的多次表态,以对《建国大纲》中地方自治颇有研究的桂系黄绍竑为首的政客,根据广西等贫瘠复杂省份治理社会和治安管理主要依靠保甲民团,取得不俗政绩的经验,提出的"寓警于团"提案,在会上引发了巨大反响。由于其时各省警政的主管机关,除了直辖市设公安局外,均隶属于各省民政厅,参会发言表态的是民政厅等厅长、省政府主席及各部会代表,应邀与会的警政人员以及戴笠等特务处人员实际上只是列席,并无发言权之次等角色,黄绍竑等大多数省民政厅厅长在大会上赞同"寓警于团"的提案。应邀与会的警政人员以及戴笠等特务处人员对此提案,感到县以下警察的裁撤,绝不仅仅是涉及上万名基层警察生存,对县以下地方的治安管理格局也会产生无法估测的影响,经过戴笠、王固磐、李士珍等活动,改变了蒋介石原有设想,转为同意"裁团改警"。同月 16 日,会议闭幕时,蒋介石作了题为《建国的行政》的训话,提出:养(经济)、教(教育)、卫(保卫)、管(管理)为建国基本要务;在"卫"中又提出"裁撤团队,与改良和充实警察之必要"为"卫"之要点之一,认为目前"带着浓厚的封建色彩之一种畸形的武力——就是各地的保安团队。现在我们各省养这种大量畸形的部队,每年要花几十万乃至几百万,因此弄得民穷财尽,再没有多余的财力,可以用来改良并充实各地的警察,或积极完成保甲。由于保卫组织没有完成,特别是由于警察的腐败和缺劣,所以地方治安、社会秩序、人民程度以及一切公共福利,都无法增进。警察既不成其为警察,于是人民不成其为人民,社会不成其为社会,国家也就不像一个国家。所以,我多年有根本裁减各地警察的数量,重新彻底整顿的主张。前次在开会的时候,也曾经提出这个意思请大家讨论。不过我们要晓得,各地的警察,固然有很多情形非常腐败,不仅不能尽到职责,而且包庇犯罪,敲剥人民,做出种种坏事,但是各地的团队,亦复如此。而且因为有刀有枪,作恶或许更多。所以警察固然要想根本整顿的办法,保安团队尤其要根本解决。此次会议的时候,大家对这个问题已经有详细的讨论,现在行政院已经决定,以后各省保安团队要分 3 年逐渐裁完,即以原有经费,移作办理保甲与改良充实警察之用,或许有人怀疑,以为团队裁了以后,难免土匪要多起来。治安又发生问题了。其实这一点勿庸顾虑,因为一方面团队裁了,一方面保甲办起来,警察也改良充实,尽可以维持治安;何况团队是分年逐渐裁去,更无可虑。总之,这个办法,可说是中央既定的一个救国救民的重要政策,一定要贯彻的。此次各位回去之后,就要本此意旨,斟酌各地的情形,研究一个妥善的全盘计划。在本年 8 月底以前,呈行政院核定施行。这件事无论对于国家,于地方,都有莫大的好处,本席自信是不错的,希望大家要上下一心,尽早办到"。

1936 年 6 月 3 日,根据蒋介石意图和十省高级行政人员会议决议及戴笠等人对改造警察的设计,行政院拟订的《整理警政原则》由行政院公布,确定裁撤各地保卫团、改编为警察队的办法。规定各省保安团队、保卫团 3 年内一律裁撤,所有保安团队职责一律由警察承担。后因抗日战争全面爆发,计划暂止。

1936 年 6 月 6 日,在《整理警政原则》颁布的同时,在军委会审核后行政院颁发第 3492 号《行政院为地方高级行政人员会议决定限期裁撤保安团队以及经费办理保甲及警察之密令》确定了"裁团改警"的 6 项具体办法。

1936 年 7 月 25 日,行政院颁布《各级警察机关编制纲要》,明确废止 1929 年 10 月 3 日公布的《各级公安局编制大纲》,规定了各级警察局的编制和内外设机构,原公安局一律改称警察局;成立中央警官学校;各县得设县警察局,受县政府指挥监督,处理全县警察事务。不设局之县,应于县政府内设警佐 1 人,及合格警长、警士若干人办理警察事务。县区域内之重要乡镇,经省政府核准,得设警察所(冠以地方名称),直隶于县政府或县警察局,处理各该区域警察事务,但以有合格警士 30 名以上者为限。在分区设署之县份,得于区署内设巡官 1 人,合格警长、警士若干人,办理该区域内警察事务。在未设警察之乡村地方,得暂以保甲代行警察事务,派巡官或警长巡回指导等,为"裁团改警"开展铺平道路。

1936 年 8 月 10 日,国民政府令,派蒋中正兼中央警官学校校长。次日,行政院任命李士珍为中央警官学校教育长。

1936 年 9 月 17 日,经内政部备案,由戴笠、王固磐等军统要员为核心的中国警察学会成立。

1936 年 9 月 25 日,经国民政府批准,内政部将浙江省警官学校与内政部警官高等学校合并,在南京东郊马群镇组建中央警官学校。并公布《中央警官学校组织规程》。

1936 年 9 月,行政院订颁了《训练团队干部改充警官办法》,为保证改充警官的质量,决定"由中央警官学校统筹办理,以集中训练,统一警官教育为原则",次月 9 日蒋介石电令内政部:"保安团队的警察训练,由海会特训班统一办理,由内政部中央警官学校派员参加协助。"

1936 年 12 月 12 日,张学良、杨虎城发动西安事变,扣押蒋介石,发表通电,提出改组政府,容纳各党派,停止一切内战,释放政治犯,召开救国会议,释放被捕的上海救国会 7 君子等 8 项主张,同月 25 日,以蒋介石接受"停止内战,共同抗日"的主张而和平解决。

1937 年

1937 年 1 月 20 日,根据《整理警政原则》,行政院训令,全国各级警察机关自今年一月起,一律改称警察局。

1937 年 1 月 23 日,军政部、内政部会颁《区保安司令部办事通则》15 条,其中规定,区保安司令综理事务除包括保安团队监督指挥、作战及演习计划、武装自卫民众组织之编练、考核、奖惩;区内兵役之征退及在乡军人管理,召集辖区内保安会议,辖区内绥靖、军法等事项外,还包括"辖区内水陆警察之监督指挥事项"。

1937 年 1 月,西安事变后,由于蒋介石被迫接受"停止内战,联共抗日"的政治主张,国民政府对 1932 年颁布的《剿匪区内各县编查保甲户口条例》进行修订,删去"赤匪""灭共"等明显的敌对字样,将其目的由"剿共"改为"实现自治",重新向全国公布。同月,中共中央致电国民党第五届三中全会,提出实现国共两党合作抗日的 5 项要求和 4 项保证。

1937 年 3 月 30 日,军统控制的内政部警政司牵头,召集军委会、军政部、中央警官学校等相关部门参加研讨会,会商关于保安团队干部警察教育事项。经过数次会议,讨论制定了《保安警察干部训练班规程草案》,并拟具《团队人员投考中央警官学校学生班办法》。次月 21 日,内政部部长蒋作宾签署部令,令各省保安团队于 5 月底前填报《各省市保安团队军官调查表》,呈送中央警官学校汇办,并规定保安警察干部训练班于 9 月正式开训。

1937 年 6 月 7 日,内政部拟具《保安警察干部训练班第一期学员选送办法》,对报到日期、成绩标准,以及膳食服装等项都做出明确规定。但在实际训练中,各省市保送学员不踊跃,其效果人数并不如预先估计的 7/10 军官可以经训练转警,其中很多具备军事职能的军官,多被军方吸纳。

1937 年 5 月 1 日,行政院和军事委员会会颁《各省市保安团队编余人员暂行处置办法》。主要内容有:一、规定"各省市保安团队编余人员经核委有案并曾在正式军事学校毕业任保安团队职务 3 年以上,品行纯正,体格强壮,著有特殊劳绩者,得由各省市政府择优呈请军事委员会及行政院核准保留候用酌派服务"。这条内容规定了保安团队编余人员予以保留使用的资格。二、规定不符合第一项规定的人员,依各省市保安团现行饷章定额及其编余时之薪级标准给以 1 个月或 2 个月之遣散费,给予遣散。该办法规定了保安团队编余人员的通称为复员,同时规定了附员的训练机关、训练内容、服务事项、薪资标准以及撤销附员资格的情形。三、规定"各省市现存之保安团队遇有缺出应尽先就各该省市附员中遴选补充"。可见各省市保安团队分批裁撤,其过程中保安团队虽然停招,但仍然根据各地实际情况进行增补,可见"裁团改警"政策在当时内忧外患的情况下是极难一蹴而就的。

1937 年 5 月,行政院颁发《各省市保安团队非军校出身之编余官佐及兵夫救济办法》,对非军校出身的官佐和编余士兵,分别给出具体救济措施。比如,对于编余官佐,除了自谋生活者以外,区分 4 种方法进行救济。

1937 年 7 月 7 日,日本侵略者在北平卢沟桥挑起事端,抗日战争全面爆发,日军大举进攻平津地区;中国军队进行抵抗。国民政府下令总动员,全国进入战争状态。次月 13 日日军又挑起淞沪战争,继而向沿海和中国内地侵略,"裁团改警"无法继续进行,抗战救亡、抵抗侵略成为首要急务。

1937 年 8 月 30 日,国民政府下令征集国民兵,"凡属兵役适龄男子,均应入营服役,以固国防"。

1937 年 12 月 1 日,日军围攻南京,南京 2000 余保安、行政等警种警察协助正规军守城抵抗,同月 13 日南京沦陷。

1938 年

1938 年 3 月 29 日至 4 月 1 日,国民党召开了临时全国代表大会,会议决定对军委会调查统计局和 1937 年 9 月成立的军委会大本营第六部进行改组。扩大成立为 3 个公开的特务组织:一为隶属中央党部的调查统计局(简称中统局);二为隶属军事委员会的调查统计局(简称军统局);三为隶属军委会办公厅的特种邮电检查处(简称特检处)。军统局局长由侍从室第一处主任贺耀祖兼任,戴笠任副局长主持工作。

1938 年 3 月,蒋介石决定对日作战方略:"以广大之空间土地,求得时间持久之胜利;积各路之小胜,而成全局之大胜"。

1938 年 3 月 14 日,内政部会同军政部公布《公私立医院优待保安警察队伤病员警暂行办法》规定"公立医院留医保安警察队员警限于 3 等病室,住费、手术费减半收取"。

1938 年 6 月 21 日,国民政设立国民参政会,并公布国共两党及各省市国民参政会参政员名单。

1938 年 6 月 23 日,内政部任命戴笠兼任中央警官学校特种警察训练班主任。

1938 年,国民政府军事委员会在长沙召开最高军事会议,决定确立国民兵团制度,将地方自卫武力统纳入国民兵体系当中,在各地国民兵团下设自卫队,承担当地治安之任。各地警政转入战时状况,战区的各级警察局多被裁撤,警官和长警改编为该地警卫队、保安警察队等武装;一些县警察局裁撤后缩编为县政府警佐室,县以下多由保甲民团、保安团队等代行警权,全国治安行政力量大体上又重新恢复"警""团"并存的二元格局。

1938 年,国民兵团制度确立后,军政部为明确区分国民兵团下设的自卫队以及保安团队、警察三者之间在地方治安中的职责划分,颁发《保安机关与兵役机关职权划分办法》,其实质是在"裁团改警"并未明令停止的状态下,又在制度层面上对地方保安团队存在发展的认可。

1938 年 6 月 12 日,武汉会战开始,国军抵抗住日军进攻,打破了日军妄想"速战速决"的战略计划,全面抗战进入相持阶段。战区各省不得已重新加强保安团队,运用其自卫武力和治安管理"双面打"之长处,恢复对保安团队的整编,以为预备兵源的同时,在驻地代行警权。

1938 年 7 月,辗转撤退至重庆南岸弹子石重新办学的中央警校教育长李士珍根据"裁团改警"、改革战时警政以及复兴社及军统改革警察等思路,先后拟订《改进中国警察建议》(又称《改进中国警察建议书》《整理后方警政计划》)等警政改革建言,呈报蒋介石和内政部,还刊印成册,作为中央训练团授课教材。其中《改进中国警察建议》立足点在"整理后方、组织民众"与"全国警察改进",试图找出制约警政改革发展的经费等问题的解决办法。提出"利用各省保安团队经费,整理一般警察,编组保安警察队,树立乡村警察制度",从侧面呼应继续"裁团改警"的主张,其中部分内容,李士珍后并入《五年建警计划》。

1939 年

1939 年 3 月,李士珍将原拟的《整理后方警政计划》进行修改补充,撰成《抗战建国时期整理警政意见》,分别就战区、接近战区以及后方之警政,分别陈述整理意见,其时,李士珍还拟订了《整理全国警政六年计划》,作为《抗战建国时期整理警政意见》的配套方案。同年 8 月,介石对《整理全国警政意见书》批示:"惟查抗战期间,'裁团改警'计划,尚有窒碍难行之处,因之吾国各地乡村警察,一时势难普遍设置;则运用警保联系及以保甲与壮丁队代行一部分警察职务,自为目前唯一之过渡办法。"

1939 年 9 月 7 日,内政部就壮丁队与警察保甲联系的内容,草拟《县壮丁各级(或国民兵团)组织规则草案》及《警保及壮丁队联系办法》。

1939 年 9 月,军政部颁布《国民兵团区乡(镇)保各级队部组织规程草案》;同日,内政部颁布《警察保甲及国民兵联系办法草案》,规定在战争状态下建立的准军事组织国民兵团,有协助警察机关维护国统区县以下地区的治安秩序,赋予其与警察相同的职责,这就意味着,随着战争的深入,国统区县以下地区的警察体制正在分崩瓦解。

1939 年 7 月 31 日,蒋介石在中央警校正科第 4 期毕业典礼训话中提出"我们要建立新的国家,必须建立新的社会,要建立新的社会,必须建立现代国家的警察","建立警察为建立现代国家的前提","一定要造就革命的警察,以为改造政治发展经济的基本力量",继而提出:"欲建设新国家,必须首先建立新警察""过去警察素质不良,不能负起建警建国之责任,现在新警察应该有新精神、新的学术技能与人格修养""发扬仁爱精神,始能建设新警察"等观点。使得正在寻求改革警察方案设计思想和方向的李士珍受到启迪,确定将"建立新警察"作为设计拟订建警计划的指针,后来总结提炼为"建国的基础在建警""建国必先建警"等口号;建警的内容为"建立新警察"又演化为"建立现代警察""建立现代化新警察"等不同表述。

1939 年 9 月 19 日,《县各级组织纲要》通令施行,宣布在国统区实行《新县制》,该纲要大幅度削减了县一级专门的警察组织,对基层警察系统有所弱化,取消了县警察局设置,引发了警界的不同意见。

1939 年 9 月 20 日,军政部颁发了《保安机关与兵役机关职权划分办法》,规定:所有国民兵团自卫队,在维持地方治安及举行"剿匪"自卫等勤务时,应受全省保安司令直接指挥,并将保安制度列入国民兵团行政系统内。

1940 年

1940 年 2 月 9 日,在"裁团改警"未能如期进行,又亟须建立兵源补充渠道的情况下,军政部会同内政部等有关部会和由各省保安处处长参加的"特设保安议事组"共同研究,以《各省保安制度改进大纲》为基准,拟订《保安团队调整办法》以落实蒋介石整饬之命。

1940 年 6 月,军事委员会会同行政院对《保安机关与兵役机关职权划分办法》进行研究补充,颁布《各省保安团队与国民兵团自卫队职权划分办法》,其中规定"凡关全省或具有长时间性的警备职权,应概归省保安团队";"在执行一县以上之警备任务时,自卫队应归省保安团队之指挥督导";"在施行仅关一县之警卫时,自卫队秉承国民兵团团长、副团长之命令,并得商请驻在该县之省保安团队协同办理"。

1940 年 12 月,按照《保安团队调整办法》的规定,各地保安团队从"改警"转向为"复团",保安团队再次进行整编。

1941 年

1941 年 3 月 21 日,行政院公布施行《县警察组织大纲》,以为对《县各级组织纲要》的完善和补充。这是"裁团改警"中一个重要的文件,可以看作对抗战中继续施行"裁团改警"政策的再次明确。但其未能解决县以下警政的全部问题,特别在警察的指挥、管理、训练上与整个警察体系相脱离。内政部在订颁《各省县市三十年度整理警卫原则》中对《县警察组织大纲》进行有利于"裁团改警"和战时警政的细化。可见《各省县市三十年度整理警卫原则》与《县警察组织大纲》是一以贯之的,对县属保安团队的规定都是一律改隶于县警察机关,是对县以下警察机构的补充,以及对地方自卫武装的归并,事实上都是"裁团改警"之体现。

1941 年 4 月,作为国民政府行政领导机关的内政部根据国民党五届八中全会决议,制定了《基层政治建设三年计划》,结合战时之需,提出"改团为军,移械实

警",以及在后方保安团队中加强警察教育的要求等的施政意见,此为战后继续
"裁团改警"的过渡环节。

1941年12月5日至10日,内政部在重庆召开的第三次全国内政会议,决议:
自卫队由各地警察机关负责管理、整训,以保持地方自治的"警卫合一"之形态。
会议通过对裁撤保安团队补充国军,建设警察实施计划方案,提出应由各省政府
三十一年六月以前报由内政、军政两部核转军事委员会、行政院备案,三十三年度
十二月底以前办理完成。成为"裁团改警"的变形方案。

1941年12月9日,太平洋战争爆发。国民政府终于盼来转机,得到了世界反
法西斯盟国的支援,中国抗战已有胜利曙光。在此情形下,国民政府"今后国家建
设必以军事为中心"政策开始松动,蒋介石开始盘算战后建国和结束训政实施宪
政等国家大计,开启了包括战后建警在内的国家政治和经济建设的规划设计,此
为李士珍《五年建警计划》设计的绝好机遇。

1941年12月,内政部调查统计国统区各地恢复保安团队情况:四川、福建、浙
江、安徽、山西、陕西、西康、甘肃、宁夏、湖北10省整编完成,江苏、山东、广东、湖
南、河北5省缓编;其余省未编。1942年春,江苏未沦陷各县编成8个保安团,山
东45个团,江西16个团,湖北22个团,陕西13个团,福建11个团,广东10个团,
甘肃7个团,四川、山西、安徽各9个团,贵州、浙江各4个团,河南2个团,湖南18
个大队,广西14个大队。未沦陷17个省共编169个保安团,44个保安大队。其
后各地虽亦有保安团队改编为保安警察之计划,但因抗战军兴,"裁团改警"计划
无形中暂缓。

1942 年

1942年5月19日,军政部召开"继续调整保安团队会议",军政部明确将保安
团队送回到"裁团改警"时的位置,确定保安团队是武装警察性质,将保安事务划
回内政部主管,但指挥权和兵源补充之权仍在军政部,具体由省保安司令部、保安
处调遣,也就是军方只负责使用保安团队,其他责任由内政部依法办事。政司的
职能范围,标志着"裁团改警"在抗战中后期的曲线施行。军政部将保安行政业务
划回内政部管理,兼受军政部门指挥监督。但保安团队本身仍隶属军政部指挥。
这是军方试图将保安团队与保安行政业务划开,将调度指挥及兵源归军政部,所
掌管的地方行政事务回归内政部。

1942年10月22日,国民参政会三届一次大会在重庆召开,此次会议是在太
平洋战争爆发后,国民党为解决国内严重的经济危机而召开的。蒋介石在致词中

提出"目前所有保安团、县自卫队等,似应逐渐裁撤,酌编武装警察队驻县,事事遵照警察法规,协同乡(镇)公所人员办理。举凡一切调查、登记等,今日所要求于保甲而不可能者,相信此后必有可能;举凡一切窃盗、庇毒、囤积、逞凶、密码结社等,今日县府之无法侦查禁制者,相信此后亦必有法办理"。蒋介石试图发展遍及乡村地区的"特务警察网",以特务精神加强乡村警察建设,以实现打击中共、破坏统一战线的目的。

1943 年

1943 年 1 月 10 日,随着美英对日宣战,抗战形势开始好转,在此情形下,蒋介石提前考虑战后国家建设,提出"抗战建国并行"之口号,李士珍抓住此时机,组织人员草拟《建警意见》(《原始五年建警计划草稿》)呈报蒋介石。《建警意见》主要目的是"建议改革各省警政机构,实行'裁团改警'",其动因是"兹抗战接近胜利复员,应速准备之时,治安第一,秩序至上,若不及时建立警政,则建国工作,无法推行"。此建议受到蒋介石重视,蒋介石批阅:"据中央警官学校教育长李士珍呈拟建警意见前来,查所呈各节甚关重要,其中关于各省保安处改警务处,户政科划归警务处各节,皆可采择。"蒋介石大体赞同李士珍的建议,尤其是"裁团改警"的部分,认为均可采纳。可见蒋介石在抗战形势好转后,对继续施行"裁团改警"是持赞同意见的。

1943 年 1 月 29 日,在专门为实施《五年建警计划》培养高级警察干部而举办警政高等研究班第一期开学典礼上,蒋介石再次提出"建国必须建警",将建国与建警放在一起论述,在训话中提出:中国要真正达到自由平等境地,还须各方面努力,尤其是警察要能够确实尽到职守,完成建警建国的任务,强调"警察是社会的基干,警察不健全,社会无从进步,社会不进步,国家的一切事业也就不能顺利推行"等观点。蒋介石描述了建警与建国的关系:"警察是国家的代表,同时也为国家的重要骨干,如果建警不成,那革命建国大业亦必随之失败","在建国的事业中,警察实在比军队还要重要,因为军队只是担任几千里边境的国防卫戍,而全国一千一百万余平方公里的土地和四万万五千万人民的安全,是全靠警察去维持的。"

1943 年 2 月 3 日,李士珍上呈蒋介石《各省保安处改并问题及保安部队整理办法》。

1943 年 3 月 2 日,随着日本在战场上的不断失败,国军在盟国的支援、训练下不断加强,国民党中央对保安团队的态度随之发生重大变化,"裁团改警"的力度有所加强,对地方上没有改警的保安部队再次进行整理。国民政府军委会和行政院会以"为确定各省保安部队数量,调整保安系统,健全编制经理,加强警察教育"为要旨,会颁《各省保安部队整理办法》,明确提出"裁团改警"方法,"以谋战后国家警察的建立",表明将保安团队纳入正式国家警察体系的初衷未变,而警察在战时作用的发挥,更加坚定了蒋介石掌握国家警察权,建立"一元化警卫制度"的想法。

1943 年 4 月 7 日,李士珍对行政院颁布的《各省保安部队整理办法》中对保安团队官兵进行警察训练的规定,拟具《统一各省保安部队转任警察干部训练办法》,向蒋介石进言,要求由中央警官学校负责保安部队的警察训练,以确保训练内容和素质教育。此次进言是在同月 24 日呈送《五年建警计划》前夕,李士珍的用意除推进"裁团改警"外,还有调整中央警官学校教学方向,在保安团队改警之际,通过军官训练,贯彻建警思路之意。后因战局关系,保安团队改编保安警察队未能及时进行,此办法也未能施行。

1943 年 4 月 24 日,李士珍在蒋介石点拨下,开始对战后建警进行研究,组织中央警官学校有关人员草拟的《五年建警计划》面呈蒋介石,该计划将"裁团改警"精神列入"先决问题",试图在解决建警方针、选拔专业人才、改正长警名称、提高警察地位、政教密切配合、经费力求撙节等方面的问题的基础上进行战后建警。在"经费力求撙节"中,李士珍提出:"建警经费在抗战未结束前,除将原有保安经费全部拨充匀支外,竭力避免增加,俟复员后再行拨款充实。"李士珍再次提出"裁团改警",希望在抗战结束前,裁撤保安团队,将原有保安经费全部拨充战后建警。可以看出,《五年建警计划》的根基就是"裁团改警",建警需要的开支,基本依赖于裁撤保安团队之经费。可见,《五年建警计划》之实质是"裁团改警"政策的延续。

1943 年 5 月 6 日,李士珍因行政院 1943 年 2 月 3 日颁布的《各省政府设保安司令部取消归并原有保安处及防空司令部》《各省保安部队整理办法》部分内容"均与建警计划有碍,且与'裁团改警'相悖",向蒋介石提出与草拟的《五年建警计划》和"裁团改警"方针相一致的修改意见,蒋介石部分采纳李士珍意见。

1943 年 9 月 18 日至 27 日,国民参政会三届二次大会召开,会议中各参会代表提及的议案中,有涉及"裁团改警"的提案,提出撤销保安团队应遵循两项原则,一是"以团改军",二是"裁团改警"。此建议在国民参政会上原则通过,但提出在地方警察未普遍设置前的过渡时期,应对于保安团队应严加训练,整饬纪律,以巩固地方治安。

1943 年 10 月,李士珍呈请蒋介石批准中央警校开办警政高等研究班,培养

"裁团改警"实施后改警军官中上校以上人员,李士珍从中考察遴选拟在战后建警中担任各省警务处、警保处处长和院辖市警察局局长,负责实施当地建警的高级主官,次年1月正式开班培训。

1944 年

1944年1月,李士珍组织人员将《五年建警计划》改为《十年建警计划》,细化了实施步骤,同时绘制了10年建警计划的简明进度表和各种统计表。得到蒋介石的认可:"此建警计划最重要,应即着手实施,速交设计局审核,及拟实施步骤方法与预算数目详细呈核",并送国民党第六次全国代表大会提案审核,列入国民政府战后国家政治建设项目之中。

1944年1月,行政院征求各方意见,通过了修正的《各省保安部队整理办法》,并于次月9日明令通行,其根本目的即在于尽快推行"裁团改警"。

1944年2月9日,李士珍经蒋介石批准,修正《各省保安队整理办法》。

1944年4月4日行政院、军政部会颁《各省保安干部实施警官训练办法》,规定各省保安大队长调入中央警官学校警政讲习班,保安大队附及中队长调入中央警官学校及其东南西北两警官训练班,保安分队长调入各该省政府设置保安警察干部补习班,分别施以警官训练。

1944年6月,抗战进入关键时期,内政部认为"正值全面胜利阶段,社会经济日趋困难,地方治安愈发混乱,各省县市匪盗案件层出不穷。而国军多集中在战区,而盗匪此剿彼窜,流动性强,必须依托地方治安武力"。而各县市地方治安武力,除警察局、警察队以外,尚有国民兵团自卫队、清乡队、保卫营、警卫队、特务队等,"名目繁多,系统分歧,管理训练既不统一,指挥运用又欠灵活"。在此状况下,内政部召开的财政检讨会议中,将整理各省县市自卫组织及部队列为"三十三年度行政计划"之一,试图通过以改善整理各省县市自卫组织,控制抗战胜利前夕的国统区各省县市地方治安。

1944年1月7日,蒋介石手令"建警计划应照预定办法积极推进";国民参政会也提出战后实施《五年建警计划》的意见,该会第三届第三次大会曾决议"希望建警计划之逐步实施",早日推行宪政。

1944年5月25日,国民党第五届中央执行委员会第十二次全体会议通过的《收复沦陷地区政治设施之准备案》,其中明确"内政部应即拟订战后全国建警计划",此处所指的"战后全国建警计划"即为随后内政部与中央设计局会拟的《警政建设五年计划》。

1944年底,蒋介石将《十年建警计划》批交中央设计局准备在国民党第六次全国代表大会审核中通过,进入具体施政程序。中央设计局审阅后,认为《十年建警计划》缺陷不少,特别是与国民政府制定的《国家五年建设计划》不一致,决定由中央设计局设计委员李英主稿《五年建警计划草案》,其中吸收了李士珍、内政部、军统对战后警政建构的部分构思。

1945 年

1945年初,中央设计局主稿《警政建设五年计划》呈奉蒋介石,其结构和安排与李士珍《五年建警计划》《十年建警计划》中的"实施步骤"有所不同。其中明确负责战后建警改由警察总署负责实施。严格地讲,《警政建设五年计划》已与李士珍《五年建警计划》貌合神离,已脱离李士珍的构想。

1945年8月14日,日本接受波茨坦宣言,次日,宣布无条件投降。同月20日,军政部将《配合整军计划实施建警方案》呈由军事委员会批准实施,内有详细的军队裁军整编方案,"将原有军官加以适当训练,予以转业"。该方案布置实施后,因国共和谈矛盾重重,为预防中共,军方又以整合地方治安力量为名,研究将划回地方自卫武力的民众自卫队(即抗战中的各县国民兵团自卫队)和已编入保安警察的各省保安团队作为国军后备武力来加强。

1945年8月16日,蒋介石批准李士珍再次修正过的《五年建警计划》,指示李士珍与新任各省省政府主席、院辖市市长洽商在中央警官学校警政高级研究班学员中保举省警务处处长、市警察局局长。

1945年8月23日,军政部长陈诚向美国驻华大使魏德迈提出整军计划,将中国现有部队250个师,缩编为120个师。次月第三战区司令长官顾祝同即拟以编余军官甄选1000至1500人接受警察训练,转任保安警察干部,以备东南警察复员之需。

1945年8月27日,李士珍联络韩文焕、宣铁吾、蔡劲军、李国俊、唐毅等99名参加国民党六届二中全会代表,将《十年建警计划》内容精简为《建立现代警察案》,联名提交大会,被列为国民党六届二中全会第304号提案。次年3月1日国民党六届二中全会开幕,李士珍提案列入议事日程,"并大会审议通过,送国民政府采择施行",继而"由中央常务会议决议,送国防最高委员会办理",由蒋介石批"交行政院采择施行";行政院长宋子文谕令"交内政部采择试行"。《五年建警计划》终于走完了法律规定的审议程序,进入实施阶段。

1945年8月28日,中共中央主席毛泽东及周恩来由美国驻华大使赫尔利以及国民党代表张治中等陪同，从延安到重庆，与蒋介石及国民政府进行和平谈判。

　　1945 年 9 月 13 日，内政部按照《整理各省地方治安武力原则》第一、三项规定，各省县（市）自卫队及其他治安武力一律改编为保安警察队，隶属于县（市）警察机关，加紧训练，并扩充健全各级警察机构。为明确规定如何改变训练，扩充健全，内政部颁布《整理各省县（市）地方治安武力充实健全各县各级警察机构实施办法》。

　　1945 年 9 月 19 日，国民政府军事委员会电希行政院核议东南战区编余军官转任保安警察干部训练办法。

　　1945 年 11 月 29 日，国民政府在收复失地、惩处汉奸、复员还都等急务的同时，按照新县制和"警卫一元化"的既定方针，整理战争中各地出现的各类警卫组织，恢复原有警察体系，推动"裁团改警"和战后建警。此时，各地警卫机构除警察机关外，还包括保安团队、国民兵团自卫队等军队指挥的自治武力，还有不少抗战中出现的"名称不一，系统分歧"的民众自卫组织。内政部对此复杂情况进行了研究，拟订《警卫调整计划》由行政院通令各省市遵办。《警卫调整计划》的初衷是为"裁团改警"实施后，理顺包括警察、保安警察队、自卫队在内的县级警卫力量，实行一元化领导，为实施《五年建警计划》打下基础。

　　1945 年 11 月，国民政府复员官兵安置计划原定编余军官佐 38 万人，士兵 140 万人，共计 178 万人，分集体转业、个别专业、资遣授田等安置办法；集体转业对象为修筑铁路、公路、水利工程、移垦、铁路警务、保安警察、集体农场等；个别转业之对象为警官、交通工程管理、行政司法、金融财政、地方卫生、学校教师等。

1946 年

　　1946 年 1 月 3 日，军政部呈拟《改军建警计划草案》，提出军方对战后建警的设计。同年 4 月，军政部与内政部拟订《配合整军计划实施建警方案》和《配合整军试行警员制方案》。

　　1946 年 1 月 6 日至 31 日，蒋介石在美国等国的民主舆论压力下，为表示"和平建国""实施宪政"的愿望，召集包括中共在内的各党派代表及社会贤达在重庆举行共商国是之政治协商会议，并提出军队国家化、政治民主化等具体办法；扩大政府基础与制定宪法之原则，并通过和平建国纲领。

　　1946 年 1 月 8 日，中央设计局会同内政部拟订《警政建设五年计划草案》，该草稿以李英根据中央设计局汇集资料，并参酌李士珍所拟定的《十年建警计划》及各方意见，另拟的建警思路不同的《五年建警计划初稿》，包括原则、实施项目及办法、需要条件及数字、分年进度表 4 个部分,并制作《五年警政建设计划各级警察机关组织系统表》。同年 3 月 7 日,国民政府批准《警政建设五年计划草案》,令内政部按照计划规定各项分别切实筹议,呈行政院核定施行。由于还都南京、警察总署成立在即,其事业、经费、人事等还需一并列入此计划;大批转业军官已经在中央警官学校受训,官警训练计划也可一并列入,以及建警经费甚巨,国民政府无力推行等原因,该案未能推行。

1946 年 2 月 9 日,为配合复员计划,充实警察干部,行政院公布《复员军官转任警官训练办法》,以复员军官选送合格人员入中央警官学校,予以训练。转业警官预定为 4 万人,由中央警官学校统筹办理,其选训办法是中、少将军官入警政高级研究班,受训 4 个月;中校至上校军官如警政讲习班,受训 6 个月;少校以下中尉以上军官入甲级警官训练班,受训 1 年;分 2 期训练;少中尉军官入乙级警官训练班,受训 1 年。但后来在执行上却困难重重。

1946 年 3 月 1 日,国民党中央六届二中全会召开,在该会决议,统一各省警察及保安机构,成立警保处,主管警察及保安行政,并整理保安部队为保安警察队。至此,战后"警保合一"政策作为"裁团改警"决策的延续继续推行。

1946 年 3 月 15 日,国民党第六届中央执行委员会第二次全体会议通过《对于政治报告之决议案》提案,其中第 1 条提出内政部成立警察总署,将前警政司各单位及业务全部合并,旨在"加强中央警政,推进全国警政,实行警察行政统一和标准化";第 4 条中提出"保安司令部及保安处防空处业务,归并于警保处办理,不另设机构"等提案,均获通过,将成立内政部警察总署,各省成立警保处作为"裁团改警"和战后建警的基础。

1946 年 3 月 22 日,时任参谋总长兼陆军总司令的何应钦奉蒋介石之命,召集来渝出席国民党六届二中全会之各省省主席,各战区、绥靖区及有关各部主官,研讨议决《配合国军整理各省保安团队实施方案》《配合整军计划实施建警方案》《收复省区民众自卫队组织方案》《收复地区党政会报实施方案》。其时,因裁军整编已经开始,复员军官转业警官训练也以在南京等地进行,根据行政院复员官兵安置委员会决议:"国军整编第 1 期编余军官 15 万人,内转业警官者 4 万人,按现有全国警官约为 2.7 万人,欲安置 4 万转业军官,自非实施建警,普遍设立警察机构,扩充警察员额不可。"因此,内政部经会同国防、财政等部研究,拟定《配合整军计划实施建警试行警员制方案》,为解决其中不符合充当警官任用条件的准少尉军官 1.5 万人,以"配合整军建警计划,以提高警察素质"为名,破例在各大都市试行享受委任最低级警官待遇,实际充当负责警管区警务的警员制度,并借此扩大了警官编制,设法进行安置。并于次月 24 日,内政部、军政部、财政部将《配合整军计划实施建警方案》与《配合整军计划实施建警试行警员制方案》草案会呈行政院。至此，将裁军中复员军官和实施建警被强行绞葛在了一起，在一定程度上，建警的目的变成以安置大量转业军官为先导。因此时战后建警的领导机关内政部警察总署尚未成立，军统局即将裁撤，具体方案和条款是由军政部和内政部及《五年建警计划》设计者李士珍等进行会商，权衡利益，达成一致的。

1946年初，内政部将"裁团改警"作为改进地方警察机构的重要内容之一。在内政部警察总署尚未成立前，颁布了《建立省市县各级警察方案》《警政建设实施办法九项》等方案办法，凸显了"裁团改警"在政策上的一贯性。

1946年4月24日，内政部、警政部会呈《配合整军计划实施建警试行警员制方案草案》暨《配合整军计划实施建警方案》。系为安置行政院复员军官安置计划委员会第一次会议决定之第1期复员军官转业警官4万人中之准少尉军官1.5万人而拟订；同时为配合整军建警计划，试行警员制，以提高警察素质，明确试行警员制地区，暂以各大都市为准。后者方案为配合整军计划实施建警试行警员制方案的具体实施意见。次月7日，国民政府核备《配合整军计划实施建警方案》。

1946年5月30日，军统局宣布撤销。

1946年5月31日，因华北战场国共冲突加剧，蒋介石电示内政部核报华北各省警察力量及训练装备之加强办法。

1946年6月7日，内政部呈请行政院核示《警政建设实施办法九项》。

1946年6月20日，国民政府公布《内政部警察总署组织法》，规定警察总署隶属内政部，掌理全国警察事务。同年8月15日，内政部警察总署在南京正式成立，蒋介石斟酌再三，还是决定将战后建警重任交给信得过的负责全国情报协调的侍从室少将组长，原军统局帮办，时为内政部次长的唐纵来完成。同年8月15日，负责战后建警实施的内政部警察总署成立，唐纵出任内政部警察署署长，宣告了李士珍在战后建警中的"出局"。

1946年6月，蒋介石撕毁《双十协定》向中原解放区发动全面进攻，全面内战爆发。次月，派军队强占东北四平、长春后，又大举进攻华北、山东及华中解放区。

1946年7月，蒋介石接受白崇禧关于全国各省市均应实施民众自卫办法，以协助军队防卫乡土的建议，令内政部参照上月17日行政院颁布的《收复区民众自卫队组训方案》，在华北中共控制各省实施该方案。意欲用民众自卫武力对抗中共。为此，有"安内"职责的内政部拟具《加强后方各省市警察办法》，以图在国统区各省加强警察武力及清查户口，借以控制社会情形，以保地方治安。

1946年8月15日，为推行《警政建设五年计划》的实施，内政部警政司扩充改组为内政部警察总署，所有前内政部警政司各单位及其业务全部合并，以加强中央警政机构,指挥督导全国警政之推进,以求警察行政统一及标准化。

1946 年 11 月 9 日,唐纵对李士珍的《五年建警计划》和中央设计局《警政建设五年计划》有不同意见,内政部警察总署拟定《警政建设五年计划修正草案》。

1946 年 11 月 15 日,国民党筹划的制宪国大在南京召开。中央警官学校教育长李士珍以浙江省国大代表身份出席此会,在会上到处宣传《五年建警计划》及"警政理论";在国大代表草拟审查会上力争警察在执行法律中的独特地位,需要有一个完整体系,获得大多数代表支持。次月 10 日,鉴于国民政府警察制度不甚完善,有的主张地方分权,由各省市自行办理;有的主张中央集权,由中央政府统筹办理。参加制宪国大代表草拟审查会的李士珍等人在蒋介石支持下,呼吁由国民党中央制定并执行警察制度,或制定后交各省县依照施行。经表决通过,在随后颁布的《中华民国宪法》第 108 条第 17 项中终于明确"警察制度由中央立法并执行之,或交由省县执行之"。

1946 年 12 月 2 日,内政部警察总署署长唐纵公布《明年建警计划》,宣布建警计划要点为:一、树立警官制度,颁定《警察法》;二、健全警察人事,增进员警福利,(确定警察[官职]制度);三、确立警察经费(规定警察经费在行政预算中的百分比);四、改善警察装备;五、加强警察教育,造就警察干部;六、建立保安警察,改进保安行政;七、建立现代刑事警察,充实科学装备;八、加强推进外事及国际警察;九、加强督导考核,厉行奖惩;十、续办复员军官转业警官等事项。

1946 年 12 月 25 日,国民大会制定《中华民国宪法》。依据《建国大纲》对中央和地方权限采取均权制度的有关精神,在第 10 章《中央与地方之权限》中明确:警察制度由国民党中央立法并执行之,各省县只能依照执行;警政之实施,由省立法并执行之,或交由县执行之;县警卫之实施,则由县立法并执行之。

1946 年底,在《内政部在三十六年度工作计划》中,以"建设现代警察促进国家法治,加强地方自卫力量"为目标,提出为彻底改善过去各级警察组织简单、素质低劣、经费短缺、装备窳劣的现状,按照《五年建警计划》及《配合整军计划实施建警方案》与《警政建设实施办法九项》,积极推进全国各级警政建设,加强督导工作,使之在组织、人事、装备各方面迅速改善,逐渐实现现代化之警察要求。该办法提出将保安警察队整编作为既定国策进行贯彻,要对各省保安团队实施警察教育。

1947 年

1947 年 2 月,由于国共谈判破裂,内战爆发,为加强对地方治安的把控,国民政府积极推进警保处的成立。次月,内政部警察总署决定分期成立警保处,首期成立的有浙江、福建、江西、湖南、湖北、广东、广西、贵州、云南9省。

1947年3月18日,蒋介石核准《警政建设五年计划草案》后,饬内政部拟定《警政建设五年计划实施办法》,因抗战胜利还都等缘故迟延,且为适应各种情况之演变,特别是配合整军建警计划安置复员军官,该计划几经修正方才完成,经行政院核示,终于批准,名称改为《配合整军计划实施建警方案》。

1947年4月26日,内政部警察总署拟定《省警保处正副处长权限划分原则》,对各省警保处正、副处长权限进行明确划分。

1947年5月27日,国民政府颁布《省警保处组织条例》,次月1日,内政部根据国民党六届二中全会决议,呈请各省设警保处,得到蒋介石批准。

1947年5月27日,行政院第五次会议决议,通过《建警方案》,次日,行政院指令内政部施行《建警方案》,"以配合整军计划,建立现代化警察,维护地方治安,使国家建设工作得以顺利进行"为目的,明确在省政府下设警保处,县设警察局和县警察队,县政府原设军事科、警佐室一律撤销。

1947年5月28日,行政院颁行《省警保处组织条例》和《省保安警察组织条例》作为实现"警卫合一"之重要步骤,将各省保安司令部保安处与民政厅警务处或警务科合并,成立警保处;并分期分区整编保安团队,改编为保安警察队。规定:省保安警察队隶属于省警保处,并明确省保安警察队之任务等。次月18日,行政院分行浙、赣、闽、粤、桂、湘、鄂、滇8省成立警保处,并将各省原设的保安司令部保安处与民政厅警务处或警务科合并,成立警保处;并分期分区整编保安团队,改编为保安警察队。将保安队纳入警察体系,以期达到整合治安武装力量,集中警察事权之目的。

1947年6月26日,行政院颁布《建警方案暨建警试行警员制方案》。

1947年6月28日,内政部为配合整军计划,安置复员军官而拟订《配合整军计划实施建警方案》,明确本方案可视作《警政建设五年计划》之附件,其已实施事项作为五年建警第一年度之工作。

1947年6月,内政部与国防部保安局会商制定《统一省警保机构实施建警办法》明确各省保安团队改隶警察机关,为明确实施步骤,确定训练、编组、点验方法,次月内政部特制定《省保安部队改编保安警察队实施办法草案》,并于同月16日分行浙、赣、闽、粤、湘、鄂、滇、桂8省,并呈行政院备案。

1947年6月下旬,中共粉碎了蒋介石向解放区的疯狂进攻,在东北、晋察冀、晋冀鲁豫等战略区相继转入反攻,与此同时,国统区人民反内战、反饥饿斗争的民主运动迅速高涨,出现反蒋第二条战线。次月4日,为配合戡乱建国,国民政府通过了"国家总动员案"。① 随后，蒋介石发布了所谓"戡平'共匪'叛乱总动员令"，幻想半年至一年时间"戡平"中共的解放区。但国军在各战场上惨败很快浇灭了其不切实际的幻想，国民党陷入更加被动的局面。

1947年10月1日，警察总署拟订《警政建设五年计划草案补充修正条文》，对《警政建设五年计划草案》再次进行修正。

1947年10月，国民政府府颁布《关于各省保安团队（或保警部队）及民众自卫武力参加国军作战期间补给补充办法》，对保安团队的枪弹、主副食、卫生通信器材工作器具、犒赏费4个方面进行规定。在枪弹方面，规定"已照保警制度改编之各省保警部队在参战期间得由国防部补充；未改保警之各省保安团队，不论其参战与否，均由国防部核补并均列入省级预算"。

1947年11月13日，国防部召开豫、鄂、皖、赣等6省联防会议，决定实行战时体制，即各省恢复司令部，统辖省境内一切保安团队，保安团队和警察应分别改隶，保安团队隶属国防部指挥监督，而警察归属内政部下属。这样一来，"裁团改警"和战后建警又因战局和军方而遇挫折。

1947年11月，国民政府为增加军队参加内战，使绥靖区和各省军政当局指挥灵便，拟定撤销各省警保处，各地警察机关直接隶属于省主席兼保安司令指挥，现警保处处长任省保安副司令。借此大力扩充绥靖区和各省保安团队，以适应内战兵源紧缺需要，此方案遭到各省不同程度的异议。

1948 年

1948年1月15日，国防部在九江召开豫、鄂、皖、赣、湘"五省清剿会议"，进一步把"六省剿匪检讨会议"的决议案具体化。如"加强省保安团队及自卫团队办法"，这次又详尽地加以研讨，形成《豫鄂皖赣湘民众组训实施纲领》，以控制地方武力。

1948年1月16日，行政院公布《试行警员制实施办法》。

1948年1月，为领导各省保安团队，使各省保安防剿工作得以联系配合起见，国民党中央批准国防部意见，在国防部设保安局来具体指挥保安团队，国防部颁布《国防部保安局组织规程》。同时规定各省警保处改为保安司令部，下设警务、保安组及人民自卫3组，全省警政隶属保安司令部的警务组指挥。警政和组训民众武力本是国家机器的一部分，也是政府行政执法机关，未经过法定程序突然变

---

① 福建省委员会文史资料委员会. 福建文史资料：第二十四辑：中国人民政治协商会议［M］.福州：福建省委员会文史资料委员会，1990：115.

成军方管辖的范围,指派唐纵兼任保安局少将局长,国防部保安局的成立,或许是实现了唐纵心目中的"警保合一"和建警计划。

1948年,因国民党政权崩溃,内政部警察总署撤销,缩编为内政部警政司,国民党建警计划和警保机关也随着国民党政权的覆灭而终结。

附录 B "裁团改警"相关法律法规一览表

法规名称	颁行时间	颁发单位
《地方保卫团条例》	1914 年 5 月 20 日	北洋政府
《县保卫团法》	1929 年 7 月 13 日	国民政府
《剿匪区内各省民团整理条例》	1932 年 8 月	鄂、豫、皖三省"剿匪"总司令部
《各省保安制度改进大纲》	1934 年 7 月	国民政府军事委员会委员长南昌行营
《各省市保安团队编余人员暂行处置办法》	1937 年 5 月 1 日	行政院、军事委员会
《战区警察处理大纲》	1938 年 10 月 3 日	内政部
《警察保甲及国民兵联系办法》	1940 年 1 月 10 日	军委会、行政院
《保安团队调整办法》	1940 年 2 月 9 日	国民政府军事委员会
《非常时期维持治安紧急办法》	1940 年 7 月 24 日	国民政府
《各省县市三十年度整理警卫原则》	1940 年 9 月 25 日	内政部
《加强县长维持治安权责办法》	1941 年 2 月 8 日	行政院、军事委员会
《县警察组织大纲》	1941 年 3 月 21 日	国民政府
《各省保安部队整理办法》	1944 年 2 月 9 日	行政院
《警卫调整计划》	1945 年 11 月 29 日	内政部警政司
《建立省市县各级警察方案草案》	1945 年 11 月	内政部
《警政建设五年计划》	1946 年 3 月 7 日	国民政府中央设计局、内政部
《加强后方各省市警察办法》	1946 年 9 月	内政部
《省警保处组织条例》	1947 年 5 月 27 日	国民政府
《省保安警察队组织条例》	1947 年 5 月 28 日	国民政府

法规名称	颁行时间	颁发单位
《省保安部队改编保安警察队实施办法草案》	1947 年	内政部
《统一省警保机构实施建警办法草案》	1947 年 6 月	内政部、国防部
《配合整军计划实施建警方案草案》	1947 年 6 月 16 日	行政院

附录 C 《各省市保安团队编余人员
暂行处置办法》①

（1937 年 5 月 1 日行政院、军事委员会颁布施行）

第一条　各省市保安团队编余人员经核委有案并曾在正式军事学校毕业任保安团队职务三年以上，品行纯正，体格强壮，著有特殊劳绩者，得由各省市政府择优呈请军事委员会及行政院核准保留候用，酌派服务。

第二条　编余人员不合前条规定者遣散之，依各省市保安团现行饷章定额及其编余时之薪级标准给以一个月或两个月之遣散费。

第三条　经军事委员会及行政院核准由各省政府保安处保留之编余人员概称为附员。

第四条　凡核准保留候用之编余人员均须由各该省市政府呈请核准分期保送中央警官学校设班训练之，训练期满后考试及格，分发各省保安警察队任用。

前项人员在未经保送中央警官学校前得由各该省主管机关依照现行军事及警察法规分别予以管理或训练之。

保送中央警官学校受训之编余人员，其训练课目管理方法由中央警官学校拟订呈请内政部核准行之。

第六条　附员之服务如下：

一、担任反间谍业务

二、派任壮丁训练

三、派充调查统计任务

四、派任侦探密查等勤务

五、其他派遣事项

第七条　附员生活费按编余时之原级及薪饷给予标准减半发给之。

第八条　各省市现存之保安团队遇有缺出应尽先就各该省市附员中遴选

---

① 法令:各省市保安团队编余人员暂行处置办法[J].警察杂志,1937(37):86-87。

补充。

第九条　附员在侯差时期如有下列情形之一者,各该省市主管长官得随时呈请撤销之:

一、经发觉资格与第一条之规定不符者

二、不堪造就者

三、有重大过犯者

第十条　附员经费应由各该省市保安处依法造具支付预算书及名册呈报军事委员会及行政院核定即在各该省市保安团队经费项下开支。

第十一条　本办法自会院令公布之日施行。

附录 D 《保安团队调整办法》①

(二十九年二月九日军事委员会令颁)

第一章　总则

一、保安团队之调整依照本办法之规定。

二、本办法所指之保安团队系指各省现有之建制保安团队。

三、保安团队为绥靖地方推行政令之地方武力,应归区保安司令(专员)与县长统辖,非有特殊情形不得改编为正规军或游击队。

四、中央及各省所颁布关于保安团队之法令与本办法不抵触者仍适用之。

第二章　整编

五、保安团队编制依照《各省保安制度改进大纲》第三章第十二条及第十三条之规定修正如附表。

六、保安团队以团为最大单位,团之番号按数字编列,冠以省名,团以上之指挥机关,如区保安司令部保安处及全省保安司令部在省制未变更前悉依原有规定。

七、保安团直隶于省,非有特殊情形呈奉军委会核准,不得增设团以上之番号,至各省已成立之保安师、保安旅等名义应即撤销,如师旅长一时无从安置,得以指挥官名义临时调遣,不得限定其地区。

八、各省保安团队应按现有人枪数目,照编制核实编定,以充实团以下之各小单位(重兵器中队无武器者缓编),减少或归并团以上之大单位为原则,编余官兵拨归就近团管区接收,分别拨补所辖,补充团营,其老弱不堪服役者资遣。

九、各省保安团队之整编从二十九年三月一日开始,限三个月完成,由个生保安司令负责办理,办理情形及完成期限呈报军委会,听候派员点验考核,在整编期间不得呈请增编保安团队及擅自扩充。

---

① 中央警官学校编审处,中华警察学术研究社. 通行警察法规汇编[M].上海:警声印刷厂, 1936:91-93。

第三章　使用

十、保安团队以集中管理分防使用为原则,省保安司令应视地方情形及事实需要将全省保安部队分配或控制于各区,受区保安司令之指挥,战区各省每区最少须配置一个团,充分赋予区保安司令(专员)及县长指挥管辖之权,使能顺应事机。

十一、战区县市得由区保安司令依照需要就其所指挥之保安团内分拨中队受县市长指挥。

十二、保安团队除绥靖地方推行政令之一般任务外,在战区者并应担任备要点封锁交通经济、铲除汉奸、防止反动及协助军运等任务,必要时并应协助抗战。

第四章　人事

十三、省保安司令保安处处长、副处长,区保安司令、副司令以及参谋人员之任免依现行法令办理。

十四、上校以上之军官除法令另有规定外,由省保安司令遴选合格人员呈请军委会核委。

十五、中校以下之军官佐,其任免由省保安司令直接办理,呈报军委会核准备案。

十六、保安团队军官人选以合于下列各款之一者为准:

(一)正式军校卒业者

(二)各省市所办一年以上之团干班卒业者

(三)行伍出身,经验丰富,品质纯良,检定合格者

十七、有下列情形之一者不得任用:

(一)曾受刑事处分,未恢复公权者

(二)染有嗜好,不堪服役者

(三)体质羸弱,品行乖鄙者

(四)超过服务年龄,思想学识落伍者

十八、保安团队军官佐之任用得适用《陆军军官佐任职条例》之规定。

十九、保安团队官兵在服务期间,其年资得与正规部队年资同样计算。

二十、保安团队干部除由各省自行训练补充外,得就下列机关部队拨派:

(一)中央各军事学校毕业学员

(二)正规部队编余军官

(三)中央各军事学校卒业生调查处军官总队

(四)各军管区补训处军官队

第五章　经理

二十一、保安团队官兵薪饷以照《陆军国难饷章发给》为原则,财力不足之省得视收入情形,酌为减低,报请中央备查。

二十二、保安经费由各省统筹支配,惟开支情形半年公布一次,并呈报中央核查。

二十三、保安团队薪饷应由各省组设点放委员会监视点放,以杜流弊。

二十四、保安团队经费最大以团为单位发给,而以大队为经理单位办理之。

二十五、保安经费依照各省向列征收,但不合法之苛细收入应一律废止,以苏民困。

二十六、保安经费应量入为出,核实开支,不得挪作别用。

二十七、保安团队被服装具、武器马匹、卫生器材、通信器材、工作器材悉由省保安司令统筹补充支配,参加抗战者得呈请战区长官就近酌予补充。

二十八、保安团队参战伤亡官兵关于抚恤医药救护事项,除各省另有规定外,得照陆军待遇。

第六章 训练

二十九、各省保安司令应参照军队教育令规定,教育计划依限实施,呈报中央备查。

三十、训练方针除必要学识科外尤应注重政治训练,精神训练,使了解抗战建国意义,充分发挥爱国爱乡、忠勇负责之精神。

三十一、各省保安司令应斟酌需要呈准设置短期团干班,将所辖保安部队官长抽调训练,以增强其学识。

三十二、团长以上之军官,得保送中央训练团受训,团长以下之军官保送中央各军事学校受训。

三十三、保安团队军事教育由各区保安司令定期集中抽调受训。

第七章 校阅

三十四、各省保安团队整编后各省保安司令(保安处)应于每年春秋两季派员分赴各区校阅,校阅情形及日期呈报军委会备查。

三十五、军事委员会必要时得分派校阅组赴各省校阅,校阅计划另订之。

第八章 考核

三十六、各省保安司令应随时派员考核所辖各保安团队,以定奖惩。

三十七、保安团队奖惩考绩适用陆军奖惩之规定。

三十八、保安团队担任游击时,适用游击队奖惩办法。

第九章 附则

三十九、本办法自呈准公布日发生效力,如有未尽事宜,得随时以命令修正之。

附录 E 《各省保安部队整理办法》①

（卅三年二月九日行政院修正公布施行）

（一）要旨：行政院、军委会为确定各省保安部队数量，调整保安系统，健全编制、经理，加强警察教育起见，特制定本办法。

（二）整编：

一、各省保安部队之数量，应先予核定，以保留必要者为主。为重质减量，提高素质起见，各省应酌予裁并现有员额五分之一至三分之一（各省应保留之保安大队数量由军事委员会、行政院核定之）。

二、战区各省参战之团队，应按其战绩，陆续编并为陆军或补充缺额，其实施参照《参战保安团队编并陆军实施办法》，办理其数量及详细办法由军政部、内政部、军令部与各省政府洽商决定之。

三、各省保留用以维持地方治安之保安部队编制，以大队为原则，由省政府分拨各行政区指挥调遣，担任本区内之治安维持，各该区专员有呈请奖惩之权，邻近第一线各行政区，每区至少应拨驻两大队至三大队，以维治安。

四、各省保安部队，应保留及应编为国军之数量，经核定后，即由军政、军令、内政三部，派员点验，分别整编。

上项整编，限于本办法奉准颁行到省之日起，六个月内完成。

五、各省保留之保安部队各级干部及士兵，应于整编后，加紧予以警察训练。俾充分具备保安警察之知能。其训练办法，由内政部另定之。

六、前项训练至三十三年底，由内政部派员检阅考验，其已具备保安警察员警基础训练者，即改组为保安警察大队，于下期制作服装时，准用《警察制服条例》之规定，改换服装，仍于领章及襟章上标明"保警"二字，以示识别。

七、保安大中分队及机枪中队之组织编制，仍暂照二十九年《保安团队调整办

---

① 内政部警察总署《建警法案备览》和警察法规及警察法修正草案［A］.中国第二历史档案馆藏，档号：12-1-2517：170-172。

法》附表之规定,但大队部得暂设警察训练员五人,分拨各中队,担任警察训练。另准增设中尉军医一人,中士看护及上等看护兵各一人,准尉通信班长一人,通信兵一、二等各一名,保安警察大队之编制。另由内政部拟订施行。

八、各省保安部队以经内政部、军政部核定有案者为限,在整编期中,一律不得呈请扩编。

九、各省保安部队编余员兵,除老弱不堪任使资遣者外,其余一律补充就近之国军部队,其实施办法,由内政部、军政部另定之。

(三)经费:

一、各省保安经费,由各省政府依照本办法规定编制、员额给予,就国防最高委员会核定各该省岁出总额,妥筹分派,编具详细项目,汇列省单位预算,送呈行政院核定施行。

二、前项保安经费时,应将保安部队整训经费一并列入,以资支应。

(四)经理:

一、三十三年度保安部队待遇在行政院核定经费总额内,仍暂比照陆军给予规定办理,保安警察大队之给予,由内政部另行拟订于改编后实施之。

二、保安部队粮食,应在各省省级公粮项下配发。

三、服装器材准予核发代金,仍由各省自行统筹购置补充,但须依法经标制及验收手续。

(五)附则:

一、保安部队队兵之征补,应依照内政、军政两部所颁布《招募警察原则》办理,严禁冒滥。

二、本办法颁行前之保安法规,与本办法不抵触者,仍适用之。

三、本办法自颁布之日施行。

附录 F 《警卫调整计划》①

（内政部警政司 1945 年 11 月 29 日通令各省市办理）

甲、警卫现状之调查

一、全国各级警察机构：

全国警察除省境全陷之省外，湖南、云南、新疆 3 省已设省警务处，以推动全省警政，其余各省均于民政厅内设科或股掌理其事。省以下各级警察机构，尚能按照中央规定，分别充实健全。至各省警察员额，因战时业务繁重，大致均较战前略有增加。兹将全国警察现状列表附后（附表一）。

二、各省保安机关部队：

目前省设全省保安司令，由省主席兼任之，而省保安机构则殊不一致，有设全省保安司令部者，如江苏、安徽、河南、陕西、甘肃、山西、湖北、新疆、广东 9 省；有于省政府下设保安处者，如山东、河北、青海、宁夏、浙江、福建、江西、四川、西康、贵州 10 省，各行政区大都设区保安司令部，有行政督察专员兼区保安司令。战区省份且多将行政督察专员公署与区保安司令部合并组织者。至现有保安团队组织者，计有川、康、黔、陕、甘、宁、晋、新、鲁、皖、苏、闽、浙、赣、粤、桂等 17 省（湘鄂两省原有保安团队业于卅二、三年间，先后依照《各省保安部队整理办法》，改编为保安警察队），总共约 139 个团又 77 个大队，26 个中队，中以山东数量为最多，10 万余员名，因该省远处敌后，情形特殊，故团以上尚保有师旅等建制（附表二、三、四）。

三、各省县（市）自卫队：

该省现有县市自卫队，系根据《国民兵组织管理教育实施办法大纲》之规定（属兵役部主管），就原有县市地方治安武力改编而成，隶属国民兵团系统之下，其服务期间，并未依照规定每年退伍两次，与警察部队服务性质相同，故川、湘、赣、陕、甘、鄂等省先后改编为县警察队或乡村警察，是项县市自卫队编制并无统一规定，数量难以估计，其设置亦非普遍也。

四、各省（市）警察训练所：

---

① 《警卫调整计划》[A].中国第二历史档案馆藏，档案目录：12-2-462：7-30。

为训练各省市警察机关所需之长警,并办理警官补习教育,在各省市设立警察训练所,计有:浙、赣、湘、川、豫、陕、甘、闽、粤、桂、滇、黔 12 省及重庆市、内政部警察总队之警察训练所及分所,共 21 单位,由部派遣教育长、教务主任、大队长共 48 人,办理以来成效已著。惟目前受战局影响,经费支绌,交通困难,各省未设所者无法筹设,已设者或因地区沦陷,辗转播迁,无法继续施以或工作,日趋萎缩,无法展开。以最近而论,工作陷于停顿者有浙、湘、邵阳、零陵、豫、粤、桂等 7 所,日趋萎缩者有洪江、赣、陕、滇、黔、闽、水警 7 所,尚能勉强进行者,仅川、川东、甘、甘一、甘二分所、闽渝、内政部警察总队等 8 所而已(附表五)。

五、其他:

各省除保安团队外,尚有设省府警卫团、营或特务团,担任省府各厅处警卫任务者,如浙、湘、粤、甘、川、鲁等省,县市未设自卫队,而设有其他组织者,有云南各县之保卫营、安徽之各县警保队(系由清乡队改编而成,行政院曾令改为自卫队,已否实施,现未具报)。更有因辖区沦为战地,组织其他地方武力者,名称不一,系统分歧。此外尚有未设省保安团队,而由军队维持治安者,如青海省;亦有军队协助维护治安者,如宁夏、西康、云南等省。

乙、调整前应准备事项

一、调整前准备工作及其实施方法:

(一)各省实施办法之拟订:由各省政府依本计划之规定,斟酌实际情形,详细拟订实施办法,送由内政部转呈核定。

(二)扩充内政部警察总队:该总队原由首都警察厅退出员警所改编(该总队组织规程第一条),依法有战区及收复地区服务之责任(该总队服务纲要第二条三项),应即依复员时之需要,扩编若干大队,俾能适时派往首都及收复区之重要都市,以为恢复警察建制,维持地方秩序之主干。

(三)调整扩充省县警察队:依《战区警察处理大纲》成立省县之警察队,系战区原有警察,按战时需要改编而成之战时组织。各省应即体察实际情况,估计复员时之需要,调整其编制,扩充其员额,以备适时恢复收复地区警察建制及维持秩序之用。

(四)扩充省(市)警察训练:复员时,警卫调整所需之警力至钜,各省市警察训练所,应即扩充训练,并加强警官补习教育,其有尚未设所者,应即依法设置、开始训练,储备必要之最低数量警力,编成警察队,以应恢复或建立警卫机构及维持收复地区秩序之初步需要。

全境沦陷或敌后省份得在后方各省之适宜地点设所,训练。

以上三、四项务求妥密联系,切实配合,由各省府统筹拟办,呈核施行。

（五）扩充中央主管机构:内政部为全国警政主管机关,复员时警卫调整业务至繁,该部警政司现有人力过于薄弱,亟宜即加扩充,以应复员业务之需要,并为必要时成立警政署之准备。

二、调整时应预为修订废除或增订之法令:

（一）修订:1.《各级警察机关编制纲要》;2.《省警务处组织法》(已修订呈院);3.《县警察组织大纲》;4.《各省保安部队整理办法》;5.《修正行政督察专员公署组织暂行条例》;6.各省保安干部实施警官训练办法。

（二）废除:1.《省警察队组织暂行条例》;2.《各省保安制度改进大纲》;3.《保安团队调整办法》;4.《战时各省行政督察专员公署及区保安司令部合并组织暂行办法》;5.《各省保安处组织通则》;6.《区保安司令部组织暂行条例》;7.《区保安司令部办事通则》;8.《全省保安司令部组织条例》。

（三）增订:1.《警政建设纲领》(已呈院);2.《省县保安警察部队组织条例》;3.《甄训陆军编余官兵调服警务办法》;4.《各省保安机关裁撤官兵安置办法》;5.《各省县市警卫机构调整人员盈余调节办法》;6.《复员时警察服务纲要》。

丙、调整时实施事项

一、方针:

警卫调整依警卫现状,本"警卫一元化"之方针,应以恢复原有警察建制,增设必要警察机构,整理保安部队及其他地方自卫武力并行为要,纳分歧复杂、散漫凌乱之警卫现状于警政系统之内,以树立完善之正常制度,而为战后建警之基础。

二、一般要领:

（一）各级警卫机构之调整,视实际情形,得依如下之步骤办理:

1. 各省警察网之建立,由城市渐次扩及乡村。

2. 先设置保安警察部队,控制要点,集中并流动使用,以确保地方治安,进而改设警察局所。

（二）后方区:

1. 依本计划,应行调整建置整理事项,以在复员期(一年)内完成,成为原则依情况并得提前开始实施。

2. 各级警卫机构已设者,整理充实之,未设者,依法设置之。

（三）收复区:

1. 准照后方区规定办理,唯因事实困难,一年内不能完成者,得继续进行。

2. 依《战区警察处理大纲》编成之省县警察队,应于失地收复时进入原地区维持秩序,协助复员救济事宜,并即恢复原有建制。

3. 原有警卫武力已散损或无机构之地区,依下列规定处理之:

（1）重要都市口岸，如上海、青岛、北平、天津、武汉等地，就内政部警察总队及中央警官学校各班员生中拨调相当警力，于失地收复时，由内政部遴派合格干员，率领进入维持秩序，并以之为恢复警察建制之主干。

（2）一般市县由各省就省县警察队扩编或省警训所编练之警力或保安部队中拨调相当警力，遴派合格干员，率领进入维持秩序，并以之恢复原有警察建制，或设置应有之警卫机构。

4. 全境久被敌伪占据，毫无警卫基础，如辽、吉、黑、热及冀、察等省，除在后方编练之长警，商请内政部适时遴派合格干员率领进入主要地区外，应于国军驻防掩护之下，一面就编余陆军或该省民军部队中挑选编练必要之保安警察部队，一面得就伪警中甄别挑选，加以训练后，妥密配合部署使用，依本计划之原则，逐渐设置应有之各级警卫机构。

（四）光复区：

1. 依光复后行政区域之调整，本"警卫一元化"之方针，比照本计划之规定，并参酌实际情况办理之。

2. 现由中央其他各部会署及战时设置机关办理之，凡关警卫业务，复员时依情况渐次移转内政部接管。

3. 现由省市县其他机构办理之凡关警卫业务，复员时依各级警卫机构之恢复或设置，分别移转接管。

三、各级警卫机构：

（一）中央：

内政部为中央主管警卫机关，依法指挥管理监督全国地方警卫事宜，该部警政司应即加以扩充，必要时改制为警政署。

（二）首都：

1. 首都设警察厅，直隶于内政部，厅以下设局，局以下设所。

2. 首都警察厅设保安警察总队。

3. 内政部警察总队于首都收复时，其主力应即适时进入维持秩序，并以之为恢复警察厅建制之主干。

（三）院辖市：

1. 市设警察局，局以下设分局，分局以下设分驻所。

2. 市警察局设保安警察大队。

（四）省：

1. 省设警务处，隶属于省政府，为省主管警卫之机关；管理全省警察，依法指挥各级警卫机构。

2. 现有省保安处(保安司令部)复员时裁撤之,其业务移转至省警务处接管,民政厅之警务科(股)亦裁并之。

省主席兼全省保安司令之兼职名义,并予取消。

3. 省设保安警察大队若干个,就现有保安团队依法改编之,直隶于省警务处,分驻全省重要地区,大队以上得设总队,其编制另定之。

4. 省为谋水上安全,得设水上警察总队(大队),直隶于省警务处,现有设水上警察局者,复员时一律改组为水上警察总队(大队)。

原已设置、因战事解散或改编者,恢复之。

(五)省会:

1. 省会所在地设省会警察局,直隶于省警务处,局以下设分局,分局以下设分驻所。

2. 省会警察局设保安警察大队。

现各省省会所在地,有设市警察局者,复员时一律改组为省会警察局。

(六)省辖市:

1. 市设警察局,局以下设分局,分局以下设分驻所。

2. 市警察局得设保安警察队(一中队至二中队)。

(七)行政督察区:

1. 行政督察区专员公署为省县间之"警卫监督"机关,并依省政府之授权,指挥监督驻区内之省属保安警察部队。

2. 区行政督察专员公署设警卫处,承专员之命,掌理区辖各县警卫机构及配驻区内省属保安警察部队之"教育训练与勤务"之校阅、考核、督导事宜,其编制另订之。

3. 现有区保安司令部复员时裁撤之,其业务移转专员公署警卫处接管。

4. 行政督察专员兼区保安司令之兼职名义取消之。

(八)县及特别行政区:

1. 县政府及特别行政区公署为地方主管警卫机关,依法指挥监督各级警卫机构,并依省政府之授权,指挥监督配驻境内之省属保安警察部队。

2. 县及特别行政区设警察局,局以下设分局,分局以下设分驻所,并得斟酌情形,于局以下设直属分驻所。

3. 县警察局依县境警卫事务之繁简,区分为甲、乙、丙3种。

4. 特别行政区警察局得设保安警察队(一中队至二中队)。

5. 县设保安警察队,就县属各种治安武力(警察除外)改编之,隶属于县警察局,依县境地形之难易,交通状况及治安情形,区分为甲、乙、丙三种,其编制如下:

甲种队:辖 3 个中队,中队辖 3 个分队,分队设 3 班,每班正副警长各 1 人,警士 12 人。

乙种队:辖 2 个中队。

丙种队:辖 1 个中队。

6. 县警察局与其保安警察队种别之区分,采反比之配当。

7. 县警察机构随县境交通之发展、治安情形之改进,逐渐减少保安警察队员额,增设警察局所。

8. 设治局、管理局、特种区设警察所。

四、各省保安部队之整理及其他地方自卫武力之调整:

(一)各省保安部队之整理。

1. 现有保安部队,战时呈准暂缓整理者,应即依法切实整理,一律改编为保安警察部队,依情况除部分控制省会郊区及其他重要据点外,大部应配置于各区,受专员之指挥监督,集中流动使用,担负保安任务。

2. 省政府警卫团、营及特务团等,概行裁撤,统筹改编为保安警察部队,所有省政府及各机关之警卫,悉依《驻卫警察派遣办法》办理。

3. 现有类似保安团队之省属武装组织,概准前颁规定办理。

(二)县(市)地方自卫武力之调整:

1. 县(市)属警察以外,为维持治安而设之各种武装组织,一律裁撤,汰弱留强,重质减量,改编为县保安警察队。

2. 民众自卫组织,凡属保安性质者,一律撤销。如因地方治安需要,而组织健全,有暂时保留之必要时,须呈请省政府核准,转报内政部备查,受当地警察机关之管训指挥监督。

前项暂时保留之民众自卫组织,情况许可时撤销之。

五、人事及经费:

(一)人事:

1. 机构调整裁减之干部人员,除老弱不堪任资遣者外,其合于新制所需人员之法定标准者,均可转用。

2. 省保安部队等裁减之官兵,除依《各省保安部队整理办法》办理外,并得挑选拨编县保安警察队。

3. 省内各县市各级警卫机构,因调整所生之员额溢缺,应择优统筹截补。

4. 新制所需各级干部,除依法转用者外,并由内政部就全国警官登记合格人员及中央警官学校(各分校)各期班毕业员生分发派用。

5. 首都、上海、北平、天津、青岛及其他收复区重要都市警察机关之主管及高级干部,由内政部遴选适当人员提请任用。

6. 具有警官资格及曾受学警训练之非现任人员,酌予甄用。

7. 陆军编余官兵之一部,得酌量调用,唯须加以警察训练,其甄训办法另定之。

8. 员额务须核实,必要时警官由内政部商承"考试院"举行考试,甄选分发任用,长警由各主管机关,依法甄选录用。

9. 各级警察官(特种警察含),以由中央统一任免,集中管理为原则。

(二)经费:

1. 裁减保安机关部队等所余之经费,应全部移作警卫、警察经费。

2. 各省(市)警卫机构调整后,所需之警卫经费以现有保安及警察全部支出,统筹支配,必要时得由中央酌予补助。

六、教育与训练:

(一)警察教育由内政部厘订整个方案,主持实施。

(二)警官教育由中央统筹办理,责成中央警官学校及各分校依法实施。

(三)警长警士教育,督由省市地方集中办理,设省(市)警察训练所及分所,办理长警教育,并加强警官补习教育。

(四)各省市警察训练所由省市最高行政长官兼所长,由内政部遴派教务人员,协同办理。

(五)各省保安部队中级以下干部及县保安警察队干部之警训,由省(市)警察训练所,依法设班办理。

(六)长警常年教育,由各机关部队依法经常实施。

七、素质及装备:

(一)警官素质,应尽量提高,各级警官之任用,应依《警察官任用条例》严格甄选,转用者亦同。

(二)警长警士不论现役、拟补或改编转用,应一律依《警察录用暂行办法》所定标准甄选之。如一时不易办到,则分期逐步实施。

(三)警察服装,依规定式样质料分季制发,按时换季。

(四)警察枪械,应求充实堪用,以行政警察用手枪,保安警察用长枪为原则,就省属现有枪械(包括现有保安团队等全部装备),统筹支配,并调整口径,先求每一机关部队之划一,再求一县一区之划一,逐渐达到全省(市)之划一。

(五)保安警察部队应仿陆军步兵连营之配备办理,并视需要酌配重武器及装甲车、摩托车等,使成机动部队,以宏效用。

八、复员调整机构人员之比较及处置:

（一）各省区主管机构方面：

各省区警卫主管机构依本计划丙三（四）（六）（七）（八）之规定实施调整，现状须裁并者，省保安司令部、省保安处、区保安司令部及民政厅警务科（股）等，共207单位，官佐3689人。新制应增设者：省警务处25个，区警卫处174，共计199单位，需要警官5680至8020人。而相比较不足1991至4331人（附表六）。

（二）各省市各级警卫机关部队方面：

1. 各省市各级警察机关复员调整，估计所需警官约为3563人，长警约为356502人，除现有警官约22815人，长警约187763人外，尚差警官约12818人，长警约158739人（附表七）。

2. 各省县保安部队及地方自卫武力，依本计划丙四之规定，实施整理调整后，估计新制所需省保安警察队320大队，警官9920人，长警夫155520人，县保安警察队约1975中队，警官13825人，长警夫306125人，两共需要警官约23745人，长警夫约461645人，除现有各省保安部队官佐26118人，士兵330152人外，计官佐尚余2373人，长警夫则差131493（附表八）。但保安官佐士兵素质低劣者，尚须裁汰若干。又各省员额容有旷缺，故实际上保安官佐恐无溢余，而长警夫所缺数额将较估计为多，惟各省类似保安团队之武力及县属各种地方治安武力，其现有员额未据呈报，亦乏一定编制，无法计算者，为数当不在少数，依前述丙四五之规定，统筹调整截补约可补足前项缺额之部分。

（三）人员溢缺之处置：

1. 关于警官者：以上估计不足警官约为14809至17149人。查中央警官学校各期班在训与拟招训员生及非现任警官复员时，可能转用者约15959人（附表九），两数近似，惟现有人员素质低劣者，调整时当有裁汰，又员额旷缺，在所难免，故实际上仍有不足。由内政部统筹准备，以应需要。

2. 关于长警者：以上估计所需长警之差额，由内政部及各省政府分别翔实估计，依本计划乙一（二）（三）（四）之规定，专案筹划，于复员前准备完竣。

九、附则：

（一）全国水陆交通巡查业务（现由军委会交通巡查处掌管）复员时，依情况移由各地警察机关办理或专设交通警察机构接办之。其实施由内政部会商有关机关办理之。

（二）国境警察之设置及各项特业警察之调整设置等，由内政部分别会商有关机关办理之。

（三）本计划之具体实施办法，由内政部及各省（市）政府分别拟订呈核施行。

附录 G 《省警保处组织条例》①

（1947 年 5 月 27 日，国民政府颁行）

第一条　省警保处隶属省政府，掌理全省警察及保安事务。

第二条　省警保处内设六科，其职掌如下：

一、第一科掌理警察及保安部队组织编制，外事、交通、消防、卫生、建筑、风俗、禁烟等警察业务及铁路、税务、盐务、森林、工矿、渔业、航业等专业警察联系事项；

二、第二科掌理警察及保安部队教育、校阅事项；

三、第三科掌理治安情报搜集、治安行政监督、绥靖计划、警力配备调遣、公私武器管理及警察户口调查等事项；

四、第四科掌理防空事务之计划、设施、指挥、督导、考核事项；

五、第五科掌理司法警察及违禁出版物之处理事项；

六、第六科掌理警察及保安部队经理、经费、本处庶务、出纳与财产公物保管等事项。

前项各科，得因事务繁简增减之，但不得多于七科，各科职掌，并得因组织不同，量为分划或归并，均应报经内政部核准行政院备案。

第三条　省警保处置处长，综理全处事务，指挥监督所属职员及机关部队；副处长辅助处长处理业务。

第四条　省警保处置秘书，分掌机要、文书、印信、档案及长官交办事项。

第五条　省警保处置科长，分掌各科事务；科员、办事员承长官之命，分任事务。

第六条　省警保处置视导、编审、技正、技士；承长官之命，分任视导、编撰、翻译审核及一切技术事务。

第七条　省警保处得用雇员。

---

① 省警保处组织条例[J].警政导报，1947(6)：30-33。

第八条 省警保处置会计主任、统计主任;依法律之规定,办理本处岁计、会计、统计事务。

第九条 省警保处置人事主任,依人事管理条例之规定,办理人事管理事务。

第十条 处长简任,副处长荐任或简任,秘书、科长、视导、编审、技正、人事室主任、会计室主任、统计室主任均荐任,科员、技士、办事员均委任。

第十一条 省警保处之员额,依附表之所定,由省政府依照规定拟订,报经内政部转呈行政院核定之。

第十二条 省警保处得因事实需要,设置各种警察队、省防空情报所、监视队哨及警保被服厂、修械所、电台、通讯队、医院、仓库,其编制由省政府拟订,报经内政部转呈行政院核定之。

第十三条 省警保处对外公文,以省政府名义行之;但基于法令及对各级警察机关、部队得发布处令。

第十四条 省警保处办事细则、会议规程,由处拟定,呈转内政部备案。

第十五条 本条例自公布日施行。

附《省警保处员额编制表》。表中明确"直属机关部队人数在一万以上或全省县市设治局在八十个以上者"设甲种警保处,"直属机关部队人数在六千至九千九百九十九或县市警察局在五十至七十九个者"设乙种警保处,"直属机关部队人数在五千九百九十九或县市警察局四十九个者"设丙种警保处,同时规定甲、乙、丙种警保处的员警数额。

附录 H 《省保安警察队组织条例》①

（1947 年 5 月 28 日国民政府公布施行）

第一条　各省为"剿匪""清共"，增进地方治安起见，除原设公安局外，得编练省保安警察队。

第二条　省保安警察队应由本省编余军队及杂项队伍中，选择官兵之优秀者组织之。其选择标准均依内政部颁警察录用办法之所定，自保安警察队编成后，所有省防、警备、游击队等各种杂项队伍，一律取消。

第三条　省保安警察队直隶省政府，兼受民政厅厅长之节制调遣，其驻巡地段，由省政府指定之。

第四条　省保安警察队，以大队为单位，其编制如下：

一、每一大队辖三中队，每一中队辖四小队，每一小队辖三分队，每分队置长警计十二名。

二、每大队设大队长一员，每中队设中队长一员，每小队设小队长一员，每分段设巡长一名，一等警三名，二等警、三等警各四名。

三、各大队得分设文牍、会计、医务各一员，各中队设特务员一员。

四、各大队以步队为通则，但按照地方情形，亦得酌用骑兵，并配属机关枪等。

第五条　各省保安警察队编练若干大队（以七大队乃至十四大队为限），由省政府体察地方情形酌拟，呈请国民政府核定，并报内政部备案。

第六条　省保安警察队得设置总队长一人，秉承省政府商承民政厅厅长，统辖全省保安警察队事宜。

第七条　各县如有匪警为一县警卫不足抵御者，由县长呈请省政府派队住勤，但遇紧急时，得径向最近驻在之保安警察队请调，仍一面呈报省政府。凡分驻各地之保安警察队，接受县长请调文电，应迅速赴援。

---

① 国军编遣委员会决议修正通过省保安警察队组织条例［A］//赖淑卿. 警政史料：第三册. 台北：台湾"国史馆"，1989：338-342。

第八条　各省保安警察队"剿匪""清共",应不分畛域,两省接壤地方,驻巡之保安警察队,应预行商定会剿协防办法,分呈该管省政府核准备案。

第九条　保安警察队剿匪时,所获匪徒应于二十四小时内,移送所在地之县政府或市县公安局,依法处理之。

第十条　保安警察队之训练,除普通警察知识外,以军事学术为主要科目。

第十一条　保安警察队之经费,由省库支给之。

第十二条　保安警察队之枪械,除原有者外,由省政府咨请编遣委员会就此次编余枪械中,则其精良者拨给之。其嗣后之补充,由省政府咨请军政部办理。

第十三条　保安警察队之服制,准用警察制服条例之规定,唯于领章及襟章上,应标明保安二字。

第十四条　保安警察队之抚恤,依官吏恤金案例,关于警察各条之规定办理。

第十五条　保安警察队人员之任免及奖惩办法,由内政部另定之。

第十六条　省保安警察队之办理细则,由省政府规定之。

第十七条　本条例如有未尽事宜,得由省政府咨商内政部呈请修正之。

第十八条　本条例自呈准公布日施行。

附录 I 《统一省警保机构实施建警办法草案》①

（内政部和国防部通令各地自 1947 年 6 月开始分区分期实施）

第一章 要旨

第一条 为统一警保机构，加强地方治安力量，以建立现代警察，省设警保处，并即将保安部队整理、改编为省保安警察队，同时依内政部之计划，实施建警，为适应实际情况，配合整军绥靖，并兼顾人力、财力之供应起见，前项之实施应因应时地，分区分期，逐步推行，以宏实效。

第二条 警保处成立后，依法统一管理全省警察及保安事宜，在中央由内政部主管警保机构，未统一之省，其保安部队仍由国防部负责整理之。

第二章 统一警保机构

第三条 警保处成立时，原有管理全省保安事务之省保安司令部（保安处）及管理全省警务之民政厅警务科（股）或警务处，裁并之。

主席兼保安司令之名义，得暂仍保留。

第四条 省警保处处长，以具有下列条件之合格人员遴任之。

一、正式军官出身，而具有警察学识经验者；

二、正式警官出身，而具有军事学识经验者；

前项学识经验，须经正式证明属实者。

第五条 省警保处副处长，就合格之警官或军官，而具有警察学识经验者，遴任之。

第六条 省警保处处长与副处长，须军官出身与警官出身者，配合遴用之。副处长有二人者，须军官出身与警官出身者各一人。

第七条 省警保处处长、副处长，由内政部遴员提请任命。

第八条 省警保处所属警察干部之人事事项，均依警察人事法规办理。未成立警保处之省，其保安机关、部队之人事，仍依陆军人事法规办理。

---

① 统一省警保机构实施建警办法草案［A］.中国第二历史档案馆藏，档号:12-1-2530:2-4。

第九条 第三条被裁并机构之各级职员,除老弱者应予资遣外,其合于法定资格者,依法转用。

第三章 整编保安警察队

第十条 现有省保安部队及省府警卫、特务团、营等,由内政部督饬,汰弱留强,整理改编为省保安警察队,其整编办法及组织编制,由内政部拟订,呈请行政院核定施行之。

第十一条 现有省保安部队各级干部,除老弱及不合格者,应予分别资遣外,视资历依法转任省保安警察队各级干部。

第十二条 统一警保机构,整编保安警察队所需补充之各级干部,应视需要,依法尽量遴用复员军官转任警官,曾经训练合格之人员。

第四章 建警之实施

第十三条 省县(市)现有各级警察机关组织之调整充实健全,必要警察机关之增设及水上警察之整理,以及各项设备之充实改善,警察素质、待遇之提高,等等,依内政部呈奉核定之《警政建设计划》,由省警保处统筹拟订办法,分期逐步实施,计时完成。

第五章 实施警保统一区地与时期

第十四条 地方秩序渐臻安定之各省,其实施时期划分如下:

第一期:浙、闽、赣、湘、桂、黔、粤、鄂、台九省,于三十六年度一月开始实施;

第二期:苏、皖、豫、滇、川、康六省,于三十六年度四月开始实施;

第十五条 西北陕、甘、宁、青、新等省,得依情况于第二期前后陆续分别实施。

第十六条 华北各省,俟剿匪整军就绪地方秩序安定后,再行分别实施。

第十七条 东北各省,另案参酌办理。

第十八条 在警保处未成立前,省保安司令部(保安处)仍予保留,统辖保安部队,配合国军担负绥靖任务。

第六章 办理步骤

第十九条 省警保机构之统一,保安警察队之整编及建警计划之实施,其办理步骤如下:

一、依本办法第二章之规定,成立警保处,同时裁并省保警机构,于令到一月内完成;

二、依本办法第三章之规定,改编保安部队为省保安警察队,于警保处成立三个月内完成;

三、依本办法第十三条之规定,拟订建警实施办法及进度,开始建警,于警保处成立后第四个月开始实施。

第七章 保警部队配合军事行动时之指挥、供应补给

第二十条 省保安警察队,如需配合国军担负绥靖任务时,依国防部之命令,受当地军事长官之指挥调遣。

第二十一条 省保安警察队,依前条之规定,担负绥靖任务,必要时得组设临时指挥机构,由省警保处处长或指派适当人员为指挥官。

第二十二条 省保安警察队,依二十条担负绥靖任务时,除经常费仍由省负担外,所需军用临时费与械弹、装具、通信、医药、卫生等之供应补给,及伤亡、抚恤等项,均由国防部照国军之规定办理。